中学教育师范技能提升系列教材
黔南民族师范学院教材出版基金资助

中学语文

教育与活动指导

ZHONGXUE YUWEN JIAOYU
YU HUODONG ZHIDAO

主　编　周旭东　陈永娥
副主编　王爱淳　陈　露
参　编　苟大霞　刘冬梅　盛　惠

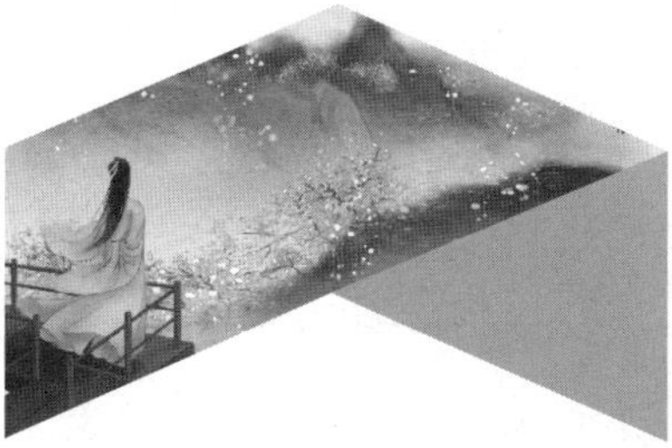

ZHONGXUE JIAOYU SHIFAN
JINENG TISHENG XILIE JIAOCAI

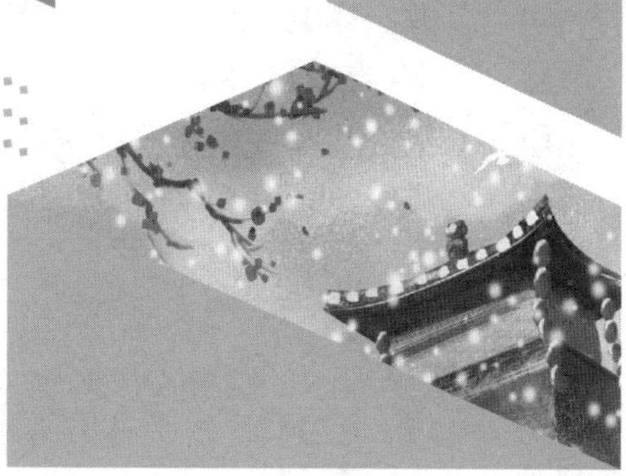

西南大学出版社
国家一级出版社　全国百佳图书出版单位

图书在版编目(CIP)数据

中学语文教育与活动指导 / 周旭东, 陈永娥主编
. -- 重庆 : 西南大学出版社, 2022.8
ISBN 978-7-5697-1404-3

Ⅰ. ①中… Ⅱ. ①周… ②陈… Ⅲ. ①中学语文课－教学研究 Ⅳ. ①G633.302

中国版本图书馆CIP数据核字(2022)第145082号

中学语文教育与活动指导
周旭东 陈永娥 主 编

策　　划: 杨 毅 杨景罡 翟腾飞
责任编辑: 赖晓玥
责任校对: 牛振宇
书籍设计: 起源
排　　版: 杨建华
出版发行: 西南大学出版社
地址:重庆市北碚区天生路2号
邮编:400715
市场营销部电话:023-68868624
印　　刷: 重庆长虹印务有限公司
幅面尺寸: 185 mm × 260 mm
印　　张: 20.25
字　　数: 380千字
版　　次: 2022年8月 第1版
印　　次: 2022年8月 第1次印刷
书　　号: ISBN 978-7-5697-1404-3

定　　价: 49.00元

中学教育师范技能提升系列教材
编委会

总 序

ZONG XU

新中国历经了由教育弱国到教育大国的发展之路,而今正处在迈进教育强国的伟大征程中。随着中国特色社会主义进入新时代,我国教育发展的基本矛盾已发生重要转变,即从“人人能上学”转向“人人上好学”的需求,反映出人民群众对发展高质量教育的强烈呼唤。可以说,加快发展中国特色世界先进水平的优质教育,已是迫在眉睫的时代重任。

要建设高质量教育体系,关键在教师。习近平总书记指出,教师是人类灵魂的工程师,是人类文明的传承者,承载着传播知识、传播思想、传播真理,塑造灵魂、塑造生命、塑造新人的时代重任。教师是教育发展的第一资源,是国家富强、民族振兴、人民幸福的重要基石。中共中央、国务院印发的《关于全面深化新时代教师队伍建设改革的意见》提出,到2035年,教师综合素质、专业化水平和创新能力大幅提升,培养造就数以百万计的骨干教师、数以十万计的卓越教师、数以万计的教育家型教师。教育部等八部门联合印发的《新时代基础教育强师计划》也提出,到2035年,适应教育现代化和建成教育强国要求,构建开放、协同、联动的高水平教师教育体系,建立完善的教师专业发展机制,教师数量和质量基本满足基础教育发展需求,教师队伍整体素质和教育教学水平明显提升。

众所周知,高质量教育的核心是人才培养,人才培养的核心是课程,课程体系建设深刻影响着教育质量的发展与走向。因此,教师教育课程关系到未来教师的培养质量,是教师教育改革和发展的关键所在。当前,我国教师教育课程改革的目标和方向,就是要贯彻落实教育部颁布的《教师教育课程标准(试行)》和《师范生教师职业能力标准(试行)》,围绕有理想信念、有道德情操、有扎实学识、有仁爱之心的好老师培养,突出师德师风第一标准,着力培养师范生的师德践行能力、教学实践能力、综合育人能力和自主发展能力,引导广大教师以德立身、以德立学、以德施教、以德育德,坚持教书和育人相统一、言传和身教相统一、潜心问道和关注社会相统一、学术自由和学术规范相统一,全心全意做学生锤炼品格、学习知识、创新思维、奉献祖国的引路人,加快推进教育现代化相匹配的教书育人能力素质提升。

黔南民族师范学院紧扣教师教育发展的趋势和教师教育课程改革的时代要求,坚持“学生中心、产出导向、持续改进”的师范专业认证理念,突出师范性、民族性、地方性和应用型的办学定位,组织编写了中学教育师范技能提升系列教材,供高等院校中学教育师范生以及中学教师使用。这套教材有不少探索和创新之处,突出了以下几个特点:

第一，坚持育人导向。在教材编写过程中，基于专业课教学逻辑，通过名人名言、案例等充分挖掘思想政治教育课程资源或有机融入社会主义核心价值观，如中国传统文化、爱国精神、爱岗敬业精神等，培养德智体美劳全面发展的新时代卓越教师，切实贯彻落实立德树人根本任务。

第二，紧扣标准要求。根据教育部颁布的《教师教育课程标准(试行)》和《中学教师专业标准(试行)》，结合新修订的《义务教育课程方案和课程标准(2022年版)》等文件，对教材内容进行整体规划和设计，压实学科基础，体现科学性与先进性，力求符合新时代教师教育的实际需要。

第三，强化实践导向。根据西部地区基础教育的实际情况，对接中学教师职业岗位实际需要，从培养全面发展的学生角度出发，将教材编写的立足点放在中学教育的全过程、职前职后一体化培养，打通理论学习与岗位实践之间的壁垒，着力培养师范生的实践智慧。

第四，突出能力培养。针对传统师范教育普遍存在的重理论、轻实践问题，教材围绕师范生的师德践行能力、教学实践能力、综合育人能力和自主发展能力培养，突出对学生综合实践能力和创新能力的培养，特别是教师口语表达能力、组织管理能力、书写能力以及情绪调节能力等教师岗位必备的基本能力。因此，在编写过程中，特别注意采用最新实践案例，强化技能训练。

第五，注重融合拓展。在教材编写的过程中，编者特别关注不同教材内容之间的连续性、系统性，既有区分，又有融合。与此同时，注意统筹考虑配套数字化课程资源，将教材分析、教案编写、课件制作、示范课录制等数字化资源建设同步推进，丰富教材内容，强化拓展性。

总之，这套系列教材涵盖了语文、数学、政治、英语、历史、地理、物理、化学、生物、美术、音乐等十一个学科，包括教育与活动指导和职业技能训练两大类别，具有一定的开拓性，是教师教育课程改革领域里的可贵探索。

2022年6月12日

靳玉乐，二级教授、博士生导师，西南大学原党委常委、副校长，现任深圳大学教育学部主任，中国教育学会教育学分会副理事长，中国高等教育学会常务理事。

前言

QIAN YAN

《中学语文教育与活动指导》的编写，立足两个“标准”（《中学教师专业标准》《中学课程设置标准》），遵循一个“意见”《教育部关于大力推进教师教育课程改革的意见》（教师〔2011〕6号），贯彻两个“通知”（《关于印发〈黔南民族师范学院师范专业群综合改革2018—2020实施方案〉的通知》《黔南民族师范学院关于开展教师教育课程教材编制的通知》）精神，是实施师范专业群内涵建设，提高师范专业教学质量的重大行动。

着眼中学语文教育教学实际，全书分为三编：语文教学设计、语文教学实施、语文学业评价。具体来说，着重介绍了语文教学设计及其模式，阅读教学及其基本路径，包括诗歌、小说、散文、戏剧的阅读教学设计，实用文阅读教学设计，写作教学设计，文言文阅读教学设计，高中语文选修课教学设计；重点介绍了语文教学的实施，包括课堂教学行为和活动指导、课堂教学现场控制和活动指导、多媒体的使用等；同时还介绍了语文学业的评价。每一章开始都设置“学习要点”，意在提示学习内容；阅读教学设计后都附有教学案例，以便示范和参考。

本书的特色是：第一，着力体现语文教学的实践性。全书三编，直接呈现语文教学实践过程中的三个部分内容，即语文教学设计、语文教学实施、语文教学评价，剔除了可有可无的理论知识介绍，突出了教学重点，既便于教学，又便于学习，提高了教学效率。第二，增添语文教学案例，更有鲜活性。阅读教学设计中的教学案例都是我校本科生或者学科教学（语文）专业硕士研究生的原创教案，既是教育教学的“示范”，又是教学研究的素材。第三，激发学生对语文教育教学的热情。各章内容生动详实，旨在开阔学生的阅读视野，激起学生对语文教育教学阅读、研究的兴趣，形成语文教育教学的情怀。

本书由黔南民族师范学院文化传媒学院语文课程与教学论教研组全体

成员编写，具体分工是：第一编和第二编由周旭东、陈永娥、刘冬梅（福泉中学高级教师）编写，第三编由陈露、王爱淳编写。最后由周旭东教授统稿。盛惠老师也参与了相关的编写工作。

本书是高等师范院校汉语言文学专业学生教师教育必修课，也是广大中学语文教师教学参考用书，限于时间与水平，本书的错漏一定不少，恳请专家同行不吝赐教。

编者

2022年3月14日

目 录

MU LU

第一编

语文教学设计

第一章　教学设计及教案样式

学习要点：

1. 了解语文教学设计的模式 。

2. 了解课程纲要与单元计划。

3. 了解课时计划编制及语文教案样式。

第一节　教学设计的模式

语文教学设计的主要内容包括确定教学目标、安排教学内容、组织教学过程、选择教学方法、板书或演示设计、编写教学方案、组织教学评价等。

一、确定教学目标

语文教学目标是语文教学的方向,也是评价教学是否有效的直接依据。确定语文教学目标需要注意以下问题:确定语文教学目标的依据,设计语文教学目标的要求,陈述语文教学目标。

(一)确定语文教学目标的依据

1.语文课程目标、阶段目标、单元目标与教学目标。语文课程标准中的语文课程总目标和阶段目标,语文教科书中的单元目标,是确定语文教学目标的依据。语文教学目标是特定目标,是一般性目标的具体化。如图[①]1-1:

---

① 崔允漷.国家课程标准及其框架分析[M]//钟启泉.为了中华民族的复兴,为了每一位学生的发展.上海:华东师范大学出版社,2001:176.

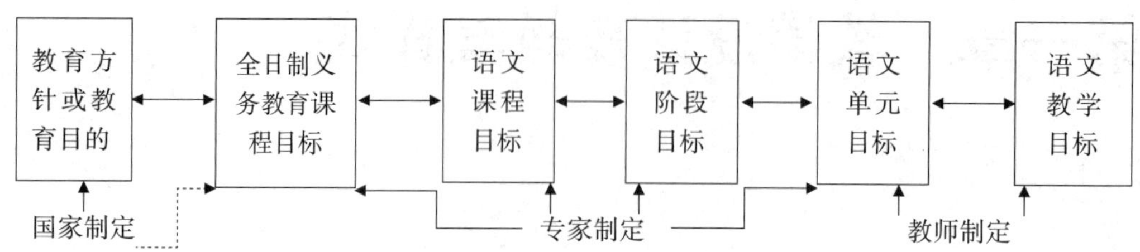

图1-1 语文教学目标的确定

2.语文教学的实际水平。确定语文教学目标,还要从语文教学的实际水平出发,包括师资水平和学生的学习水平。目标切合实际才有可能实现;目标脱离实际,偏高或偏低,都会给教学实践造成困难。我国地域辽阔,经济发展水平差别很大,师资水平参差不齐,学生人数众多,掌握实际水平是一项重要工作。我们必须从调查研究入手,从现代化手段收集的材料中取得各种数据,以语文教学改革实验为基础,以科研人员的研究成果为重要参照系,作为确定语文教学目标的依据。

3.基础教育课程改革的要求。基础教育课程改革要求构建素质教育的语文教学目标体系。要求语文课程必须面向全体学生,使学生获得基本的语文素养。通过知识与能力、过程与方法,以及情感、态度与价值观三个方面的整合,体现基础教育新课程的价值追求。

(二)语文教学目标设计的要求

1.促进学生个性发展。每一个学生的才能、气质、理想、信念、思想、情操、意志等,都应得到培养和发展。现代教育理念要求语文教育目标不能单纯地只从培养语文能力着眼,而应面向全体学生,使每位学生的个性得到全面发展。

2.体现语文学科的性质和特点。语文是最重要的交际工具,是人类文化的重要组成部分。工具性与人文性的统一,是语文课程的基本特点。语文课教学的各项具体目标,都要为全面提高学生的语文素养服务。培育学生热爱祖国语文的思想感情,指导学生正确理解和运用祖国语文,丰富语言积累,培养语感,发展思维,使他们具有适应实际需要的识字与写字能力、阅读能力、写作能力、口语交际能力。语文课程还应重视提高学生的品德修养和审美情趣,使他们逐步形成良好的个性和健全的人格,促进德、智、体、美的和谐发展。

3.适应社会需要。语文教学必须与社会主义现代化的前进步伐合拍。改革开放和经济、科技发展极大地增加了整个社会的信息量,传播媒体多样化,要求发展传播、公关等事业。社会发展对人们吸收和处理信息能力的要求大大提高,也对语文提出了许多新的要求。当今世界要求人与社会的和谐、人与自然的和谐、科学与人文的和谐,语文教学目标设计必须适应这些社会需要。

(三)语文教学目标的表述

1.行为主体应是学生,而不是教师。因为判断教学效益的直接依据是学生有无具体的进步,这也是教师是否完成任务的根本依据。因此,语文教学目标陈述必须从学生的角度出发,行为主体必须是学生。尽管有时行为主体"学生"两字没有出现,但也必须是隐含着的。例如小学低年级的识字与写字教学目标有:"(1)喜欢学习汉字,有主动识字的愿望。(2)认识汉字1600~1800个,其中800~1000个会写。(3)掌握汉字的基本笔画和常用的偏旁部首,能按笔顺规则用硬笔写字,注意间架结构,初步感受汉字的形态美。"

2.行为动词尽可能是可测量,可评价,可理解的。目标的行为动词尽可能具有质和量的具体规定性,以便于教学时把握和评价时适用。例如有位教师这样设计《谈骨气》的教学目标:"培养学生革命的骨气,提高学生写议论文的水平。"这种表述不仅主体不对,而且也无法测量和评价。

3.行为目标陈述有两类基本方式:结果性目标陈述方式,体验性或表现性目标陈述方式。结果性目标陈述方式明确告诉人们学生的学习结果是什么。所采用的行为动词要求明确、可测量、可评价。如"知识与技能"领域多是结果性目标,学习水平有知识水平和技能水平两方面。

结果性目标的学习水平与行为动词见下表:

表1-1　结果性目标的学习水平与行为动词

知识水平	行为动词
了解水平:包括再认或回忆知识,识别、辨认事实或证据,举出例子,描述对象的基本特征等	辨认,回忆,背诵,选出,举例,复述,列举,描述,识别,再认等
理解水平:包括把握内在逻辑联系,与已有知识建立联系,进行解释、推断、区分、扩展,提供证据,收集、整理信息等	说明,阐明,解释,比较,分类,概述,归纳,概括,判断,区别,提供,把……转换,猜测,预测,估计,推断,检索,收集,整理等
应用水平:包括新的情境中使用抽象的概念、原则,进行总结、推广,建立不同情境下的合理联系等	使用,应用,质疑,辩护,设计,解决,撰写,拟定,检验,计划,总结,推广,证明,评价等

续表

技能水平	行为动词
模仿水平：包括新的情境中使用抽象的概念、原则，进行总结、推广，建立不同情境下的合理联系等	重复，模拟，模仿，再现，例证，临摹，扩展缩写等
独立操作水平：包括独立完成操作，进行调整与改进，尝试与已有技能建立联系等	表现，完成，制定，拟定，解决，安装，绘制，测量，尝试，试验等
迁移水平：包括在新的情况下运用已有技能，理解同一技能在不同情境中的适用性等	联系，转换，灵活运用，举一反三，触类旁通等

体验性或表现性目标的陈述方式为描述学生自己的心理感受、体验，明确安排学生表现的机会。所采用的行为动词往往是体验性、过程性的，这种方式指向无须结果化的或难以结果化的目标。主要应用于“过程与方法”“情感、态度与价值观”等领域。

体验性目标的学习水平与行为动词见下表：

表1-2　体验性目标的学习水平与行为动词

体验水平	行为动词
经历水平：包括独立从事或合作参与相关活动，建立感性认识等	感受，经历，参加，参与，寻找，尝试，讨论，交流，合作，分享，参观，访问，考察，接触，体验等
反应水平：包括在经历基础上表达感受、态度和价值判断，作出相应的反应等	遵守，拒绝，认同，认可，承认，接受，同意，反对，愿意，欣赏，称赞，喜欢，感兴趣，关心，关注，重视，采用，采纳，支持，尊重，爱护，珍惜，蔑视，怀疑，摒弃，抵制，克服，拥护，帮助等
领悟（内化）水平：包括具有相对稳定的态度，表现出持续的行为，具有个性化的价值观念等	养成，形成，热爱，建立，树立，具有，坚持，保持，追求，确立等

4.必要时附上产生目标指向的结果行为条件。行为条件是影响学生学习结果的特定的限制或范围，为评价提供参照。如“借助汉语拼音……”“结合上下文了解……”“45分钟能写出……”“课堂讨论时能……”。

5.要有具体的表现程度。表现程度指学生学习之后预期达到的最低表现水准，用以评价学习表现或学习结果所达到的程度。如“45分钟能完成不少于500字的习作”。

6.语文教学目标表述的基本要素。一般情况下，语文教学目标表述的基本要素有四个：行为主体、行为动词、行为条件、表现程度。例如：

每个学生　　阅读　　现代文每分钟　　不少于500字。

（行为主体）（行为动词）（行为条件）　（表现程度）

每个学生都要在两年的时间内　背诵　优秀诗文60篇(段)。
（行为主体）　（行为条件）　（行为动词）　（表现程度）

为了陈述简便，在不引起误解或歧义的情况下，有时目标陈述会省略行为主体或（和）行为条件。例如：

在通读课文的基础上　理解　主要内容。
（行为条件）　（行为动词）　（表现程度）

了解　基本的语法知识。
（行为动词）　（表现程度）

二、安排语文教学内容

语文教学内容是非常复杂的，纵向有情感、态度与价值观，知识与能力，过程与方法三个维度，横向有识字与写字、阅读、写作、口语交际及综合性学习五个领域。

（一）语文教学内容设计的基本原则

1.语文内容和语文形式统一的原则。语文内容和语文形式的统一，体现了语文工具性与人文性的统一。统一的基本方式是，语文内容决定语文形式，语文形式为表达语文内容服务。“道非文不著，文非道不生”[①]，精辟地道出了这种辩证统一关系。一定的语文内容必须通过一定的语文形式表现出来。黑格尔说：“不是每一个艺术形式都可以表现和体现这些旨趣，都可以把这些旨趣先吸收进来而后再现出去；一定的内容就决定它的适合的形式。”[②]深刻说明了内容与形式的关系。鲁迅谈到自己创作时曾说：“有了小感触，就写些短文……得到较整齐的材料，则还是做短篇小说……”[③]这是根据内容的量和特性，决定体裁的选取。“山舞银蛇，原驰蜡象”，赋予静山以“舞”和“驰”的动态，使得山富于活力，读了使人精神为之一振。这种以物拟人，体现了语文内容决定语文修辞。吴晗的《谈骨气》从三个方面论述“我们中国人是有骨气的”。其一“文天祥拒降”，论述“富贵不能淫”；其二“饿汉不食嗟来之食”，论述“贫贱不能移”；其三“闻一多拍案而起”，论述“威武不能屈”。[④]三个方面在文章中是三个层次，这是语文内容决定布局谋篇。

---

① 郝经.陵川集·原古录序[M].清乾隆三年凤台王氏刻本.

② 黑格尔.美学：第1卷[M].北京：人民文学出版社，1958：15-16.

③ 鲁迅.自选集[M]//鲁迅.鲁迅全集.北京：人民文学出版社，1981：456.

④ 吴晗.谈骨气[M]//吴晗.吴晗文集：第4卷.北京：北京出版社，1988：26.

2.语文教学中发展智力的原则。智力是人对客观事物进行辨识、判断、想象、推理等的能力,包括注意力、观察力、想象力、记忆力、思维力、创造力等,其核心是人的思维能力。学校教育中各学科教学都要以学生一定的智力为基础,在教学过程中又不断发展学生的智力。反映到语文教学上,表现为语文和思维上的相互依存和相互促进。语文的发展有赖于思维的发展。思维活跃开放,语言则丰富灵活;思维凝滞板结,语言则贫乏呆板;思维周密,语言则准确、精炼、清楚明白;思维混乱,语言则含混、累赘、模糊不清。语文的发展又能促进思维的发展。思维是人脑的一种机能,它通过概念、判断、推理等形式反映客观世界。思维形式中的概念对应语文里的词语,判断对应着句子。没有词语,概念就无法表达,没有句子,判断也无法进行。思维的明晰性体现为语言的准确性,思维的条理性体现为语言的连贯性,思维的形象性体现为语言的生动性。如果没有语文,就无法对客观事物进行思维,也无法把思维的成果表达出来。

3.识字与写字、阅读、写作、口语交际全面训练,各种语文能力协调发展的原则。四种活动都是在思维活动的支配下进行的,都涉及思想感情和社会信息。但是,四种活动又各有不同的机制、不同的作用,不能互相替代。识字与写字、阅读、写作是通过书面语言进行的,口语交际是通过口头语言进行的。口头语言是书面语言的基础,不断地丰富和发展着书面语言。离开口头语言,书面语言就会僵化,从而丧失生命力。而书面语言一经形成,便规范、净化和优化着口头语言。人们学习语言,通常是从口语交际开始,在口语交际活动中逐步提高口头语言的理解能力和表达能力,即提高口语交际能力。然后学习书面语言,提高书面语言的理解能力和表达能力,即提高阅读、写作能力。所以,口语交际能力是阅读、写作能力发展的基础,阅读、写作能力的发展又促进口语交际能力的提高。

语文教学设计要合理设计识字与写字、阅读、写作、口语交际训练,使之互相配合。读、听训练中,要启发诱导学生掌握语文规律、思维规律和表达规律,这些规律指导写、说实践。写、说训练中,要深入认识、理解这些规律,促进读、听能力的发展提高。阅读、写作训练中,要有意识地进行口语交际训练。例如:在阅读教学中,让学生回答问题、讨论问题;在写作教学中,让学生口头作文等。口语交际训练中,也要有意识地安排阅读、写作活动。例如,听话时做记录,说话前写讲稿或提纲等。

要把课文作为阅读、写作、口语交际训练的主要凭借,进行听说读写的全面训练,启发学生思考。例如,文章作者是怎样遣词造句、布局谋篇的,是怎样表达自己的思想感情的,是怎样循着一定的思路安排说话的顺序或文章结构的。要有意识地把课文作为范文，让学生进行词语模仿、句式模仿等，并引导学生由机械模仿，逐步达到灵活模仿，最后达到创造性的表达。

4.语文课程资源的优选和重构原则。语文教学内容设计应该沟通课堂内外，充分利用学校、社区、家庭的课程资源，开展综合性学习活动，拓宽语文学习的空间，让学生更多地接触语文材料，增加他们语文实践的机会。要创设语文实践的环境，设计多种形式的语文学习活动，增强学生在各种场合学语文、用语文的意识，多方面地提高他们的语文能力。语文课程资源的优选和重构，是语文教育生命力的表现。

（二）语文教学内容设计的具体要求

1.教学内容要恰当。内容为目标服务，语文教学内容的设计安排要根据语文教学目标确定。

2.教学内容要充实。通过具体内容的教学，要能够达到教学目标，完成教学任务。内容不足则需补充，内容冗余则需删减。

3.教学内容要做到重点突出，难点分散，疑点明确。确定教学重点、难点，应从教材实际和学生实际出发。例如《“友邦惊诧”论》教案，把“时代背景——当时错综复杂的形势”作为难点，把“针对谬论，层层驳斥，论战性与艺术性的和谐统一”作为重点。作品离今天时代久远，鲁迅当时为什么写这篇文章，学生是难以理解的，所以要当作难点处理。“针对谬论，层层驳斥，论战性与艺术性的和谐统一”是该文的写作特点，理所当然要做重点处理。

三、构建语文教学过程

教学过程就是达到教学目标的途径。教学过程是在人类的一般认识过程和训练过程的基础上，运用教学手段所进行的特殊的认识过程和训练过程。其基本特点是简捷性。马克思说：“再生产科学所必要的劳动时间，同最初生产科学所需要的劳动时间是无法相比的。例如学生在一小时内就能学会二项式定理。”[①]人类在实践活动中需要进行几年、几十年、几百年甚至上千年的探索，教育能在一堂课、几堂课或一段教学时间内完成上千年探索出的经验。教学能够实现这种简捷性的原因主要有三个。第一是教学内容的科学性。美国认知科学家赫伯特·A.西蒙说：“科学总是把复杂的现象转化为基本的过

① 中共中央马克思恩格斯列宁斯大林著作编译局.马克思恩格斯全集：第1卷：第1分册[M].北京：人民出版社，1972：377.

程、基本的规律。”[①]其中特别是避免了实践过程中的曲折和失误，而且对正确的过程也从本质上抽象化、概括化了。第二是教师的指导作用，由“先闻道者”来指导“后闻道者”，由实践过的“有专政者”来训练要实践的“术业者”，就能选择最本质的内容和最科学的方法，高度浓缩认识过程和训练过程。第三是教学手段的艺术化。教学过程中的认识过程和训练过程，都不是社会实践过程，而是青少年一代对社会发展成果的习得过程。所以从原始的口耳相传到现代化电子计算机操纵的教学过程，都不是把科学产生时的实践过程再重复一遍，而是要把这些过程艺术化地再现出来，使学生能够通过练习而获得。学生借文字和画面理解旧中国的黑暗和落后，绝不需要将百年近代史再重复一遍。社会愈发展，人类文明积累愈丰富，新生一代的身心发展与社会发展的矛盾愈突出，对教育和教育的科学与艺术的要求也愈高。教学过程如果不具有这种简捷性，社会就不可能加速度发展。

《基础教育课程改革纲要(试行)》提出了“教学过程”改革的两项要求。第一项要求是：“教师在教学过程中应与学生积极互动、共同发展，要处理好传授知识与培养能力的关系，注重培养学生的独立性和自主性，引导学生质疑、调查、探究，在实践中学习，促进学生在教师指导下主动地、富有个性地学习。教师应尊重学生的人格，关注个体差异，满足不同学生的学习需要，创设能引导学生主动参与的教育环境，激发学生的学习积极性，培养学生掌握和运用知识的态度和能力，使每个学生都能得到充分的发展。”第二项要求是：“大力推进信息技术在教学过程中的普遍应用，促进信息技术与学科课程的整合，逐步实现教学内容的呈现方式、学生的学习方式、教师的教学方式和师生互动方式的变革，充分发挥信息技术的优势，为学生的学习和发展提供丰富多彩的教育环境和有力的学习工具。”[②]这是我们在设计教学过程中必须遵循的两项基本原则。

(一)使每个学生都能得到充分的发展

1. 自主、合作、探究的学习方式。在基础教育课程改革中，学生单一、被动的学习方式将会被自主、合作、探究的学习方式所取代。

所谓自主学习，是同“被动学习”“机械学习”“他主学习”相对而言的。自主学习具有以下特征：(1)学习者参与确定对自己有意义的学习目标的提出，自己制订学习进度，参

① 司马贺.人类的认知：思维的信息加工理论[M].荆其诚，张厚粲，译.北京：科学出版社，1986：14.

② 肖川.新课程与学习方式的变革[M]//钟启泉.为了中华民族的复兴，为了每一位学生的发展.上海：华东师范大学出版社，2001：258-269.

与设计评价指标;(2)学习者积极发展各种思考策略和学习策略,在解决问题中学习;(3)学习者在学习过程中有情感投入,有内在动力支持,能从学习中获得积极的情感体验;(4)学习者在学习过程中对认知活动能够进行自我监控,并做出相应的调适。

合作学习是同“个体学习”相对而言的,是为了完成共同的任务,学生在小组或团队中有明确责任分工的互助性学习。它有以下几个方面的要素:(1)积极地相互支持、配合,特别是面对面促进性地互动;(2)在完成共同任务中积极承担个人的责任;(3)期望所有学生能进行有效的沟通,建立并维护小组成员之间的信任,有效地解决组内冲突;(4)对于各人完成的任务进行小组加工;(5)对共同活动的成效进行评估,寻求提高其有效性的途径。

所谓探究性学习,就是从学科领域或现实生活中选择和确定主题,在教学中创设一种类似于学术(或科学)研究的情境,通过学生自主、独立地发现问题,通过实验、操作、调查、搜集与处理信息、表达与交流等探索活动,获得知识、技能、情感与态度的发展,特别是探索精神和创新能力的发展。实施探究性学习的前提是相信学生。如范金豹老师在教学著名学者周汝昌先生的《浅说一首〈清明〉绝句》(上海H版高中三年级课文)时,引导学生对课文进行探究,学生竟对课文提出了多处质疑。如:①课文中称“清明”为“佳节”不合语境,清明节是扫墓祭祖的日子,祭者的心情是沉重的、痛苦的,而佳节是指欢乐愉快的节日。杜牧在诗中就用“清明时节”,而没有用“佳节”。②课文第二段中“可是又正值气候容易变化的期间”中的“气候”,应该改为“天气”。因为气候是指一个地区比较稳定的气象状况,并不容易变化,只有天气才容易发生变化。③课文中的“可巧”应改为“不巧”。“可巧”有恰好、凑巧的意思,一般用于表达某种美好的期望。清明在外的行人遇雨,应该是倒霉的事,不是“可巧”,而是“不巧”。[①]

《全日制义务教育语文课程标准(2011年版)》之所以积极倡导自主、合作、探究的学习方式,首先是因为关注和尊重学生及学生的需要。学生有探究的需要,有获得新的体验的需要,有获得认可与欣赏的需要,有承担责任的需要。在语文教学过程中,自主、合作、探究的学习方式满足了学生的需要,是教学取得成功的条件。这种学习方式可以让学生在教学过程中得到许多收获——如经验的激活、丰富与提升,知识的建构与运用,认知策略与学习策略的完善,情感的丰富、细腻和纯化,态度和价值观的形成、改善和完善,技能的形成、巩固和熟练,等等。

2.语文教学过程的变化和语文教师职责的变化。教学是指以促进学习的方式影响

---

①范金豹.浅说深说纷纷说——对《浅说一首〈清明〉句》的探究[J].语文建设,2004(10):26.

学生的一系列行为，是教师和学生互动的过程。过去那种具有严格的规则、程式化步骤的语文教学过程，已经不符合当前的要求。自主、合作、探究的学习方式给语文教学过程施加了积极的影响。以下事项构成了语文教学过程：引起注意和唤起学生的学习需要；就教学要达到的目标形成共识；激活学习所必需的先前经验；规划学习领域并提供适当的学习资源；引出作业并适时提供作业正确性的反馈；促进保持和迁移。

语文教师在语文教学过程中有以下职责：帮助学生检视和反思自我，明了自己想要学习什么和获得什么；帮助学生寻找、搜集和利用学习资源；帮助学生设计恰当的学习活动；帮助学生发现他们所学东西对他们个人的意义；在学习过程中帮助学生营造和维持积极的心理氛围；帮助学生对学习过程和结果进行评价，并促进评价的内化。

（二）信息技术与语文学科课程整合

教育信息技术对教育施加影响主要通过两条途径：一条途径是，基于信息技术的现代教育技术手段以物质实体和操作程序的方式进入教育，引起教学方法、学习方法等的变化。另一条途径是，负载在现代信息技术教育手段上的科学因素以理论或以理论所反映的某种思想观念的形态进入教育，从而影响教育者以及教育对象的思想观念、价值取向、思维方式和教育能力、学习能力，影响教育的目的任务和教育内容等。具体表现为：

1.教育信息化不仅使教育教学中的抽象问题具体化、深奥道理形象化、枯燥知识趣味化、静态事物动态化，而且加快了教育信息的传播速度，加大了教育信息的密度，拓展了教育的时间和空间，有效地提高了教育的质量和效率。

2.教育信息化有力地改变着教师的教育观念，要求教师树立为学生服务的观念、发展教育的观念、动态执教的观念。在计算机和网络前，教师不再是居高临下的知识拥有者和指导者，他必须根据学生成长的需求，为学生提供内容、形式等各方面的服务。教师必须面向全体学生，而又必须实施个别化教学，坚信每个学生都是能够充分发展的，同时要不断促进每个学生的自身发展。教师要积极启发和引导学生在实践活动中主动学习，在传统的直面交流学习的基础上，引导学生在网络上开展自主、合作、探究的交互式交流学习活动。

3.教育信息化更加有力地促进着学生的个性发展。计算机和网络能满足学生不同的学习需要，创设能引导学生主动参与的教育环境，在计算机和网络面前，学生的学习积极性、独立性和自主性将会增强。传统的学习方法将被个体化和个性化的学习方法所代替，以应试为目的、以学科为中心的教育模式，将逐步转变为以学生个性发展为目的、以学生的主动探索为中心的教育模式。

4.教育信息化有效地改变着学生的学习方法。使用计算机和网络教学,不只是给学生提供结论,更重要的是组织学习情境和学习过程。人类社会在发展中积累了丰富的知识,这些知识都储存在计算机的数据库里。学生应学会利用数据库,查找和运用数据库里的知识,并超越时空限制,了解学习的过程或探索的方法,然后去研究问题和解决问题,探索未知。于是,接受性学习和保持性学习转变为研究性学习和创新性学习。总之,教育信息化改变着教育的目的任务、教育过程、教师和学生在教学中的地位、教学原则、教学内容、教育体制,从而促进教育的全面革新。

四、选择语文教学方法

教学过程是达到教学目标的途径,教学方法就是在教学过程中所采用的具体手段。美国当代教育学家、心理学家布卢姆说:“当人们把教学法应用于数学、科学、哲学、社会科学以及其他范围(学科)中十分复杂的新概念时,才会瞥见它的巨大力量。爱因斯坦的相对论,DNA遗传编码以及集合理论,都是重要新见解的例子。当这些新见解最初出现时,只能被相应学科范围中为数不多的学者所理解。现在,数以百万计的中学生都理解了这些见解,因为课程编制者与教师已经找到了向各种学习者解释这些见解的方式。”①没有转化方式,即教学方法,教学内容就永远不能转化成学生的知识和能力。转化过程是一条河,没有教学方法作为船和桥,教学内容就只能永远停留在学生的对岸。为了达到语文教学目标,教师必须科学地设计和运用教学方法。

(一)语文教学方法设计的依据

1.依据教学规律和教学原则

教学方法的选择和配合,必须遵循教学规律和教学原则。教学规律是不以人们意志为转移的客观存在,教学原则是教学规律的客观反映,是教学系统诸要素内在联系的理论概括。例如课后练习,就要遵循理论与实际相结合的教学原则,遵循在实践活动中掌握知识和形成能力的教学规律。

①B.S.布卢姆等.教育评价[M].邱渊,王钢,夏孝川,等译.上海:华东师范大学出版社,1987:14.

2.依据教学目标与任务

每一节课都有具体的教学目标,目标不同,就需要选择不同的教学方法。譬如,要使学生掌握新知识,常常选用讲解法、演示法、发现法等;要使学生掌握解题技能技巧,就要采用练习法;要提高学生的口头表达能力,则采用谈话法、讨论法等。理解词语要理解字面意义、语境意义及其中包含的情感色彩,理解文章中各种语言构造要分析语言中的各种意义关系,理解各种表达方式要理解其表情达意的作用。读解课文应抓住三个主要环节:感知性认读、理解性阅读和鉴赏性评析。由于各环节教学的基本途径是因文释意、因意究文,各环节教学都体现着人文性目标和工具性目标的统一。感知性认读要在辨析语言文字形、音、义的过程中培养认真学习的态度和踏实的学习作风等。

3.依据教学内容

在教学方法的选择过程中,教学内容起着基本的、决定性的作用。方法是内容的表现形式,教学内容决定着教学形式,即决定着教学方法。因此,必须根据教材的性质和具体内容的特点,选择适当的教学方法并优化组合。

4.依据教师素质

任何教学方法都必须通过教师的具体教学来实施。教师的素质结构,包括知识结构、能力结构、心理结构、品德结构等,都与教学方法的选择有关。教学方法只有适应教师的素养条件,能为教师所掌握,才能发挥作用。例如多媒体教学,教师不具备一定的计算机操作水平和网络能力,是无法进行的。又如运用发现法或谈话法时,要求教师本身对教材的理解必须有一定的深度,能从不同角度去分析内容,分析学生在学习中可能产生障碍的环节。教师还必须有较强的应变能力,遇到学生从各种不同角度提出的问题,特别是在备课时不曾想到的问题,要能随机应变,采用恰当的方式过渡。

5.依据学生特点

教学方法要适应学生的基础条件和个性特征。有的内容,学生已经有了大量的感性认识,教师讲某一现象,学生就可以理解,这种情形就不必使用直观教具进行演示。反之,对于学生缺乏感性认识的材料,应尽量采用直观演示的方法进行教学,因为有些宏观的或微观的教学内容,学生是无法触摸到或观察到的。

6.依据教学的组织形式、时间、设备条件

有些教学方法适用于个别教学,而有些则可能适用于小组教学或班级教学。教学时

间对教学方法的选择也有很大影响,如当教学时间不够充裕的时候,就不能选择费时过多的发现法,而应采用比较省时的讲授法。设备条件也会影响教学方法的选择。特别是现代科学技术手段向教学手段的渗透和转化,引起了教学方法的根本变革。随着计算机网络的发展,远程教学、人机对话等新式的教学方法将越来越丰富,越来越普及。

(二)语文教学方法设计的原则

1.多样性原则

各种教学方法有各自的适应性,又都有各自的局限性。例如问题探索法有助于学生独立地、更深刻地掌握知识,可以发展学生的创造性能力以及独立性、积极性、自觉性等个性品质。其缺点是耗费时间太多,当要掌握的基本上是新内容时,当学生还缺乏独立探索所需要的知识和能力时,当学习内容比较复杂时,运用问题探索法效率就比较低。又如观察法有利于敏锐的观察能力的培养和形象思维能力的形成,讨论法有利于分析能力和解决问题能力的培养,但也都有各自的局限性。为了更好地完成教学任务,教师必须运用多种教学方法,并优化组合。实践证明,在教学过程中,学生知识的获得,能力的培养,智力的发展,不可能只靠一种教学方法,必须把多种教学方法合理地结合起来。教学内容不同,教学对象各异,教学环境多变,教学方法也势必不同。复杂多变的教学活动,也要求教学方法多样化。心理学研究证明,单一的刺激容易产生疲劳,如果一节课甚至一个教学阶段只采用一种方法,就无法调动学生的主动性和积极性。采用多种教学方法,调动各种感官参与教学活动,才能提高学生的主动性和积极性。

2.综合性原则

教学活动是师生共同参与的双边活动,要有教师和学生在教学过程中的互动,要有教与学的统一。教学方法的优化组合要反映出教师活动和学生活动的统一,教法与学法的统一。陶行知说:“事怎样做就怎样学,怎样学就怎样教。”[①]学法是教法的依据,教法是学法的示范。教法能促进学法的形成,学法也能促进教法的发展,这是教法与学法辩证统一的实质。教学方法设计要求综合地考虑教学方法的教养、教育、发展的功能。

3.灵活性原则

教学活动的多变性,教学方法的多样性,决定了教学方法选择的灵活性。教学活动是多变的,要求教学方法能够随机应变。例如教师运用谈话法教学时,发现学生已经理

①陶行知.陶行知文集[M].江苏:江苏人民出版社,1981:471.

解了所讲知识，就应该改谈话为练习，通过练习法使学生掌握知识、形成能力。当教师运用讲授法上课时，教师唱“独角戏”时间过长，就会使学生昏昏欲睡。此时，教师就应该增加趣味性活动以引起学生注意，或提出问题使学生思考。不同的教学方法及其不同组合有时可以达到同样的教学目的，教学中要根据集体情况灵活运用。教师在备课时根据教学目的、任务、内容和学生实际设计了某种教学程序或具体的教案。但教学实际活动中存在着各种变化，教师必须注意随时调整。整体策略是：在备课时要尽量估计教学活动中可能出现的新情况，准备应变办法；上课时还要根据教学过程中的实际情况，灵活地、创造性地应用教学方法，以争取获得最大的教学效果。

4. 创造性原则

在教学中，教师应根据实际情况对已有教学方法进行改造、组合，使之适应新的教学情境，发挥最大功能。教师应发挥其特长，应用自己擅长的教育技巧，对教学方法进行独特的选择和组合，使之能够充分表现自己的能力和专长。例如古老的讲授法，可以使其增加新的成分，不断剔除其不合理因素，使之在教学中发挥优势，减少消极影响。目前许多教师使用讲授法时，设疑启发的因素多了，灌注式的讲授少了。同过去的讲授法相比，今天的讲授法已发生了极大的变化。

5. 优化组合原则

对行之有效的教学方法进行优化组合，把不同的方法结合起来，强化各自的积极方面，弥补各自的消极方面，是广大教师在教学实践中应用得最多的。方法的组合能够产生新的方法或模式，例如上海育才中学的“读读、议议、讲讲、练练”八字教学方法，组合了讲授、谈话、自学、练习等不同的教学方法，由此形成了新的方法。

无论采用哪种教学方法，每一堂课至少都要有一个闪光点。出现闪光的地方，就是教师产生教育灵感的地方，同时也就是学生的思想感情活动掀起高潮的地方。什么地方会闪光？能够教活的地方往往就是闪光的地方。怎样才能教活？研究透了就能教活。什么叫“透”？“透”就是“彻底”。什么叫“彻底”？“彻底”就是抓住了本质。抓住本质的地方就是产生灵感的地方，就能教活，就能成为闪光点。闪光点最好在重点、难点上。愈是重要，难度愈大，价值也愈高；反之价值递减。如果连一点价值也没有，那将是虚夸或滑稽。教育闪光点具有以下三个特征：一是内容的独创性，二是方式的独特性，三是价值的应用性（实用或审美）。闪光之前应有蓄势，闪光之后应有余音。如果一堂课连一个有价值的闪光点也没有，那必然是平淡的，甚至是平庸的。如果到处闪光，那将可能是辉煌的，也可能是茫然的。

（三）单元教学的基本特点

传统语文教材的基本特点是文章选编，现代语文教材的基本特点是单元组合。随着语文教材编写体例的变化，单元教学逐步成为最基本的教学结构形式。单元教学就是把体裁、题材或表达方式等方面基本相同或相似的若干篇课文作为语文教学过程中的一个教学阶段，从整体出发来确定教学目标要求，制订教学方案，安排教学步骤、方法和课时，把教读和自读有机地结合起来，体现教学的连续性、循环性和阶段性，从而提高课堂教学效率的一种教学结构方式。

1.单元教学的主要特点

（1）从制订教学目标来看，确定教学目标要求着眼于一组文章而不是一篇文章，变一册教材几十个教学目标要求为几个教学目标要求，这有利于克服教学中的盲目性、随意性，加强教学的计划性和体现教学的阶段性。（2）从钻研教材和教学设计来看，教者是把若干篇课文视为一个整体，按照年级要求，从学生的实际出发，通盘考虑教和学、训和练、读和写等具体的教学内容和教学方法。这就有利于避免满堂灌，使学生得到较为系统的知识，学会科学的学习方法，养成良好的学习习惯。（3）从认识论的角度来看，单元教学是从事物的联系中认识事物，或通过事物的若干个侧面来认识事物的整体，或从对比的辨析中认识事物的特征。这就有利于克服教学中的片面性，较能体现教学规律和认识规律，从而使学生的思维能力得到较快的提高。

2.单元教学的基本方式

（1）知识短文开路式。这是由理论到实践的教学思路，是实现教学理论指导下的读写听说技能训练的有效途径。一般采用三段式：知识讲解—阅读课文—单元练习。首先，以单元知识为纲。主要通过教师讲解，指导学生弄清概念，掌握要点，为学生做好课文学习和单元训练的理论准备，使学生在读写听说训练中有明确的指导思想，形成克服困难完成任务的能力。其次，以课文为例。主要任务是在语文知识指导下进行阅读训练。教师要起引导作用，带领学生理解和掌握规律性的知识和能力，即站在前边领着学生走路；课内自读时教师要起到指导作用，指出达到目标的方向和途径，让学生自己去走，即站在旁边看着学生走路；课外自读时教师要起监督作用，只提最后目标和原则要求，让学生自己寻找道路，自己去走，即站在后边鼓励学生走路。再次，以单元训练为用。即通过训练把语文知识转化为听说读写的语文能力。（2）举一反三式。即用讲读课文的教学带动自读课文的教学。这是目前普遍采用的单元教学形式。其关键是正确处理讲读、课内自读、课外自读之间的关系。讲读课文大都集中体现了单元教学要求，起着带动其他课文教学的作用。要采取精讲示范、授之以法的方法教懂教会。即不但要把课文的内容和学习技巧传授给学生，让学生理解掌握，而且要通过示范把如何读写这类文章的方法和技能教给学生，使学生能在读写实践中加以运用。自读课文是"教材兼学材"。教师的指导要紧紧抓住与单元教学密切相关的要点，大胆取舍，突出重点。要指导学生将从课文中学到的读书方法在自读课文中加以实践和运用。要充分保证学生阅读的时间和自主性，使学生生动活泼地得到发展。课外自读课文是供学生自学的，目的是增加学生的阅读量，在扩大知识面和训练能力方面有不可缺少的作用。一方面要保证学生的自主性和独立性，要求要适当，只要能够按照提示了解课文的内容和写法，掌握与单元教学要点相关的重点，就算达到了要求。另一方面也不能放任自流，要进行必要的督促和检查。教师指导的目的主要是调动学生的主动性和积极性，帮助学生把讲读课文、课内自读和课外自读课文联系起来，互相比较，互相补充，互相印证，完满地达成教学目标。(3)目标控制式。单元教学要点是根据课程标准结合本单元的具体内容确定的，是单元教学的基本目标。课文的学习重点(或提示)和课后练习及单元练习中的读写听说训练要求，是单元教学目标的分解和落实。目标控制式就是把单元教学要点作为导向，在教学过程中用学习重点和训练要求进行调节和控制，教学过程的最后阶段要进行系统的检测和评价，使师生获得反馈信息并及时进行矫正。绝大部分学生掌握了基本目标以后才能进入下一个单元的学习。(4)比较式。有些单元的课文，适合运用比较的方法进行教学。将两篇或多篇课文进行比较，比异求同，深化知识。可以异中求同，也可以同中求异。认识相同点可以归类，认识不同点可以区分。心理学告诉我们：彼此相互联系又相互区别的感知对象同时或相继出现，可以加速感知的过程，提高感知的效果。

五、组织语文教学评价

20世纪70年代，教育评价发展成为一门科学，并形成了多种学说。最本质的评价思想有两种：选拔教育通过教育评价选择适合教育的学生，素质教育通过教育评价创造适合学生的教育。或者说，应试教育通过教育评价为淘汰大多数学生提供依据，素质教育通过教育评价为每一个学生提供不同的发展方向。《义务教育语文课程标准(2011年版)》提出："语文课程评价的根本目的是为了促进学生学习，改善教师教学。语文课程评价应准确反映学生的学习水平和学习状况，全面落实语文课程目标。应充分发挥语文课程评价的多重功能，恰当运用多种评价方式，注重评价主体的多元与互动，突出语文课程评价的整体性和综合性。要根据不同年龄学生的学习特点，按照不同学段的课程目标，抓住关键，突出重点，采用合适方式，提高评价效率。语文课程评价应该改变过于重视甄别和选拔的状况，突出评价的诊断和发展功能。”《普通高中语文课程标准(2017年版)》提出的评价建议是：“着眼于核心素养的整体发展；全面把握学习任务群的特点；倡导评价主体的多元化；选用恰当的评价方式；明确必修和选修课程评价的重点和联系。”鲜明地体现了素质教育的评价思想。

《基础教育课程改革发展纲要(试行)》提出：“建立促进学生全面发展的评价体系。评价不仅要关注学生的学业成绩，而且要发现和发展学生多方面的潜能，了解学生发展中的需求，帮助学生认识自我，建立自信。”《普通高中语文课程标准(2017年版)》提出：“评价的根本目的是为了促进学生语文素养的全面提高。”

关于教育评价和教学评价，教育家们也下过很多定义。一般认为，教育评价就是教育价值判断，教学评价就是教学价值判断。对教育体系、教育功能、各级各类学校的评价称为教育评价；对各科的教学目标、教学内容、教学过程、教学方法、教学手段、教学效果等的评价，称为教学评价。我们所要研究的是语文学科的教学评价。

语文教学评价在语文教育系统中占有举足轻重的地位，它既是教学的“指路灯”，又融入教学中，成为其不可分割的一部分。正确认识语文教学评价的本质，熟练掌握语文教学评价的方法，对语文教学具有重要意义。

(一)语文教学评价概述

语文教学评价是语文教学研究的重要内容。随着语文教学改革的开展，语文教学评价在内涵、特点、类型、作用和实施等方面都在发生着巨大的变化，人们对它的认识也日趋深入。

1.语文教学评价的内涵及特点

(1)语文教学评价的内涵

“语文教学评价”是依据一定的教学目的和标准，在系统搜集资料并加以分析的基础上，对教学过程及结果所做的价值判断。语文教学评价主要以教师和学生为评价主体，以学生的学习状况为评价客体。语文教学评价实际上包含两部分工作：①搜集评价对象的有关资料并加以分析;②对评价对象进行价值判断。传统评价观认为,搜集资料并加以分析是为最终的价值判断服务的,评价过程本身并没有独立的价值,评价就是对学生的学习状况做一个判断。现在,人们越来越注重评价在学生认识自我和发展自我的实践过程中的作用。其表现为在评价的定义上,对同一个表述有了不同的理解。

(2)语文教学评价的特点

2002年,教育部在《关于积极推进中小学评价与考试制度改革的通知》中指出:“现行中小学评价与考试制度与全面推进素质教育的要求还不相适应,突出反映在强调甄别与选拔功能,忽视改进与激励的功能;注重学习成绩,忽视学生全面发展和个体差异;关注结果而忽视过程,评价方法单一。”要改变这一现状,就要建立起促进学生全面发展的评价体系。评价不仅要关注学生的学业成绩,而且要发现和发展学生多方面的潜能,了解学生发展中的需求,帮助学生认识自我,建立自信。这至少体现了三层意思:首先,每一个学生都能成功,教学评价就在于给每个学生找到并提供成功的支撑点,使全体学生都有获得成功的机会;其次,每一个学生都有自己的优势智力领域,教学评价要使每一个学生既发现自己的优势智力领域,同时找到自己的欠缺之处,从而协调发展自己;再次,学生的智力发展贯穿于生命的全过程,每一个智力领域的发展在不同的生命阶段会有不同的表现,教学评价要放眼于生命的全过程,对于一些暂时不突出的学生,要看到他们智力发展的潜能。为此,语文教学评价必须具有以下特点。

①诊断性

强调诊断性功能是为了改善教与学,它要求评价适应并发展每个人的能力及能力倾向,并以目标达成度的评价代替传统的以等级与甄选为主的评价。

②全面性

目前对学生的评价多采用测验和考试的方式,这通常只能测量学生学习的一部分,对于那些最有意义的方面,如学习动机、情感以及态度方法等,必须采用其他方式来测量,这样才能做到评价的全面性。

③多元性

所谓多元化,主要指评价主体和方法手段的多元化,从各个角度采用不同方法对教学过程进行评价。例如对不同教学目标可采用阶段性测试、成就测试,也可采用水平测试;对不同的教学内容可采用综合性测试和单项测试;既可以由教师测试,也可由学生在教师指导下自测;测试的方式既可为笔试,也可为口试;试题既可用“客观型”“标准化”试题,也可用传统的论文型试题;既可以开卷,也可以闭卷;等等。

2.语文教学评价的类型

语文教学评价从不同的角度可分为不同类型。按评价内容的复合程度可分为单项评价和综合评价。按评价方法可分为定量评价和定性评价。按评价的功能及用途可分为诊断性评价、形成性评价和终结性评价。按评价参照的标准可分为相对评价、绝对评价和个体内差异评价。按评价的主体可分为自评与他评。

(1)单项评价和综合评价

单项评价是就学生某一方面的语文能力进行评价,如对阅读或写作水平的评价;综合评价是指对学生进行完整的、系统的评价,如语文素养的全面评价。评价工作需要与各层次的教学活动同步进行,因而需要有单项评价。同时,在单项评价的基础上,必须对语文教育活动的有效性进行整体的综合评价。单项评价与综合评价缺一不可,二者必须结合起来,只有这样,语文教学评价才能取得整体的效果。

(2)定量评价和定性评价

定量评价指收集资料并采用定量计算的方法进行的评价。定量评价采用数学方法将结果量化,评价结果精确并且信度高,还能在不同个体之间进行比较。它适于测定语文基础知识、较低层次的语文能力(如认读、识记、简单的理解等)。定量评价的缺点是数量化的方法使得意志、兴趣、情感态度等无法进入评价的范围,也无法测定学生较高级的阅读理解、鉴赏、评价能力及口头或书面表达能力。

定性评价指用描述、解释的方法进行的评价。定性评价采用描述性的语言进行评价,能评价定量评价无法涉及的领域,如学生的意志、兴趣、情感态度等。定性评价还能评价学生较高级的阅读理解、鉴赏、评价能力及口头或书面表达能力等。其缺点是难以避免评价者主观因素的干扰,评价的信度较低。

语文课程情感性与综合性的特点决定了必须将定量评价与定性评价结合起来使用,同时,基于我国长期以来片面注重定量评价的现实,在现阶段,更应重视定性评价。

(3)诊断性评价、形成性评价和终结性评价

诊断性评价指在某项活动开始之前,为使其计划更有效地实施而进行的预测性、测定性评价,或对评价对象的条件做出鉴定,目的是了解评价对象的基础情况,以便更好地进行指导。学生学业的诊断性评价一般在学年或学期初实施。

形成性评价在教学过程中进行,目的是通过对仍在发展和进行中的教学活动进行价值上的判断,探究教与学中所存在的问题或缺陷,以便形成适合于教学对象的教学方法或教学手段。由于形成性评价具有诊断和改进教学的功能,目前已成为教学评价的重要

内容，受到人们的高度重视。

终结性评价是在教学活动完成之后，对教学成果进行的评价，是对已经完成的教学加以价值判断，目的是为各种决定或决策提供资料或依据。人们习惯上采用的教学评价基本上都是终结性评价。有研究表明，终结性评价具有对以后学习进行预测的作用，即根据学生的现有学习成绩可以预测他们将来的学业成败。

(4)相对评价、绝对评价和个体内差异评价

相对评价指的是以某一群体的整体状况为参照，评价个体在群体中的相对位置。相对评价又叫常模参照评价，它重视个体之间的比较，主要满足社会团体选拔学生的需要，但它对于个人的努力状况及进步程度重视不够。

绝对评价是以教学目标为参照考查学生掌握目标的程度的评价，有时也称作“水平测试”。绝对评价不为学生排定等次，只关心学生对既定教学目标的掌握程度。我国实行的初中毕业会考就属于这类评价。

个体内差异评价是以个人为标准，对学生学科内不同方面的能力差异做横向比较，或对学生不同时期的学业表现做纵向比较的评价。个体内差异评价能看出学生在不同时期的进步或退步状况及其程度，为教师的个别指导提供依据。

相对评价、绝对评价和个体内差异评价这三种评价方式并非截然对立和相互排斥，可以而且应该在实际教学中融合使用。

(5)自评和他评

自评是评价对象参照教学目标和评价标准对自身进行的评价；他评是评价对象以外的团体或个人对评价对象进行的评价。一般来说，自评容易带有主观偏见，他评较客观公正。但正是由于他评的极端使用造成了评价对象与评价活动的分离。评价者不能完全理解评价的目的、内容及标准，从而扼杀了被评价者的积极性，没能很好地发挥评价的激励与沟通作用。因此，我们要将教师评价与学生自评及其他主体评价结合起来，使不同的评价主体从各自不同的角度做出价值判断。评价主体除了教师外，还可以包括学校管理人员、学生家长、学生群体和个体以及学生家庭所在社区的负责人等。

首先，教学评价的主体应以教师为主。在教学实践中，教师既是教学决策的参与者，又是教学的执行者，他们了解教学的各个环节和细节上的问题，同时，也对教学的价值体察最深。相对其他人员来说，教师最能提出改进教学的建设性意见。因此，教师必须是教学评价主体的核心。

其次，学生也应是教学评价主体的重要组成部分。作为教学影响的承受者，学生对

教学的优点和缺点体会最深；另外，从语文学科是否符合学生的身心发展规律这个角度来看，以学生为评价主体也是非常有必要的。学生的自我评价有助于学生思维能力和表达能力的提高。在评价自我时，学生要对自己的学习进行分析、比较，或者是与他人比较，或者是自我比较，得出的结果无论是否有主观性，均可促进学生思考；之后，学生还要将比较、分析的结果用恰当的语言表达出来，这能促进学生表达能力的提高。

再次，学校管理人员、学生家长、社区负责人等都可以参与到教学评价中来，这样才能更真实、全面地反映学生的成长状态及过程，以做出客观、公正的评价。

3.语文教学评价的作用及实施

(1)语文教学评价的作用

①反馈

实施语文教学评价，可以为教与学提供反馈信息。通过检测，能发现学生的进步和不足，教师可以依据这些信息调整教学进度，选择适宜的教学内容、方法和手段，从而提高教学的质量。学生可以借此发现自己取得的进步及存在的问题，以明确下一阶段学习的方向，修正计划，改变方法，从而提高学习效率。

②激励

恰当的评价能激励学生更加积极、主动地投入学习，能强化学习动机。一般来说，肯定性评价能引起积极的情绪反应，合乎实际、客观公正且态度友好、讲究方法的否定性评价也能使人警醒。要充分发挥评价的激励作用需注意以下几个方面。一是尽量多地使用肯定性评价。要善于发现评价对象身上即使是微小的闪光点，多鼓励，少批评。二是尊重评价对象。在指出不足时要注意评价的客观、公正，还要讲究方法，真正站在帮助评价对象进步的立场上提出看法。三是对于不同个性的学生要区别对待。有的学生天性浮躁，容易骄傲自大，但性格坚强，越挫越勇，对这种学生不妨批评多于表扬，以刺激其充分发挥自身潜力。相反，有的学生个性软弱，缺乏自信，这种学生就要表扬多于批评，要尽可能地鼓励其树立自信。

③甄别

终结性评价能让教师发现学生之间的个体差异，评价结果可为学生的甄别选拔提供依据。甄别选拔作用是评价的一种附加性功能，是由于社会的需要而赋予评价的。传统的评价将注意力过多地放在甄别选拔作用上，不利于其他功能的发挥，更不利于学生的健康发展，这是教学评价迫切需要改革的地方。

④导向

教学评价不可避免地会对教师的“教”和学生的“学”产生引导作用。评价的内容、范围、方法、指标、标准等都可能显性地或隐性地决定教与学的方向，规定教与学的内容，影响教与学的过程。我们应该正确认识并利用它的积极的导向作用，尽量避免或减少它的消极的导向作用。

(2)语文教学评价的实施

评价的实施一般要包含以下四个程序：其一，明确评价目的、内容范围和标准；其二，设计评价工具；其三，收集和分析数据与证据；其四，明确改进要点并制订改进计划。其中，评价目的、评价的内容范围、评价对象的特点制约着评价工具的设计、方法的选择和标准及指标的确定，是开展评价前首先应解决的问题。收集并分析学生表现的数据与证据是评价的中心环节，价值判断必定在分析的基础上完成，不仅要有定量的分析，还要有定性的描述。明确改进要点并制订改进计划是最容易被忽视的一个环节，它体现着评价的根本目的，即帮助、促进学生发展。只有改进计划并使其顺利实施，评价才真正实现自身的价值。

（二）语文教学评价的方法

语文教学评价的方法多种多样，在实际运用中也各有自己的特点。了解语文教学评价的方法及其运用，有助于语文教师对其各自的适用情况有一个清醒的认识，以便根据语文教学的实际情况灵活变通，择一使用或者结合使用。

1.观察法

观察法是指通过有计划、有目的地观察学生的行为表现及其变化来评定学生的方法。观察法有多种分类。按观察者是否参与到观察对象的活动中可以分为参与观察法和非参与观察法。按事前是否有详尽的观察项目和记录表格可以分为结构性观察法和非结构性观察法。

(1)非参与结构性观察法

非参与结构性观察法是指观察者不参与到观察对象的活动中，而只是从旁观察对象的行为，并根据特定的观察目的设计相应的记录工具，观察并记录对象的行为的方法。非参与结构性观察法最关键的是要设计好记录工具，如“学生课堂回答问题行为观察记录表”。设计此类表格首先要明确观察的目的，如前面所提表格设计的目的是观察学生课堂回答问题的行为。其次要将观察变量具体化,即把学生可能出现的行为反应全部列出来。再次要考虑观察的时间间隔多久是适宜的,一般以10分钟作为一个时间段记录较合适。

非参与结构性观察法主要用于听课、观察教学活动等场合,其优点是收集和分析信息方便、准确,但由于观察对象会意识到观察者的旁观而难以正常、自然地表现,因而观察者无法看到绝对真实的情景和行为。另外,结构性观察法采用的是量化的记录法,也无法反映观察过程中发生的生动而有意义的背景信息。

(2)无结构性参与观察法

无结构性参与观察法是观察者成为观察对象中的一员,亲自参与到对象的活动中,在共同活动中观察研究对象。它不像结构性观察法那样需事先设计好观察项目和记录表格,但也需要有明确的观察目的和大致的观察提纲。提纲一般要包括观察涉及的大致范围及重点。

教师经常采用的最简单的无结构性参与观察法是轶事记录法。轶事记录法是教师把平时观察到的学生的行为用叙述性的文字记录下来。记录的内容一般包括被观察者的基本情况,事件发生的时间、地点、场景,观察对象的语言、行为、表情及记录者的感想和解释等。

相比非参与结构性观察法,参与观察法中教师和学生打成一片,共同进行某项活动,相互之间有较为亲密的情感联系,因而观察对象能够放松、自然地表现,观察者看到的是自然情景中学生的真实行为。另外,无结构性参与观察法采用的是定性的评价法,因而能发现学生有典型意义的个别行为。需要注意的是,使用观察法对学生进行评价时要力避评价者的偏见,实事求是,以保证评价的客观、公正。

2.问卷调查法

问卷调查通过问卷收集评价对象的信息。这种方法一般用来收集通过观察法得不到的关于被评者的学习兴趣、动机、态度、习惯等的信息,或是用来了解被评者对某一事件或事物的看法。问卷调查法的优点在于能够在短时间内获得大量信息,并且得到的结果便于进行量化处理,方便高效。它的不足之处在于,由于问题及可选的答案都是由调查者事先设计好的,因而调查的结果只会局限在调查者预先的假设中,调查者无法获得教育现象中生动、丰富的材料。

(1)问卷的设计

调查质量的高低与问卷的设计密切相关。问卷的设计要注意下面几个问题。

首先是要将调查的目的和问题转化成明确的理论假设。也就是说,要考察调查的目的和问题有可能与哪些因素有关,这些因素相互之间有什么关系。这部分内容至关重要。如果对于影响所调查问题的因素考虑不周全,或是有意回避某些因素,则问卷结果的科学性与有效性会大受影响。

其次是问题设计的技巧。由于问卷多涉及被评者的兴趣爱好、意志、情感、习惯、动机、看法等内在精神领域,出于一种本能的自我保护意识,被评者有可能不愿意袒露真实的想法。那么在问题的设计上就应该讲究技巧,为调查的顺利进行创造条件。这些技巧包括:一题一问,即一道题只涉及一个小问题;问题的表述要清楚明确,避免含义模糊或产生歧义;多数题目使用有答案可选的问题,少数使用评价对象自由阐述的开放式问题(这一点也可视调查目的及实际情况而定);可选答案的设计要避免有明显的倾向性,如果选择一些答案明显会得到好的评价结果,选择另一些明显会得到差的评价结果,则被评者有可能根据答案的倾向选择,从而隐瞒真实的情况。

(2)调查的实施

从调查的实施来说,还要注意下列问题。一是在调查开始前要与评价对象充分沟通,使评价对象尽可能地理解评价的目的、作用和意义,使评价对象能以良好的合作态度对待评价。二是问卷要尽量使用无记名的形式进行,以减轻被评者对于调查的疑虑和不安情绪。

3.日常检查法

日常检查是指在日常教学过程中对学生学习情况的零散检测。它有两个目的:一是让教师有机会对学生学习中存在的问题和感到困难的内容进行引导和再教学;二是给学生提供一个对学过的内容加以检验或巩固深化的机会。日常检查具有很大的灵活性,能及时发现问题,及时补救,保证教学的连贯性和正确性。日常检查的形式有多种,如进行课堂提问、组织专题讨论、开展个别谈话、批阅课外作业等。其中课堂提问是语文教学中师生双边活动最普遍的方式,它能直接、快捷地获取反馈信息,因而也是语文教学中使用频率最高的学习评价方法。

为了增强课堂提问的有效性,教师提出问题时至少应注意下列几点:第一,避免提过于一般化或缺乏思考价值的问题,提问要能启迪思维、激发想象、引发联想;第二,要注意提问的目的性,设计问题时要做到有的放矢;第三,要调动尽可能多的学生参与答问;第四,多提开放性问题,鼓励多种答案。

4.纸笔测验法

(1)测验类型

纸笔测验是最常用、最普遍的评价方法,它要求学生依据题目要求进行书面作答。测验按不同的标准可以有不同分类。

①安置性测验、形成性测验、诊断性测验和终结性测验

按实施的目的,测验可分为安置性测验、形成性测验、诊断性测验和终结性测验。安置性测验是在学期教学或单元教学开始时,为确定学生现有水平以便有针对性地做好教学计划安排而使用的测验。安置性测验又被称为准备性测验或调查摸底性测验。形成性测验是在教学进行过程中实施的用于检查学生学习掌握情况和进步情况的测验。这种测验有时又被称为单元测验或阶段测验。诊断性测验是为探测与确定那些长期存在并且周期性出现的学习困难产生的深层原因而施行的一类测验。诊断性测验是对形成性测验所反映问题产生的原因的深入探究,它的编制需要学科专家、心理专家甚至生理专家的共同努力。终结性测验一般在学期末进行,它对学生的学习成果进行检验,其结果可为选拔学生提供依据。

②常模参照测验和标准参照测验

按照解释分数的参照系,测验可分为常模参照测验和标准参照测验。常模参照测验又叫选拔测验,是测验的分数以常模(某一群体的整体状况)为参照以确定其排名或等级的测验。它的目的是尽可能地把握被试的个别差异,使被试之间的分数"尽可能拉开距离",因而要求试题难度适中,对所有学生都有较强的区分度。标准参照测验是以既定的教学目标为参照系考查被试是否达到预定水平的测验,因而又叫目标参照测验或水平测验。

③标准化测验和教师自编测验

测验按照编制程序的严格程度可分为标准化测验和教师自编测验。标准化测验是一种按系统的程序编制,具有统一的标准,并对误差做了严格控制的测试。标准化测验的结果准确可靠,分数具有可比性,在那些需要经常举行的大规模测试中,可以减少重复劳动,因而较为经济。但是,标准化测验只能得到思维的结果,无法看到其过程,因而无法考查思维的合理性、严密性与灵活性,也不利于考查求异思维和发散思维。另外,由于测验工具不够完善,标准化测验无法将情感、意志、兴趣、态度等纳入考查范围,因此它有其固有的缺陷,应用的范围有限。教师自编测验是教师依照教学各阶段的需要自行设计、编制的测验。它比标准化测验要简单,信度和效度要差一些,也只能在小范围内使用,但它机动灵活,能迅速达到具体的考查目的,是一种非常有效的测验类型。

(2)命题程序

命题是测验的核心环节,其一般程序为:①确定测验的范围、要求及具体内容;②制订命题计划,即从试卷结构、内容分布、题量、题型、难度、分值等方面全面规划,形成计划;③编制试题;④组成试卷;⑤拟定评分标准;⑥试做试卷,发现差错后及时修正。其中,最关键的一步是制订命题计划。命题计划通常用命题双向细目表来表示。

命题双向细目表是按学科知识和能力描述试题分布情况的图表,是考试命题的蓝图。它把整份试卷按知识点分成若干部分,按能力水平分成若干层次,形成"二维"试题分布表格。通过命题双向细目表,可以检测一份试卷的内容效度,即它达到的所要考查的教学目标(知识和能力)的程度,从而对试卷的编制起到很好的指导和监督作用。

(3)题型设计

测验的题型一般分为客观性试题和主观性试题两种。客观性试题指那些答案和评分都准确客观的试题。客观性试题题量大、覆盖面广,评分的结果准确客观,因而具有较高的信度。同时,客观性试题可用机器阅卷,具有较高的效率。另一方面,由于客观性试题以选择题为主,选择题的特点决定了它对语文知识和能力的考查的有限。

主观性试题指由应试者自由回答的试题。主观性试题无固定的答案,无统一的评分标准,适于测试应试者的理解能力、分析概括能力、组织材料表达思想观点的能力、评价鉴赏能力、知识综合运用能力、态度、价值观等。主观性试题题量少,编制容易,学生在作答过程中思维活跃,但另一方面,其评分容易受阅卷者主观因素的影响,信度较差,一旦题目被猜中,对总分的影响较大。

由于客观性试题和主观性试题各有所长,又各有所短,在测试中一般采取主、客观题相结合的方式。

另外,为了能考查学生的语文实际运用能力,还可以适当采用些情境性试题。所谓情境性试题,即"在提出问题之前给学生提供某些必要的材料,创设有利于学生思考或思维定向的情境,然后要求学生回答问题"。这类试题重在解决现实生活中的语文问题,考查学生的语文迁移能力,因而显得更有现实意义,更符合当今社会对人才培养的要求。

语文纸笔测验的题型各异,但任何试题的编制都要遵循下列基本要求:其一,测验内容既要全面,又要有所侧重;其二,各试题必须彼此独立,题目之间不可连环,也不可有暗示性;其三,试题之间要保持适度的层次性。

(4)质量指标

衡量测验的质量一般用以下三个指标:信度、效度和区分度。

①信度

信度即测验结果的可信程度，指测验测得分数的前后一致性。信度越高，表明考试结果越可靠。它是对测验控制误差能力的量度。如果一项测验反复使用（如对同样水平的对象多次进行）或以不同方式使用（如换成平行等值试题进行）都能得到大致相同的结果，那么这个测验的信度就高，否则，信度就低。信度常用相关系数来表示，称为信度系数。计算信度的常用方法有折半法，即将一份测试工具分成难易程度和分数大致相等的两个部分，计算这两部分得分的相关程度。

②效度

效度就是测验实际上所要达到的程度。它是测验性能的最重要的指标。验证效度有三种方式，包括内容效度、关联效度和结构效度，这里仅介绍内容效度。内容效度，即通过考查测验题目所含内容构成的应测内容的代表性样本的程度来测定效度的方式。代表性程度高，就表明内容效度好；代表性程度低，就表明内容效度差。

③区分度

区分度是指测验对不同水平考生的能力的区分程度。区分度与难度有关。难度是指试题的难易程度。

试卷的难度由测验的目的决定。不同目的的测验（如水平测验与选拔测验）对区分度的要求不同，因而对难度的要求也不同。一般来说，水平测验对区分度没有特别的要求，其难度由教学目标和教学内容决定。选拔测验要求试题有良好的区分度，题目的难度在0.30～0.70为宜。也就是说，在一张试卷内，难题与易题要搭配编制。简而言之，调整试题的难度是提高区分度的重要方法之一。

5.表现评价法

表现评价就是通过学生在完成任务过程中所表现的行为与心理过程及任务完成的效果来评价学生。

（1）表现评价法的类型

①操作表现法

操作表现法通过观察评价对象的实际操作过程来进行评价。如考查学生使用工具书的技能，让学生当场查检；考查学生的书写能力，让学生进行书法表演。操作表现法简单易行，一般只涉及学生某一方面的语文素养，不需要有特别的准备和组织活动，因而方便高效，能依据教学过程中的需要随时采用。

②活动表现法

活动表现法是通过观察学生在各种形式的主题活动中的表现,对学生知识、能力、情意态度等方面进行全方位评价的方法。

活动表现法通过各种形式的主题活动对学生进行全方位的评价,这种活动可以是演讲赛、辩论赛、诗歌朗诵赛、课本剧表演、读书报告会,也可以是模拟招聘、学科问题研究、社会调查、社区服务活动等。活动表现法需要事先有较周密的计划,一般需要教师的组织及指导。

(2)表现评价法的特点

表现评价相比纸笔测验有自己的特点。第一,能够评价学生能做什么。第二,更适合考查学生的高层次思维水平和解决复杂的、结构性不强的问题的能力。第三,能在一定程度上观察到学生的思考过程和情感态度,以及与个人经验、实践有关的那类默会知识。第四,将评价与教学融为一体。第五,学生预先知晓他们所应达到的目标和评价他们表现的标准,甚至这些评价标准是学生和教师共同协商确定的。第六,是有标准参照的评价,学生在想和做的过程中不断向预定目标努力,不断向自我挑战。第七,能提供关于学生发展状况的更丰富的信息,更有助于教师改进教学。第八,没有标准答案,学生可以充分发挥自己的创造性和个性。第九,是以深度取胜,更强调对内容的深刻理解和掌握。

当然,相比纸笔测验,表现评价有自己的局限。第一,判断表现任务完成的质量涉及多种因素,这导致表现评价的评价标准难以确定,评价的准确性、可靠性难以保证。第二,表现评价可能有较大的偶然性。第三,表现评价需要一定的时间和精力作保证,因而不可能经常使用。

6.卷宗存档法

卷宗存档法又称档案袋评价,是指有目的地收集有关学生学习表现的一些信息,并将之放入个人文件夹中,以展现个人学习的历程及意义的一种评价方式。

(1)卷宗存档的内容

档案袋内容的选择,由学生和教师共同决定,涵盖从起始到完成的整个阶段,一般包括平时作业、考试成绩、笔记、作品、照片、录音带等,并附上学生自评、教师评语、同学互评及家长评语。以写作为例,档案袋可以包括不同类型的作品、写作历程和创作脉络(包括最初的构思、提纲,最初的草稿,修改后的草稿及最终的作品)以及学生对自身的反思。

(2)卷宗存档的类型

有学者根据档案袋的不同将档案袋评价分为理想型、展示型、文件型、评价型及课堂型，其中最有代表性的是理想型。理想型档案袋主要由三部分构成，即作品产生过程的说明、系列作品以及学生的反思。

(3)卷宗存档法的特点

档案袋评价是目前国外运用较多的一种评价方式，它有如下优点：第一，展示学生的真实业绩，展示一个真实、丰富的学习过程；第二，展示学生自我反思的能力；第三，促进学生的积极参与和师生的合作；第四，提升学生的动机水平；第五，体现公平。

(三)语文教学评价的内容

语文教学评价包括对知识与能力，过程与方法，情感、态度与价值观三个维度的评价，具体体现在识字与写字、阅读、写作、口语交际和综合性学习中。

1.识字和写字

对汉语拼音能力的评价，重在考查学生认读和拼读的能力，以及借助汉语拼音认读汉字、纠正地方音的情况。

识字评价考查学生在认清字形、读准字音、掌握汉字基本意义方面的情况，以及在具体语言环境中运用汉字的能力，借助字典、词典等工具书识字的能力。不同的学段，识字评价有不同的侧重点。

此外，识字评价还要关注学生日常识字的兴趣，关注学生写字的姿势与习惯，重视书写的正确、端正、整洁，激发学生识字写字的积极性。

2.阅读

阅读评价综合考查学生阅读过程中的感受、体验、理解和价值取向，考查其阅读的兴趣、方法与习惯以及其对阅读材料的选择和阅读量，重视对学生多角度、有创意阅读的评价。根据阅读的类型，阅读评价可以分为朗读、默读的评价，精读的评价，略读、浏览的评价。根据阅读的内容，可以分为文学作品阅读的评价，古诗文阅读的评价等。

(1)朗读、默读的评价

能用普通话正确、流利、有感情地朗读课文，是朗读的总要求。根据阶段目标，各学段可以有所侧重。评价学生的朗读，可从语音、语调和感情等方面进行综合考查，还应注意考查其对内容的理解和文体的把握。

要加强对学生平日诵读的评价，鼓励学生多诵读，在诵读实践中增加积累，发展语感，加深体验与领悟。

评价默读，应根据各学段目标，从学生默读的方法、速度、效果和习惯等方面进行综合考查。

(2)精读的评价

重点评价学生对读物的综合理解能力，重视评价学生的情感体验和创造性的理解。根据各学段的目标，具体考查学生在词句理解、文意把握、要点概括、内容探究、作品感受等方面的表现。

(3)略读、浏览的评价

评价略读，重在考查学生能否把握阅读材料的大意；评价浏览能力，重在考查学生能否从阅读材料中捕捉重要信息。

(4)文学作品阅读的评价

根据文学作品形象性、情感性强的特点，可着重考查学生对形象的感受和情感的体验，对学生独特的感受和体验应加以鼓励。

在7~9年级，可通过考查学生对形象、情感、语言的领悟程度，来评价学生初步鉴赏文学作品的水平。

(5)古诗文阅读的评价

评价学生阅读古代诗词和浅易文言文，重点在于考查学生记诵积累的过程，考查他们能否凭借注释和工具书理解诗文大意，不应考查其对词法、句法等知识的掌握程度。

3.作文

作文评价要根据各学段的目标，综合考查学生作文水平的发展状况，重视对作文的过程与方法、情感与态度的评价，如是否有写作文的兴趣和良好的习惯，是否表达了真情实感，对有创意的表达应予以鼓励。

要重视对作文材料准备过程的评价。不同学段学生在作文之前都需要占有真实、丰富的材料，评价要重视作文材料的准备过程。不仅要具体考查学生占有什么资料，更要考查他们占有各种材料的方法。要用积极的评价，引导和促使学生通过观察、调查、访谈、阅读、思考等多种途径，运用各种方法搜集生活中的材料。

要重视对作文修改的评价。考查学生修改作文的态度、过程、内容和方法，鼓励学生通过自改和互改，取长补短，促进相互了解和合作，共同提高写作水平。

要采用多种评价方式。我们提倡为学生建立写作档案。写作档案除了记录课堂内外的作文情况外，还应记录学生的作文态度、主要优缺点以及典型案例分析等内容，以全面反映学生的写作情况和发展过程。

对学生作文评价结果的呈现方式，根据实际需要，可以是书面的，可以是口头的；可以用等第表示，也可以用评语表示；还可以综合采用多种形式来呈现。

4.口语交际

评价学生的口语交际能力，应重视考查学生的参与意识和情感态度。评价必须在具体的交际情境中进行，让学生承担有实际意义的交际任务，以反映学生真实的口语交际水平。

5.综合性学习

综合性学习的评价应着重于学生的探究精神和创新意识。尤其要尊重和保护学生学习的自主性和积极性，鼓励学生运用多种方法，从不同的角度，进行多样化的探究。这种探究，既有学生个体的独立钻研，也有学生群体的讨论切磋，所以除了教师的评价之外，还要多让学生开展自我评价和相互评价。评价的着眼点主要在：活动中的合作态度和参与态度；能否在活动中主动地发现问题和探索问题；能否积极地为解决问题去搜集信息和整理资料；能否根据占有的课内外材料，形成自己的假设或观点；综合运用语文知识和能力的表现；学习成果的展示与交流。

在评价时，要充分注意学生在解决问题的过程中所采用的思路和方法，及时发现差异，对不同于常规的思路和方法，尤其要给予足够的重视和积极的评价。

第二节　课程纲要与单元计划

一、语文教学大纲与语文课程标准

（一）语文教学大纲与语文课程标准的联系

语文课程标准和语文教学大纲都曾是语文学科教学的指令性文件，尽管经历了从“语文课程标准”到“语文教学大纲”再到“语文课程标准”的转变，但两者的承继关系是显而易见的。

语文教学大纲是国家有关部门根据教学计划，由政府教育行政部门以纲要形式颁发的有关语文学科教学的指令性文件，是对语文学科的性质、地位、教学目的、教学要求、教材内容、教学原则、教学方法等方面做的精要规定，这些规定是国家对语文学科的统一部署与基本要求，具有一定的纲领性、法规性与权威性，因此语文教学大纲被视作编制和使用语文教材的依据和总纲、组织中学语文教学的原则、评估中学语文教学的标准、语文教师施教的重要凭借，对语文教学的各个方面起着重要的指导与规范作用。语文课程标准是规范语文课程的指导性文件，从整体上对语文课程进行总体设计，规定语文课程的性质及其在课程体系中的地位，规范和确定语文课程目标、内容范围、顺序，既是语文教师教学工作的指南，也是编写语文教材和评估、考试命题的依据。语文课程标准与语文教学大纲在性质、内容、功能等方面都具有明显的承继关系。

（二）语文教学大纲与语文课程标准的区别

从“语文课程标准”到“语文教学大纲”再到“语文课程标准”，并不仅仅是一个简单的词语替换，而是标志着语文课程与教学的时代转型。仅就21世纪初颁布的语文课程标准看，其在语文课程内涵、教学目的、教学评价等许多方面都区别于以往的语文教学大纲，反映出时代的发展与超越。

1.教学目的的变化

从教学目的来看，语文教学大纲的大部分内容是对教学内容和教学要求以及教学中应注意的问题的叙述，而语文课程标准则主要是对学生在经过某一学段之后各方面学习结果的行为的描述。所以，课程标准用了大量篇幅描述了语文课程的阶段目标，而对于具体教学的实践则只提供实施建议，这就给教师、学生和课程开发者以广阔的建构空间，充分调动了教育过程中人的主动性。

2.语文课程内涵的变化

语文教学大纲是语文学科教学的纲领性文件，教师教学是语文教学大纲关注的焦点，对语文课程实施特别是学生学习过程则缺乏关注。从某种意义上说，语文教学大纲是传统教学理论的产物。它主张以教学为核心来统辖课程。把课程看作语文教学的“内容”，即为教学提供的材料。在这种教学理论指导下，人们关心的是如何改进教学内容、方式、方法以提高教学效率与质量，而很少考虑课程的标准、要求、进程及与课程有关的各种资源的综合利用，结果往往造成教学与课程的脱节。

语文课程标准则是站在以课程统整教学的“大课程观”角度来定位语文课程与教学的关系。在语文课程标准中，语文课程不仅是一个名词、一种结果或者目标体系，更是一个动词、一系列事件与过程。语文课程不再仅指语文课本，还指学生在教师指导下语文学习活动的总和。不难看出，与语文教学大纲相比，语文课程标准更强调学习者的经验和体验，注重过程本身的价值，以及学生、教师、教材和环境多因素的整合，显性课程与隐性课程也得到了同等的关注。

3.教学指向的变化

语文教学大纲主要是针对课堂教学而言的，而语文课程标准则更倾向于开放的课堂。在一元化课程体制下，语文教学大纲和教材就是语文教学的依据，语文教学大纲主要是围绕课堂教学而提出的关于教学目的、教学内容与教学要求的框架。而语文课程标准则把语文教育延伸到语文课堂教学之外，语文教师的角色也发生了变化，最突出的一点就是教师要选择适合本地区、适合于自己的学生的教学材料，教科书只能作为教学材料之一。教师可根据课程标准提供的内容领域，增删教材内容或补充课外材料。此外，语文综合性学习直接涵盖了学生学习时空的拓展、学习的多样性和学生现代人格的塑造等多方面内容，这些内容都是以往的语文教学大纲没有提到过的。

4.教学评价的变化

在对语文教学结果的评价方面，语文教学大纲主要在具体的教学要求中反映学习要达到的结果，基本上没有对结果产生的过程的描述；而语文课程标准则是把注重结果的评价变成注重过程的评价，在过程评价中注重过程、方法、情感、态度等多方面的内容。

二、语文课程标准的历史发展

作为国家课程的纲领性文件，课程标准体现着国家对各门学科及各个学段的教与学的基本规范和质量要求，也是各学科教材编写、教学组织、教学评估的重要依据。经历了从课程标准到教学大纲再到课程标准的变革，语文课程标准的颁布和推行必将对基础教育阶段的语文课程与语文教学改革产生巨大的影响。

（一）1923年《国语课程纲要》和1929年《国文课程标准》

1902年，我国开始废科举，兴学堂。1903年，清政府颁布了《学务纲要》，决定实行分科教学。1904年，国文科正式设置，自此摆脱了经学附庸的地位，从多学科的综合体中独立出来。1912年，国民政府颁布了《普通教育暂行课程标准》，对各科教学提出了一些原则性要求。

五四运动以后，教育改革的浪潮日益高涨。1923年，北洋政府颁布了《中小学课程标准纲要》，这是我国最早的体现各学科教育思想的指导性文件。纲要分为“课程标准总纲”和“各学科课程标准纲要”两部分。“总纲”是对一定学段的课程进行总体设计的纲领性文件，规定各级学校的课程目标、学科设置、各年级各学科每周的教学时数等，相当于今天的“教学计划”或“课程计划”。“各学科课程标准纲要”则根据“总纲”具体规定各学科教学目标、教学内容、教学时数、教材要求等，相当于今天的“教学大纲”或“课程标准”。

《国语课程纲要》有小学、初中、高中各一套，较为系统地提出了语文教学目的、教学内容、教材体系、教学原则、分阶段教学的要求等。其有如下特点：

1. 重视学生的能力发展。如初中语文“教学目的”中规定，“使学生有自由发表思想的能力”“使学生能看”“能作文法通顺的文字”。显然，纲要规定的初中语文教学的基本目标是听说读写能力的发展。

2. 重视学生的实践活动。精读要求“诵习研摩”“直接讨论”，略读强调“学生自修”，作文是“定期作文”“无定期的作文和笔记”“文法讨论”“演说辩论”的结合，习字是“鉴赏”和“练习”的结合。

3. 重视“规律法则”的把握。教材选文要求“文章法式也自然包括在内”，教学内容要求有“定期的文法讨论”。还特别强调学生把握“规律法则”的方法和要求：“文法研究，宜随机会，用比较归纳的方法，弄出文章的通则来。作文中最多研究文法的机会，……但仍须与精读的选文联络。”

4. 注意选文的文学性和趣味性。“选文注重传记、小说、诗歌”“涵养文学趣味”“参阅的书籍，仍以兴趣为主。因为少年时期的学生，正在心性活动的时候，读有兴趣的文章，方足以引人入胜”。

5. 注意培养学生的自学能力和研究兴趣。纲要规定：“使学生发生研究中国文学的兴趣”“精读选文，由教师拣定一种书本详细诵习研摩，大半在课内直接讨论”“略读丛书专集等……大半由学生自修，一部分在课内讨论”。课外阅读要求“由教师指定数种”丛书专集等，“大半由学生自修”“求得其大意”。

1929年，国民政府教育部颁布了《初级中学国文暂行课程标准》和《高级中学普通科国文暂行课程标准》,对教学目的和要求、教学内容、教学时间、教法和作业等,作了更为具体明确的规定。1923年的《国语课程纲要》和1929年的《国文课程标准》,对以后的语文课程标准或教学大纲的制定有很大影响,某些方面在今天仍有借鉴意义。

(二)1936年《中学国文课程标准》

随着中西学者在教育思想上的不断交流,关于课程标准的研究逐步深入。1936年,国民政府教育部颁布了《中学国文课程标准》。主要内容包括教学目的、教学内容、课时分配、选文比例、教学方法等。主要特点有:

1. 突出思想教育和政治教育。"教学目标"中规定:"使学生……了解固有文化""唤起民族意识并发扬民族精神"。教材选文强调"合于党国之体制及政策",要注意加入"党义文选"。这与当时日寇入侵等国内外形势是有关的。

2. 注意精读选文中各种文体课文的比例。课程表规定的教材精读选文中,各种体裁选文的比例、语体文和文言文的比例,都有明确的规定。

3. 重视教学方法。列举了22条教学方法,其中精读教法8条,略读教法6条,文章法则教法4条,作文练习教法4条。

4. 重视对学生进行自学指导。如精读8条教学方法中,6条和指导学生自学直接相关。包括引起学生自学的动机;指导学生使用工具书,运用工具书解决问题;指导学生分析、综合、比较之研究;令学生课外自行研究;等等。

(三)1949年中小学《语文科课程标准》

1949年新中国成立后,确定了语文学科的名称为"语文"。蒋仲仁起草的《小学语文科课程标准》和叶圣陶起草的《中学语文科课程标准》,体现了建国初期最具代表性的语文教育思想。最基本的思想就是,口头为语,书面为文,语文教学要言文一致。叶圣陶先生说,"语文教学应该包括听、说、读、写四项,不可偏轻偏重",第一次提出了听说读写全面训练的思想。又说:"无论哪一门功课都有完成思想政治教育的任务。这个任务,在语文科更显得重要。"并据此提出了语文教材选文的标准是:"一方面求其内容充实,有血有肉,思想的发展正确且精密;一方面求其文字跟口语一致,真实而且生动。"[①]强调语文训练与思想政治教育的统一。这两个语文学科课程标准,成为中华人民共和国成立后制定

① 见1950年6月出版的初中语文课本第一册《编辑大意》。

语文教学大纲或课程标准的奠基性文献。

（四）1956年《初级中学汉语教学大纲（草案）》和初、高中《文学教学大纲（草案）》

汉语、文学分科教学是我国现代语文教育史上的一次具有开创意义的改革试验。改革试验中产生了1956年的《初级中学汉语教学大纲（草案）》、初中、高中《文学教学大纲（草案）》。这是中华人民共和国成立后第一套较为规范、完备的分科式语文教学大纲。大纲对初中汉语和初中、高中文学教学的目的、内容、方法等作了具体的规定。

这套大纲有以下几个特点，具有开创性意义：(1)突出了文学教学和语文知识教学。(2)教学内容易于抽取线索，形成序列。(3)教学目标明确，头绪清楚。(4)知识系统性强，覆盖面广。(5)提出了教学的具体方法和过程。

这套大纲也有不足的地方：(1)过分强调知识的系统性，教学内容偏深、偏多、偏难，加重了教师和学生的负担，脱离当时教师和学生的实际水平。(2)忽略了一般实用文体的教学、写作教学和听说教学，忽略了读、写、听、说能力的培养。(3)重视汉语、文学的学科体系，忽视了语文学科的综合性，未能很好地解决汉语、文学、写作等课的互相结合问题。

这套大纲规定的文学教学给人们留下了深刻的印象，在社会上产生了广泛的影响。汉语知识教学大纲成为建设现代汉语科学的基本体系。这套大纲成功的经验和失败的教训，对以后制定各套大纲都具有重要的参考价值和借鉴意义。

（五）1963年《全日制中学语文教学大纲（草案）》

新中国成立以来的语文教学，经过建国初期语文课程名称定为“语文”的语文建设，“红领巾”教学法的推广，汉语、文学分家的改革试验，1958年语文变为“路线课”的磨难，走过了曲折的路程。为了探讨语文的真谛，从1959年开始，国内开展了语文学科性质、特点、目标、任务以及“怎样教好语文课”的全民大讨论。在这场大讨论的基础上，1963年教育部制定了《全日制中学语文教学大纲（草案）》。这份大纲是全民大讨论的结晶，是广大语文教育工作者的研究成果。这份大纲有以下特点：

1. 明确提出了语文学科的工具课性质。它开宗明义地提出：“语文是学好各门知识和从事各种工作的基础工具。”叶圣陶开其先，吕叔湘继其后，张志公集大成，最终完成了语文学科的工具说理论。语文课是工具课的学说，最终从理论上摆脱了语文课是综合性学科的羁绊，为抵御各种干扰提供了思想武器。

2.强调语文学科的个性特色。语文学科传统上被认为是综合性学科，表面上抬得很高，实际上最容易受干扰，以至于被称为政治风云的晴雨表。大纲提出："一般不要把语文课讲成政治课，也不要把语文课讲成文学课。"各门学科教学都要以语文为工具，但工具不是目的。唯独语文教学是把掌握和运用语文这个工具作为目的。语文都有思想内涵，但思想教育的目的是在掌握和运用语文工具的过程中实现的。

3.正确阐述了语文教学中"道"和"文"的辩证关系。大纲指出，"以道为主""以文为主""道和文并重"都是不符合教学实际的，肯定了文道统一的原则。

4.重视基本训练和能力培养。大纲指出，语文教学要加强基本训练，对学生要严格要求，树立勤学苦练的风气。大纲特别强调读、写能力的培养，明确指出："初中阶段，在小学基础上使学生继续认识生字，掌握较丰富的词汇，进一步提高阅读能力和写作能力，基本上掌握现代语文，作文能够段落分明，语意清晰，用词适当，正确地使用标点符号，字写得端正，不写错别字。"

5.选材重视思想教育的任务。"选材标准"中提出，"应该注意选取有助于培养坚强的革命后代的文章，注意对学生进行爱国主义和国际主义的教育""进行社会主义和共产主义的教育""培养学生的无产阶级的阶级观点、劳动观点、群众观点和辩证唯物主义观点，培养学生的共产主义道德品质和革命意志，反对和防止资产阶级思想和其他反动思想的侵蚀，为逐步树立马克思列宁主义的世界观打下基础"。

（六）1978—1980年《全日制十年制学校中学语文教学大纲（试行草案）》及修订版

1978年制定的《全日制十年制学校中学语文教学大纲（试行草案）》及1980年的修订版，是对"文化大革命"中语文教学混乱现象的拨乱反正、正本清源。基本思路是继承1963年的语文教学大纲，使语文教学回到正确的轨道上来，在新形势下又要有新的发展。大纲包括导言、教学目的和要求、教材的内容和编排、作文教学、教学中应注意的几点等几个部分，最后附录有各年级读写训练的要求和课文目录。有以下特点：

1.指出了思想政治教育和读写训练的辩证关系。大纲指出，语文课在进行读写训练的同时，还必须进行思想政治教育。思想政治教育必须根据语文课的特点进行，必须在读写训练的过程中进行，读写训练也必须以正确的观点为指导。二者相辅相成，互相促进。

2. 在培养读写能力方面，规定了各年级的重点。如初中一年级着重培养记叙能力；初中二年级继续培养记叙能力，着重培养说明能力；初中三年级继续培养记叙能力，着重培养议论能力。

3. 注意读写训练的计划性和语文诸因素的互相配合。大纲要求思考练习要多样化，深浅适度，富于启发性。编配要有计划，前后要有联系，要同课文紧密结合，同作文教学和语文知识教学相互配合。这样，通过练习就能把知识的传授同基本能力的训练紧密结合起来。

4. 重视作文教学。大纲把作文教学单列为一部分，表明了对作文教学的重视，行文中更把作文教学提高到很重要的地位。大纲指出：作文教学是语文教学的一个重要组成部分，学生语文学习得怎样，作文可以作为衡量的重要尺度。

5. 重视培养好的文风。大纲提出，作文教学要培养学生形成好的文风，懂得写文章要从实际出发，有的放矢，言之有物，实事求是。这个要求是针对"文化大革命"中的"假大空"提出的，无论是在当时、现在以及今后，都有十分重要的意义。

6. 对语文知识教学提出了具体要求。在语文知识教学内容方面的原则要求是：精要，好懂，有用。在教学方法方面的要求是：语法、逻辑修辞以及词句篇章的有关知识，可以结合的要尽可能结合起来教学；要少用术语，紧密结合学生阅读和写作的实际，力求通过练习收到实效。

7. 对听说教学提出了具体要求。大纲提出：学生要学会说普通话，进一步提高口头表达能力；要注意听的训练，如听写、做听讲记录等。大纲还阐明说和写有密切的关系：指导学生口述见闻，说明事理，发表意见等，不仅可以提高学生的口头表达能力，对提高书面表达能力也很有作用。

（七）1986—1990年《全日制中学语文教学大纲》及修订版

1986年国家教委颁发了《全日制中学语文教学大纲》，1990年颁发了修订版。这套大纲是适应改革开放的形势而制定的。主要特点有：

1. 重视语文教学的指导思想。大纲"前言"部分明确提出了语文教学的指导思想：语文教学必须以马克思主义为指导，全面贯彻教育方针，面向现代化，面向世界，面向未来。必须进行教学改革，大面积提高教学质量，为社会主义物质文明建设和精神文明建设服务。

2. 突出了思想政治教育。大纲规定：语文教学要培养学生的社会主义道德情操，健康高尚的审美观和爱国主义精神，提高社会主义觉悟，有助于学生增强热爱社会主义祖国的思想感情，培养改革开放型的人才。

3.降低了难度，减轻了负担。首先是减少课文基本篇目，讲读课文、课内自读课文、文言文单元都有减少，增加课外自读课文，以利于学生自由发展。其次是降低教学要求，例如初中作文训练要求由原来的“能写记叙、说明、议论的文章”，调整为“能写简单的记叙文、说明文、议论文和一般的应用文”。降低难度、减轻负担，是为了追求实效。

4.加强了对教学活动的指导。大纲中把原来的“教学中应注意的几点”改为“教学中应重视的问题”，显得郑重、严肃。大纲中对“应重视的问题”的阐述具有现实针对性，论述也有深度，具有较强的指导意义。

5.强调语文训练和思想教育的辩证统一关系。大纲再次强调，语文训练和思想教育的关系是相辅相成的、统一的。具体要求字要规规矩矩地写，课文要仔仔细细地读，练习要踏踏实实地做，作文要认认真真地完成。指出“规规矩矩、仔仔细细、踏踏实实、认认真真”的品质和习惯，不仅是基本技能训练的前提条件和终极目标，而且要成为个性品质的一部分，迁移到全部学习和全部生活中。

（八）1992年《九年义务教育全日制初级中学语文教学大纲》和1996年《全日制普通高级中学语文教学大纲（初审稿）》

1986年国家教委颁布了《九年义务教育法》。1988年国家教委制定了《九年义务教育全日制小学、初级中学课程计划（初审稿）》，编订了《九年义务教育全日制初级中学语文教学大纲》和《九年义务教育全日制小学语文教学大纲》，1992年修订试用。1996年国家教委颁布了《全日制普通高级中学语文教学大纲（初审稿）》，首次把课程分为学科类课程和活动类课程两类，打破了单一的课程格局。学科类课程又分为必修课、限定选修课和任意选修课三类。必修课在高一高二完成。限定选修课为高三预备升学的学生分文科、理科或预备就业提供了选择空间。任意选修课为具有不同发展潜能的学生提供了更大的选择空间，使课程更具有个性化。活动类课程则采用综合学习的方式，在实践活动中用语文、学语文。2000年1月教育部对上述大纲进行了修订，修订后的《九年义务教育全日制初级中学语文教学大纲（试用修订版）》和《全日制普通高级中学语文教学大纲（试验修订版）》于2000年3月正式颁布施行。应试教育是20世纪的困惑，素质教育是21世纪的呼唤，这套大纲也是迎接21世纪的教学大纲，体现了由应试教育向素质教育转轨的指导思想。以《九年义务教育全日制初级中学语文教学大纲（试用修订版）》为例，简介如下。

大纲的结构框架是:导言,教学目的,教学内容和要求,教学中要重视的问题,教学评估,教学设备,附录。各部分的要点有:

1.导言

导言有三段话,依次指出语文学科的性质,语文学科的地位和作用,初中语文教学的指导思想。

(1)语文学科的性质。1963年教育部制定的《全日制中学语文教学大纲(草案)》把语文学科的性质界定为:“语文是学好各门知识和从事各种工作的基础工具。”这种提法来源于1942年毛泽东同志为延安出版的《文化课本》所写的序言和《给红军大学的信》:“语文是学习和工作的基础工具。”以后历次大纲都沿袭了这种提法。2000年修订的教学大纲把语文学科的性质规定为:“语文是最重要的交际工具,是人类文化的重要组成部分。”这是对语文学科性质的新的论断,是认识的深化和扩展。特别是“语文是人类文化的重要组成部分”是切中时弊的。长期以来应试教育愈演愈烈,导致语文教育在某些方面畸形发展,使丰富多彩、充满美感和趣味的语文异化为单调机械、枯燥乏味的纯技术的工序化操作。强调语文的文化内涵,对语文教育中的某些失误可以起到匡正作用。

(2)语文学科的地位和作用。大纲强调:“语文学科是一门基础学科,对于学生学好其他学科,今后工作和继续学习,对于弘扬民族优秀文化和吸收人类的进步文化,提高国民素质,都具有重要意义。”其中特别强调语文学科的人文作用。语文体现文化,储存文化,传播文化。在学习语文和运用语文的过程中,学生不仅提高了语文素质,也为文化素质的提高打下了基础。语文学科对于弘扬民族的优秀文化和吸收人类的进步文化,提高国民素质,具有重要意义。

(3)语文教学的指导思想。大纲提出:“语文教学必须贯彻国家的教育方针,面向现代化,面向世界,面向未来,必须以马克思主义和科学的教育理论为指导,联系现实生活,加强语文实践,提高教学质量。”

2.教学目的

大纲在“教学目的”中增加了四处重要内容:“发展学生的语感和思维”“注重培养创新精神”“提高文化品位”“发展健康个性,逐步形成健全人格”。这是为适应21世纪对人才的需要而提出的。

3.教学内容和要求

1992年的大纲将“教学要求”和“教学内容”列为两部分:“教学要求”就语文的阅读能力、写作能力、听话能力、说话能力、基础知识和思想教育等方面提出要求,“教学内容”列出课文、能力训练、基础知识、课外活动等方面的内容。修订后的大纲将两部分统一为“教学内容和要求”,包括阅读、写作、口语交际、语文常识、课文、课外活动等6个方面。这样,强调了各个方面是一个整体,要注意互相配合。体现出新的特点:

(1)重视实践能力和创新精神的培养。如“阅读”中提出“对课文的内容、语言和写法有自己的心得”;“写作”中提出“鼓励有创意的表达”,其中强调思维能力的发展,如分析综合能力、比较归纳能力、欣赏感受能力、观察能力、记忆能力等。通过“整体感知课文的大概内容”“感受课文的语言所表达的思想感情”等培养整体感知能力,“就课文的内容、语言、写法提出自己的看法或疑问”培养独立思考能力和激发质疑能力,“运用联想或想象,丰富表达的内容”培养联想和想象能力。

(2)重视诵读和积累。如“阅读”中要求“用普通话正确流利、有感情地朗读课文,养成默读的习惯,并有一定的速度”“诵读古代诗词和浅易文言文,能借助工具书理解内容,背诵一定数量的名篇”。

(3)更加重视习惯和态度的培养。如“阅读”中要求“养成默读的习惯”“养成读书看报的习惯”。“写作”中要求“养成观察分析周围事物、收集积累语言材料、勤动笔多修改的习惯”。“口语交际”中要求“口语交际要讲究文明和修养,态度自然,尊重对方”“耐心专注地倾听”“有礼貌说话的习惯”等。

(4)淡化语文知识系统。强调语文知识教学的科学性、实用性和可接受性,精选必要的语文知识,减轻学生的学习负担。“语文常识”中删减了“文体知识”等内容。还将一些“基础知识”移入或融入“阅读”和“写作”部分,强调知识的运用。如“在阅读中了解叙述、描写、说明、议论、抒情等表达方式”,在写作中“不写错别字,正确使用标点符号”。在阅读中要“理解思想内容和文章的思路”,要“看出文章的各个部分之间的联系,大体了解课文的思路和中心意思”。都是要淡化文体教学,淡化许多人习惯的“划分段落层次”教学,强调对于文章思路的把握。

(5)要求课文“富有文化内涵和时代气息”“有利于开阔学生视野”,在教学中重视语感和语境意识的培养。大纲在“教学要求”中提出,“能领会词句在语言环境中的含义和作用”,在“能力训练”中要求“理解词语在上下文中的含义和作用”“选择恰当的方式,比较准确地表达自己的意思”“说话注意对象和场合”等。大纲加大了古代诗词和文言文的比例,规定“古代诗词和文言文占30%左右”。

(6)把“课外活动”列入“教学内容”中。课外活动在语文教学中的地位已不再是课堂教学的拓展和延伸,而是语文教学的一个有机组成部分,列入语文教学活动的整体计划中,并制订具体的教案去实施的语文教学活动。要求课外活动“充分发挥学生的主动性创造性”,要求有“专题研究”的活动内容。

4.教学中要重视的问题

这些“要重视的问题”是语文教学的基本指导思想,是制订教学方案的基本依据,是处理和解决教学过程中各种矛盾、探究教学的实践和理论、深化对教学规律的认识的基本原则。大纲共提到5个方面:

(1)“要从语文学科的特点出发,使学生在潜移默化的过程中,提高思想认识,陶冶道德情操,培养审美情趣。”首先提出了人文教育的方法问题。语文教学中的人文教育因素广泛存在,各个阶段、各类形式、各项内容、各种方法中无不渗透着人文教育。但是,人文教育在语文教学中并不具有内容的系统性和结构的完整性,语文学科不可能按照人文教育的内容组织教学体系。所以,“要从语文学科的特点出发”,要“潜移默化”。

(2)“语文教学,要加强综合,简化头绪,突出重点,注重知识之间,能力之间以及知识、能力、情意之间的联系,重视积累、感悟、熏陶和培养语感,致力于语文素养的整体提高。”语文教学是一个多侧面、多层次、多环节、多因素的综合复杂的过程,必须从各个不同的角度去认识,实事求是地确定不同情况下的不同重点。语文的知识、能力、情意等目标的达到,有着不同的途径。达到知识目标,要依靠认识结构的形成和发展;达到能力目标,要依靠科学的训练;达到情意目标,要依靠潜移默化。三方面各有自己的规律和特点,要加强综合,将它们统一在语文教学过程中。语文教学必须重视积累。积累不足具体表现为识字不多、词汇贫乏、句式单调;潜在表现为思想空洞,思维凝滞。语文积累不仅要积累生活材料,还要积累语言材料和文章模式。在丰富积累的基础上学习语文,才能真正沟通知识、能力、情意之间的联系。语文教学必须重视培养敏锐的语感,要使学生在读、写和口语交际中,迅速辨别语言的正误、文野、工拙、美丑,迅速感知语言的色彩、风格、情趣。

(3)“要重视学生思维能力的发展,在语文教学的过程中,指导学生运用比较、分析、归纳等方法,发展他们的观察、记忆、思考、联想和想象的能力,尤其要重视培养学生的创造性思维。”此项规定要求重视学生思维能力的发展,尤其要重视学生创造性思维能力的发展。语文能力的发展同思维能力的发展,是互相依存、同步进行的。语文教学要有计划地指导学生运用比较、分析和归纳的方法认识事物；要求学生做深入精确的观察；要求学生通过背诵强化记忆；要诱发学生的联想，鼓励学生大胆想象；要创设问题情境，促使学生发现问题、思考问题、解决问题。把求同思维和求异思维结合起来，把聚敛思维和发散思维结合起来，从新的角度理解问题和表达看法。

(4)“教学过程应突出学生实践活动，指导学生主动地获取知识，科学地训练技能，全面提高语文能力。要提倡灵活多样的教学方式，尤其是启发式和讨论式，鼓励运用探究性的学习方式，要避免烦琐的分析和琐碎机械的练习。”学习语文需要经历感悟、模仿、记忆、积累、应用、矫正、理解、吸收、迁移等循环往复的实践过程，需要学生主动探究。学生只有在读、写、听、说的实践中，“科学地训练技能”，才能完成语文积累和语感培养的任务。

(5)“重视创设语文学习的环境，沟通课本内外、课堂内外、学校内外的联系，拓宽学习渠道，为学生提供语文实践的机会。”语文学习的综合性和实践性，要求语文教学必须让学生获取大量的社会信息，而课本、课堂、学校承载的社会信息量是有限的。语文知识和语文能力，都必须在实践中获得，在实践中养成。创设语文学习环境，增加学生语文实践的机会，是提高语文教学质量的根本途径。

5.教学评估

教学评估这部分内容，是过去的大纲所没有的。大纲第一次提出：“教学评估要符合语文学科的特点，遵循语文教学自身的规律。”具体建议有三项：

(1)对教师的评估：“重视教师的教学过程和教学效果，不要以学生的考试成绩作为唯一的评估依据。”教师在教学过程中体现的业务水平和思想素质、教师完成工作任务的数量和质量、教师教学和组织实践活动的方法策略等，都要作为评估的内容，而不能把学生的考试成绩作为唯一的依据。

(2)对学生的评估：“要重视语文积累……坚持态度情感与知识能力并重，过程与结果并重，有利于激励和引导学生语文素质的全面发展。”语文素养提高的过程，是长期积累的过程。语文学科的人文性，决定了情感态度价值观是语文教学的重要内容。语文学科的工具性，决定了语文教学必须做到知识与能力并重。这种指导思想随后发展为知识与能力、过程与方法、情感态度与价值观的三维结构。

(3)对语文考试的评估：根据语文学科的特点，命题要“以主观性试题为主”。评述了主观性试题易于考查学生对问题了解的深度和广度，易于看出学生“对错的原因和程度”,易于看出学生的思维路线,易于发挥学生的主动精神和创新精神。同时指出,客观性命题和标准化考试,只能适当运用,不能作为语文教学评估的主要方式。

6. 教学设备

这项内容也是以前的大纲所没有的。在信息化时代,教学设备影响着语文学科内容的编制及其表现形式,影响着教师在教学过程中的作用及其与学生的关系,影响着教学方法和教学策略的选择与使用,影响着教学组织形式。大纲对教育行政部门、学校和老师提出了要求:“应积极创造条件,努力为初中语文教学配置相应的设备。”要“充分利用教学设备,提高教学质量和效率”。教学设备的合理配置和充分利用,必将大大提高语文教学的质量和效率,促进学生提高语文的整体素养,促进语文教学的根本改革。

7. 附录

大纲最后有两个“附录”。一是“古诗文背诵推荐篇目”,列出要求背诵的20篇古文、50篇诗词曲,这些都是脍炙人口的名篇佳作。二是“课外阅读推荐书目”,列出2部中国古代文学名著、3部中国现代文学名著、5部外国文学名著。附录内容有利于积累文学知识,开阔学生的视野,对于弘扬民族文化和吸收人类的进步文化,对于提高文化品位和审美情趣,具有重要意义。

(九)《全日制义务教育语文课程标准》和《普通高中语文课程标准》

改革开放以来,教学大纲的制定和修订是频繁的,反映了教育思想的激烈碰撞和急剧变化。21世纪初课程标准的制定和颁布,启动了新世纪语文课程与教学改革,是教育思想发展的阶段性成果,预计将会在一个时期内保持稳定。

为什么用“课程标准”代替“教学大纲”?课程标准和教学大纲都是由国家教育行政部门制定颁布的,是规范语文课程和教学的指导性文件。就其功能来讲,二者是相同的。在中国教育史上,“课程标准”并不是一个新词,早在1912年南京临时政府教育部就颁布了《普通教育临时课程标准》。此后“课程标准”一词在中国沿用了40余年。建国初期,我国颁布了小学各科和中学个别科目的课程标准(草案),1952年后才改用“教学大纲”。就语文学科来说,直至1956年汉语、文学分科教学后,才改用“教学大纲”。这是新中国建国初期学习苏联教育模式的一个主要表现。此后“教学大纲”的说法延续到20世纪末。但本次课程改革中以“课程标准”代替“教学大纲”,不仅仅是一个词语置换的问题,还颇具深意。其至少有以下三个方面的考虑:

1.课程功能从主要关注怎么教转向主要关注教什么

传统教育学中,教什么和怎么教是两个范畴。建国初期,我国主要学习苏联的教育模式,在社会主义制度中教什么的问题是已经确定了的,主要关注怎么教。改革开放以来,中西方教育思想激烈碰撞,主要关注教什么的问题。我们主张将教什么和怎么教整合起来,以教什么为主导因素。教学大纲关注的焦点是教师教学,而缺乏对课程实施特别是对学生学习过程的关注。"教什么"的问题在教学之前和教学情境之外就已经规定。教师可以考虑"怎么教"的问题,但必须忠实而有效地传递课程内容,不能对课程内容作出变革。教学完全被课程控制,于是逐渐变得死板、机械、沉闷,课程也逐渐孤立、封闭,逐渐走向萎缩和繁、难、偏、旧。课程标准认为教师和学生都不是教材的被动使用者,而是教学资源的开发者、利用者和教学方案的设计者。

2.教学对象从精英转向大众

1996年教育部组织人员对我国义务教育实施状况进行调查,调研结果表明,教学大纲要求过高,教学内容存在繁、难、偏、深、旧、窄的情况,90%的学生不能达到教学大纲规定的要求。与世界各国相比,我国同一学段教学大纲所规定的内容知识面狭窄而艰深。同时,对各科教学内容、教学要求做了统一硬性的规定,缺乏弹性和选择性。这种状况导致大多数学生负担过重,辍学率增加。课程标准是国家制定的某一学段共同的、统一的基本要求,是基本标准,而不是最高要求,是大多数儿童都能达到的标准。素质教育是面向全体儿童的教育,而不是精英教育。教学大纲关注的是优秀学生,而课程标准关注的是全体学生。

3.课程目标从实现学生的智力发展转向实现学生的全面发展

教学大纲关注的主要是学生在知识技能方面的发展,课程标准着眼于未来社会对国民素质的要求。20世纪80年代开始的世界范围内的基础教育课程改革,其核心目标就是适应21世纪国际竞争的人才需要。1983年美国"国家优异教育委员会"提出的报告《国家处在危急之中:教育改革势在必行》中指出:"我们社会的教育基础目前正被一股日益增长的平庸潮流所侵蚀。……我们的目标必须是最充分地发挥所有人的才能。"一方面"要重视严格的学术标准",一方面是"对优秀的承诺",要让每一个学生的天赋都得到最充分的发展。韩国高中课程改革(第七次)确立的目标是培养"追求人性的人、发挥创造性的人、开拓前进的人、创造新价值的人、为共同发展做出贡献的人"①。我国课程改革

①索丰.韩国普通高中新课程改革研究[M]//.普通高中语文课程标准(实验)解读.湖北:湖北教育出版社,2004:16~18.

中各学科对学生素质的要求，都是课程标准的核心部分，都是应试教育向素质教育转轨的指导性文件。

《全日制义务教育语文课程标准》2001年由教育部颁发，全文共4部分。第一部分为“前言”，包括3项内容：(1)课程性质与地位，(2)课程的基本理念，(3)语文课程标准的设计思路。第二部分“课程目标”，包括2项：(1)总目标(2)阶段目标。第三部分“实施建议”，包括4项：(1)教材编写建议，(2)课程资源的开发与利用，(3)教学建议，(4)评价建议。第四部分“附录”，包括3项：(1)关于优秀诗文背诵推荐篇目的建议，(2)关于课外读物的建议，(3)语法修辞知识要点。

《普通高中语文课程标准》2003年由教育部颁发，全文共4部分。第一部分“前言”，包括3项：(1)课程性质，(2)课程的基本理念，(3)课程设计思路。第二部分“课程目标”，包括总目标和分目标。总目标包括5个方面：(1)积累·整合，(2)感受·鉴赏，(3)思考·领悟，(4)应用·拓展，(5)发现·创新。分目标包括两个方面：(1)必修课程，(2)选修课程。第三部分“实施建议”，包括4项：(1)教学建议，(2)评价建议，(3)教科书编写建议，(4)课程资源的利用与开发。

这套课程标准是为贯彻落实《中共中央国务院关于深化教育改革全面推进素质教育的决定》《国务院关于基础教育改革与发展的决定》和经国务院同意的《基础教育课程改革纲要(试行)》的精神而制定的，是实施素质教育的指导性文件。

三、现行语文课程标准简介

自20世纪80年代起，教育受到了世界各国政府前所未有的关注，除对教育改革予以财政支持外，由政府支持并组织有关专家、教师、家长及教育管理工作者等参与制定的各种研究报告、课程改革方案、教育法律、教育政策等文件纷纷出台，包括中国、美国、俄罗斯、英国、法国等在内的各国政府相继制定了课程标准或者类似于课程标准的文件。21世纪初，我国沿用了几十年的语文教学大纲悄然“隐退”，取而代之的是语文课程标准。

(一)《义务教育语文课程标准(2011年版)》

2011年12月28日，教育部印发了义务教育语文等19个学科的课程标准。本次课程标准的修订是在新世纪课程改革历经十年实践的基础上展开的。

《义务教育语文课程标准(2011年版)》共四部分。第一部分“前言”，包括“课程性质”

“课程基本理念”“课程设计思路”;第二部分“课程目标与内容”,包括“总体目标与内容”“学段目标与内容”;第三部分“实施建议”,包括“教学建议”“评价建议”“教材编写建议”“课程资源开发与利用建议”;第四部分“附录”,包括“优秀诗文背诵推荐篇目”“关于课外读物的建议”“语法修辞知识要点”“识字、写字教学基本字表”“义务教育语文课程常用字表”。

第一部分:前言

语言文字是人类最重要的交际工具和信息载体,是人类文化的重要组成部分。语言文字的运用,包括生活、工作和学习中的听说读写活动以及文学活动,存在于人类社会的各个领域。当今世界,经济全球化趋势日渐增强,现代科学和信息技术迅猛发展,新的交流媒介不断出现,给社会语言生活带来巨大变化,对中华民族优秀传统文化的继承,对语言文字运用的规范带来新的挑战。时代的进步要求人们具有开阔的视野、开放的心态、创新的思维,对人们的语言文字运用能力和文化选择能力提出了更高的要求,也给语文教育的发展提出了新的课题。

语文课程致力于培养学生的语言文字运用能力,提升学生的综合素养,为学好其他课程打下基础;为学生形成正确的世界观、人生观、价值观,形成良好个性和健全人格打下基础;为学生的全面发展和终身发展打下基础。语文课程对继承和弘扬中华民族优秀文化传统和革命传统,增强民族文化认同感,增强民族凝聚力和创造力,具有不可替代的优势。语文课程的多重功能和奠基作用,决定了它在九年义务教育中的重要地位。

1.课程性质

语文课程是一门学习语言文字运用的综合性、实践性课程。义务教育阶段的语文课程,应使学生初步学会运用祖国语言文字进行交流沟通,吸收古今中外优秀文化,提高思想文化修养,促进自身精神成长。工具性与人文性的统一,是语文课程的基本特点。

2.课程基本理念

(1)全面提高学生的语文素养

(2)正确把握语文教育的特点

(3)积极倡导自主、合作、探究的学习方式

(4)努力建设开放而有活力的语文课程

3.课程设计思路

第二部分:课程目标与内容

1.总体目标与内容

课程目标从知识与能力、过程与方法、情感态度与价值观三个方面设计。三者相互

渗透,融为一体。目标的设计着眼于语文素养的整体提高。

(1)在语文学习过程中,培养爱国主义、集体主义、社会主义思想道德和健康的审美情趣,发展个性,培养创新精神和合作精神,逐步形成积极的人生态度和正确的世界观、价值观。

(2)认识中华文化的丰厚博大,汲取民族文化智慧。关心当代文化生活,尊重多样文化,吸收人类优秀文化的营养,提高文化品位。

(3)培育热爱祖国语言文字的情感,增强学习语文的自信心,养成良好的语文学习习惯,初步掌握学习语文的基本方法。

(4)在发展语言能力的同时,发展思维能力,学习科学的思想方法,逐步养成实事求是、崇尚真知的科学态度。

(5)能主动进行探究性学习,激发想象力和创造潜能,在实践中学习和运用语文。

(6)学会汉语拼音。能说普通话。认识3500个左右常用汉字。能正确工整地书写汉字,并有一定的速度。

(7)具有独立阅读的能力,学会运用多种阅读方法。有较为丰富的积累和良好的语感,注重情感体验,发展感受和理解的能力。能阅读日常的书报杂志,能初步鉴赏文学作品,丰富自己的精神世界。能借助工具书阅读浅易文言文。背诵优秀诗文240篇(段)。九年课外阅读总量应在400万字以上。

(8)能具体明确、文从字顺地表达自己的见闻、体验和想法。能根据需要,运用常见的表达方式写作,发展书面语言运用能力。

(9)具有日常口语交际的基本能力,学会倾听、表达与交流,初步学会运用口头语言文明地进行人际沟通和社会交往。

(10)学会使用常用的语文工具书。初步具备搜集和处理信息的能力,积极尝试运用新技术和多种媒体学习语文。

2.学段目标与内容

学段分为第一学段(1~2年级)、第二学段(3~4年级)、第三学段(5~6年级)、第四学段(7~9年级),每个学段都有识字与写字、阅读、写话(写作)、口语交际、综合性学习五个方面的具体目标与内容。

第三部分:实施建议

1.教学建议

(1)充分发挥师生双方在教学中的主动性和创造性

(2)教学中努力体现语文课程的实践性和综合性

(3)重视情感、态度、价值观的正确导向

(4)重视培养学生的创新精神和实践能力

(5)具体建议

2.评价建议

(1)充分发挥语文课程评价的多种功能

(2)恰当运用多种评价方式

(3)注重评价主体的多元与互动

(4)突出语文课程评价的整体性和综合性

(5)具体建议

3.教材编写建议

4.课程资源开发与利用建议

第四部分:附录

1.优秀诗文背诵推荐篇目

2.关于课外读物的建议

3.语法修辞知识要点

4.识字、写字教学基本字表

5.义务教育语文课程常用字表

(二)《普通高中语文课程标准(2017年版)》

《普通高中语文课程标准(2017年版)》是在2003年发布的《普通高中语文课程标准(实验)》的基础上所做的修订。从2003年发布实验版至今,国内外形势发生了巨大的变化,高中语文教学也因实验版的实施上了一个台阶。两个版本精神相通,但变化还是明显的。

从20世纪90年代就已经到来的全球信息化时代,对语文教育的发展来说,有两点影响最为重大:其一是信息传播的速度、广度和信度,以及信息技术的功用迅速提高,已经直接影响了人的学习世界和精神世界。为了适应这个现实,人才培养的模式必须改变。其二是由于人类发展的相互依靠,促使跨文化交流日益频繁,每个国家都在努力提高自己母语教育的质量,以增强国家文化发展软实力。如果说,对于第一点高中的每一门课程都需要面对,那么第二点就无可回避地把语文课程推向教育改革的前沿。

当前,新时代中国特色社会主义思想已经明确,立德树人成为教育在新时代发展的根本任务。培养新时代的创新型人才,满足国家、社会高速发展的需要,是党和国家对教育的迫切要求和殷切期望。全面贯彻党的教育方针,推进教育公平,培养德智体美全面发展的社会主义建设者和接班人,是党和国家意志的体现。语文课程在教育改革中肩负着建构具有中国传统、中国特色的母语教育的重任。

语文课在立德树人、育才成人、以文化人方面有着特殊的、不可取代的作用。语文课程是基础教育阶段唯一的一门以语言文字运用为主要特点的课程。语言文字活在人们的口头上、书面中、思想里,负载着丰富的信息,它既是每一个人讲述实情、陈述见解、与人交流的中介,又是获取知识、研究学问的工具。也就是说,语言文字运用的能力和品质,是人在社会中生存发展须臾不可离开的。著名语文教育家叶圣陶先生曾说:语文是工具,是人生日用不可缺少的工具。在谈到作文时,他曾说过:“写好作文首先要有充实的生活,“应是阅历得广,明白得多,有发现的能力,有推新的方法,情性丰厚,兴趣饶富,内外合一,即知即行……”这些都说明,语文课程有一个“工具性和人文性统一”的重要属性,是一种用来充实和发展内在素养、滋生和增长终身能力的工具,而人文性就寓于这种工具性之中。从古到今,中国的教育没有不首先以语文来支撑其他课程学习的。不论是具有高尚情怀的革命家、富有高度创造性的科学家,还是能够深刻洞察和感悟人生和世界的思想家、留下不朽巨著的文学……都具有深厚的语文修养。语文学习质量对其他课程学习有推动作用,也是很多老师、家长以及学生自己的共识。对于国家和社会来说,高中是青年一代成长的重要阶段,高中之后,他们或走向社会,或进入高校分流在各个专业,所以,高中学生的语文素养又是关系到全社会人文素养的提高。

自《普通高中语文课程标准(实验)》2004年开始实验以来,语文更加受到社会的关注,全国语文教师通过教学实践积累了很多经验,也验证了很多新的理念,在改革的道路上向前迈进了一步。同时,在实践中也有一些教训,需要静下心来总结。修订版课程标准对高中语文课程改革十年的经验教训加以总结,将成功的实践肯定下来,发扬光大,对实践中提出的问题,也必须正视、研究和回答。2017年,教育部在上海和浙江省进行了高考改革试验,“新课标 - 新课程 - 新高考”的内在联系,以及这次改革中语文课程的重要地位,使这门课程更加引起社会的瞩目。

《普通高中语文课程标准(2017年版)》由“前言”“课程性质与基本理念”“学科核心素养与课程目标”“课程结构”“课程内容”“学业质量”“实施建议”“附录”组成。

四、单元计划

语文教学方案是语文教学设计的书面成果。教案的主要内容有单元计划,课题计划和课时计划。单元计划、课题计划包括单元题目、课文题目,教学目标和教学设想,是教案的纲要部分。课时计划包括教学内容、教学步骤和教学方法,是教案的主体部分。常规样式如下:

(一)单元题目或课文题目。

(二)年级和班级。

(三)教学目标。知识和能力的目标要尽可能做到量化,使其具有可检测性。思想教育目标要根据教材和学生实际。

(四)教学设想。关于课文、作文单元的性质、特点、难点、重点的分析,对学生学习情况的估计,以及所要采取的教学过程、教学方法、教具配备的总体设计。

(五)课时安排。或称教学步骤。

第三节　课时计划编制与语文教案样式

一、课时计划编制

课时计划包括教学内容、教学步骤和教学方法,是教案的主体部分。课时计划,分课时写。常规样式如下:

(一)课时课型

每个课时都由不同的教学内容和不同的教学方法构成不同的课型。如阅读教学中的预习课、导入课、讲授课、讲读课、自读课、朗读课、分析课、讨论课、练习课、复习课、作业课、考查课等,作文教学中的指导课、观察课、写作课、批改课、评讲课等。

(二)教学目标

课题目标的分散。

(三)教学内容

语文的综合性决定了教学内容必须有明确的知识点和能力点,“弱水三千,只取一瓢饮”。课时内容又是课题内容的分散，要突出重点、难点和疑点。

（四）教学过程和教学方法

这是教学思路的具体表现，具有很强的操作性。

（五）板书图示设计

这是教学思路的形象化体现。视其板书，就可见其条理。板书使教学内容纲要化和图表化，具有结构鲜明、重点突出、形象直观的特点，从而加深学生的理解和记忆。

（六）教具使用

教具包括电化教学手段学。

二、语文教案样式

语文教学方案是语文教学设计的书面成果。常规教案：

（一）课题、课文、作文或单元题目。

（二）年级和班级。

（三）教学目标。知识和能力目标要尽可能做到量化，使其具有可检测性。思想教育目标要根据教材和学生实际制定。

（四）教学设想。包括关于课文、作文单元的性质、特点、难点、重点的分析，对学生学习情况的估计，以及所要采取的教学过程、教学方法、教具配备的总体设计。

（五）课时安排。即教学步骤。

（六）课时计划。分课时写。

1. 课时课型。每个课时都由不同的教学内容和不同的教学方法构成不同的课型。如阅读教学中的预习课、导入课、讲授课、讲读课、自读课、朗读课、分析课、讨论课、练习课、复习课、作业课、考查课等，作文教学中的指导课、观察课、写作课、批改课、评讲课等。

2. 教学目标。课题目标的分散。

3. 教学内容。语文的综合性决定了教学内容必须有明确的知识点和能力点，课时内容又是课题内容的分散，要突出重点、难点和疑点。

4. 教学过程和教学方法。这是教学思路的具体表现，具有很强的操作性。

5. 板书图示设计。这是教学思路的形象化体现。视其板书，就可见其条理。板书可使教学内容纲要化和图表化，具有结构鲜明、重点突出、形象直观的特点，从而加深学生的理解和记忆。

(1)板书图示的功能、内容和形式

①板书图示的基本功能是用简明、醒目的板书、图表和形象,勾勒出作者的思路和文章结构的特点,引导学生完整地理解和把握教学内容,从而完成各项学习任务。成功的板书和图示要求做到,既是教学内容的艺术展示,又是教学思路的直观体现,能够揭示中心,突出重点,理清思路,启发思考。一般的课堂教学中都要运用板书或图示,有些课文还要以板书或图示为主要手段来组织教学。

②板书图示的主要内容有文章结构提纲、人物形象提纲(例1)、情节发展提纲、写作方法提纲、景物描写提纲(例2)、知识讲解提纲(例3)、训练要求等。

(例1)《景阳冈》人物形象提纲:

武松——酒量过人 / 胆量过人 / 力量过人

(例2)《在烈日和暴雨下》景物描写提纲:

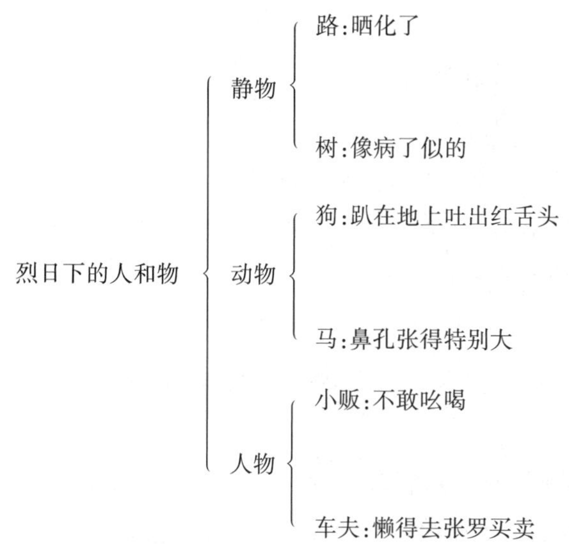

暴雨(分层次写):雨星—雨点—雨道—雨片—雨的世界。

(例3)知识讲解提纲:

有些知识,学生理解和记忆有困难,如《冯婉贞》中的“舁”,学生很难记住它的读音和释义。“舆论”是常用词,但不知道为什么释义是“众论”。每天都要进“盥洗室”,但不知道“盥”是什么意思。还经常有学生读错或写错。如果利用板书和图示给以形象化,就变得易懂易记了。

舁　舆　盥

“舁”是象形字，上下两部分各是一双手，意思是多手共举，也就是“抬”了。读音“yú”，是众人抬东西时的号子声。“舆”是由“舁”和“车”合成，意思是一辆车正在行进，前边有许多只手拉着，后边有许多只手推着，所以引申出“齐力推进”和“公众倡议”等意思来。“盥”是水从上边浇下来，两手承之而流于皿。原始义为洗手，引申义为洗手洗脸。

③板书图示的主要形式有书写、表解（例4）、图示（例5）等，表解、图示兼有形象美。

（例4）《浣溪沙》串珠式结构：

浣溪沙·徐门石潭谢雨道上　苏轼

簌簌衣巾落枣花，村南村北响缫车，牛衣古柳卖黄瓜。

酒困路长惟欲睡，日高人渴漫思茶，敲门试问野人家。

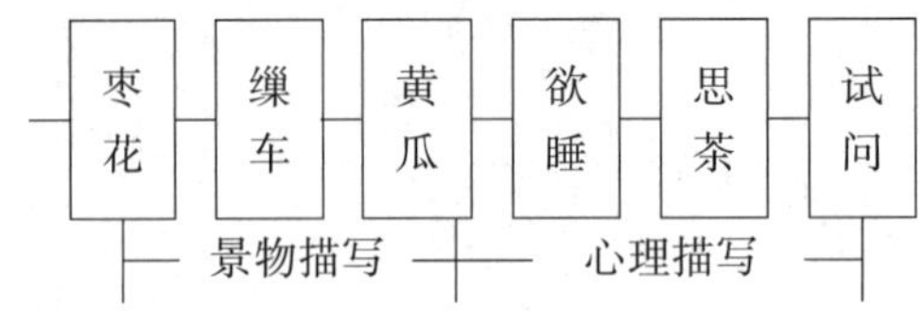

（例5）辛弃疾《村居》扇面式结构：

清平乐·村居　辛弃疾

茅檐低小，溪上青青草。醉里吴音相媚好，白发谁家翁媪？

大儿锄豆溪东，中儿正织鸡笼。最喜小儿无赖，溪头卧剥莲蓬。

（2）板书图示的能力要素：

①硬笔书法能力。教师虽然不一定是书法家，但必须具备硬笔书法的基础知识和基本书写能力。书写必须符合硬笔书法的基本规则。首先要做到字体规范化，工整、流利、醒目、美观等。

②一定的制图能力和绘画能力，并逐步形成系统的教育艺术。

③版面设计的能力。要根据教学内容的体系、重点、难点、疑点等，来设计版面的形式、结构、顺序等。要做到简明扼要、条理清楚、重点突出、结构完整。

④文明的书写习惯。如姿势端正、动作文雅、不写怪字、不用手擦黑板等。还要具有一定的板书图示理论。苏联沙塔洛夫的“纲要信号”理论①，可供参考。

（3）板书图示的美感要素

①简洁美。能够对课文的内容特别是复杂课文的内容做高度概括，作到语约义丰，以简取繁。如《满井游记》板书设计：

① 况平和.让学生从学习重负中解放出来——沙塔洛夫教学法评介[M].北京：人民教育出版社，1986：2.

第一部分写“寒”:城居者未知有春。

第二部分写“春”:郊田之外未始无春。

中心思想:美是到处都有的。对于我们的眼睛,不是缺少美,而是缺少发现。

写作特点:对比。

②含蓄美。简练和概括,使一切板书形式中都具有很多“空白”,能给学生以思考和想象的余地,产生一种回味无穷的含蓄美。如朱自清的《春》板书设计和鲁迅《祝福》板书设计:

③缜密美。能够展示课文内容特别是繁杂课文内容的内部结构和逻辑关系,显示出一种谨严、缜密的整体美。如《六国论》的板书设计:

第一部分提出论点——引论:六国破灭,弊在赂秦。

第二部分论证——本论:韩、魏、楚:赂秦而力亏。齐、燕、赵:不赂者以赂者丧。盖失强援,不能独完。齐:与嬴而不助五国。燕、赵:始有远略,能守其土,义不赂秦。燕至太子丹以荆卿为计,始速祸焉。赵洎牧以谗诛,邯郸为郡,惜其用武不终也。

第三部分结论:以史为鉴。

又如《我的叔叔于勒》板书设计两种:

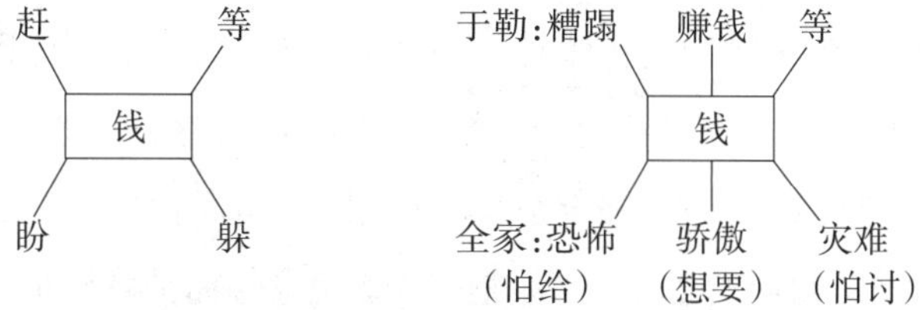

它以不可辩驳的逻辑向人们揭示了:在资本主义社会中,人的价值实际上就是钱的价值。

④映衬美。板书中的常用位置排列、色彩区别等方法,将具有对比或类比性质的内容显示出来,相映成趣。如臧克家《有的人》板书设计:

有的人死了,他还活着—— 有的人活着,他已经死了——

俯下身子给人民当牛马 骑在人民头上

愿作野草等火烧 把名字刻入石头想不朽

为了多数人更好地活 他活着别人就不能活

虽死犹生!(用红粉笔写) 虽生犹死!(用白粉笔写)

⑤流动美。有些课文故事性较强,情节生动,线索分明。教这类课文时板书宜采用鱼贯式行进的方法,使之呈现出一种流动美。如《孔雀东南飞》故事情节板书设计:被遣—迫嫁—殉情—化鸟。又如《项链》故事情节板书设计:借项链—丢项链—赔项链—假项链。《狼》:遇狼—惧狼—斗狼—杀狼。鲁迅《故乡》:回故乡—在故乡—离故乡。

⑥奇异美。别出心裁的板书,往往以某种奇异感而使学生产生审美的愉悦。如《葡萄架下》板书设计:

园—架—串—粒

仅仅四字。按字体大小排列,就是课文的内容提纲:满园的葡萄,一架架,一串串,一粒粒。还可以结合绘画技巧,采用艺术字等变体形式,则更有韵味。

⑦形象美。借助图表和简笔画,使教学内容形象化。如《变色龙》板书设计:

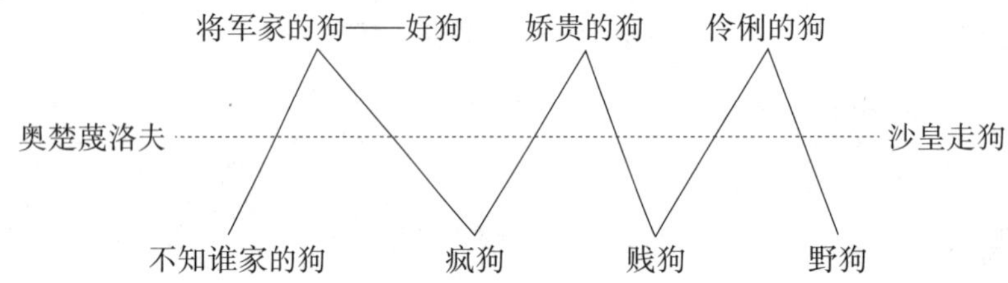

6. 教具使用。(略)

7. 教后记。(略)

教案必须具有科学性、创造性和实用性。(1)所谓科学性,包括知识的科学性和教学规律的科学性,主要是教学规律的科学性。它既要反映知识内部的规律,更要反映学生掌握知识和运用知识的规律。(2)所谓创造性,是指教师能够根据教材内容、学生实际以及教学条件、教师自身的特点等来确定教学目标、组织教学内容、安排教学步骤、选择教学方法。教案不是语文知识的汇集,也不是教学参考资料的摘抄,而是适应具体情况的具体设计。任何一个具有实用价值的教案,都具有某种创造性。没有创造性的教案,对任何一堂课都不适用。(3)所谓实用性,就是能够运用于教学实践。可以把具有实用性的教案称作"方法型"教案,把不具有实用性的教案称作"知识型"教案。实用性教案是操作程序,而不是知识序列,也不是文章分析,也不是教学论文,而是实现教学目标的途径和方法。这种实践性和操作性,是教案区别于教材、教学参考资料、文章分析和教学论文的主要特征。

教案是否具有科学性、创造性和实用性的根本标志,是对学生的研究。备课是否研究学生,以及对学生研究的水平,反映了一个教师的教育思想。一位有着30年教龄的老教师向青年教师传授经验时说,他在30年的教育生涯中,教学思想发生的根本转变是:过去，上课前考虑的主要是这一堂我讲些什么；最后，上课前考虑的主要是这一堂让学生干些什么。教师要讲解知识，但那也是为了让学生了解些什么，认识些什么，感受些什么。一堂课是这样，一个单元是这样，一个学期是这样，一个学年是这样，一个学段是这样，……整个教学过程都是这样。这种转变，是他在30年的教学实践中实现的，是在正反两方面的经验、在痛苦的摸索中总结出来的，在研究教材—研究教法—研究教学理论，直到接触到教育哲学的时候，他才将之确立为一种明确的信念。他认为这应该是教学的第一原则，并希望青年教师把他这30年实践得出的结论作为起点，不要重复他30年前的老路。

教案规范化是必要的，个性化也是必然的。45分钟或50分钟的课堂教学，教师的语言一般有5000字左右。新教师最好把5000字全部写出来并不断加以修改，不断提炼和净化，直至炉火纯青。但对优秀教师来说，过于详尽可能弊大于利。随着教师的不断成熟，教案的编写和使用也经历着一个由繁到简的变化过程：详细教案—简略教案—重点教案（只写某一部分或某几段落）—教学笔记（无固定格式）—书上批画—心中设计—随心所欲不逾矩，处处见匠心。教案可以是物化的书面计划，也可以是头脑里的思路。教学设计的成果是多样化的，大可不必追求一种形式或模式。教学需要追求个性化，而个性化的教学也需要个性化的教案。教学实践告诉我们：什么时候才能把课上得最好？——不需要教案的时候，甚至是不需要备课的时候。苏霍姆林斯基在他的书中介绍了一位教师，她做了一节示范课，得到普遍的赞赏。别人问她："你花了多长时间来准备这节课的？"她说："对这节课我准备了一辈子。而且总的来说，对每节课我都是用终生时间来准备的。——不过对这个课题的直接准备，我只用了大约15分钟。"①

[附录1]

《立在地球边上放号》教学设计

宰长秀

（平塘县民族中学一级教师，黔南民族师范学院2005级汉语言文学专业学生）

教学目标：（语言建构与运用、思维发展与提升、审美鉴赏与创造、文化传承与理解）

1. 读懂诗歌内容，把握诗歌感情，传承五四时期的变革的力量和精神。
2. 分析诗歌的表现手法，学会鉴赏诗歌的方法。
3. 把握自由体新诗的特点，体会新诗语言的自由灵动之美。
4. 尝试用诗歌的语言表达自己的情感。

① 苏霍姆林斯基．给教师的建议[M]．北京：教育科学出版社，1984：7.

教学重难点：

1.读懂诗歌内容，把握诗歌感情，传承五四时期的变革的力量和精神。

2.分析诗歌的表现手法，学会鉴赏诗歌的方法。

教学方法：诵读法、问题探究法、归纳法、对比法。

课时安排：2课时。

教学工具：多媒体。

一、导入

在现当代诗歌中，除了像上一课我们学到的毛主席填写的旧体诗词外，还有很多形式上采用白话，内容上主要反映新生活、新思想的自由体新诗。自由体新诗是“五四”新文化运动的产物，代表诗人有：郭沫若、闻一多、徐志摩、戴望舒、艾青、余光中、席慕蓉、食指、北岛、舒婷、顾城等。今天，我们就先来学习郭沫若的《立在地球边上放号》。

二、教学过程

(一)朗读诗歌

1.同学们有感情地齐读诗歌，思考：诗歌的情感基调应该是怎样的？

预设：激情澎湃。

2.请两位同学单独朗诵诗歌，并请同学们评价，看是否读准了诗歌的节奏和情感。

(二)合作探究

1.同学们从诗中读出了什么？

预设：力量。大自然的力量。

2.作者是如何表现这种力量的呢？

预设：运用拟人、夸张、反复、排比等手法。

3.作者仅仅是在颂赞自然的神力吗？(联系时代背景)

预设：本诗写于1919年9至10月间。其时郭沫若受“五四运动”和俄国十月革命的冲击，决然从日本渡海回国。当他置身于日本横滨的海岸，面对浩渺无边的大海，那惊天的激浪和着时代的洪流一起撞击着他的胸怀。于是，在诗人的笔下出现了一幅雄奇壮伟、流动奔突的画面。诗人写下这首对于力的赞歌，正是那种向旧世界、旧文化、旧传统发起猛烈冲击的时代精神的象征。

“滚滚的洪涛”等意象是自然之景，同时也象征了五四运动巨大的声势。作者借助大胆的想象，表达了对五四时代狂飙突进精神的讴歌。

(再读诗歌，感受这种力量)

4.郭沫若的新诗有什么特点呢？自由体新诗与旧体诗相比，是否不具有美感了呢？

预设：自由体新诗是“五四”新文化运动的产物，形式上采用白话，打破了旧体诗的格律束缚，内容上主要是反映新生活，表现新思想。新诗形式自由，意涵丰富，意象经营重于修辞运用，与古诗相比，虽都为感于物而作，都是心灵的映现，但其完全突破了古诗“温柔敦厚，哀而不伤的特点，更加强调自由开放和直率陈述。

(三)拓展延伸

拓展阅读郭沫若的新诗《炉中煤》(《素养提升训练》)或《天狗》或《凤凰涅槃》，思考：诗中写了什么内容？

解析：《炉中煤》是一首饱含对祖国的眷念的抒情诗。用诗人自己的话说：“五四以后的中国，在我心目中就像一位聪俊的有进取心的姑娘，她简直就和我的爱人一样。”这首诗采取拟人的手法，用“炉中煤”的口吻向“心爱的人儿”——祖国倾诉衷肠，抒发了对祖国的热爱之情，表达了甘愿为祖国献身的愿望。

《天狗》主要通过天狗形象的塑造，抒发了诗人摆脱旧的思想束缚、张扬个性、追求解放的强烈愿望，集中体现出五四时期提倡科学、民主和自由的时代精神。

三、布置作业

1.完成《素养提升训练》上的练习。

2.阅读郭沫若的诗集《女神》。

四、板书设计

立在地球边上放号

郭沫若

基调：激情澎湃

内容：力量

手法：拟人、夸张、反复、排比、想象、象征

体裁：自由体新诗

《红烛》教学设计

宰长秀

一、导入新课

同学们在初中学过晚唐诗人李商隐的《无题》：“相见时难别亦难，东风无力百花残。春蚕到死丝方尽，蜡炬成灰泪始干。晓镜但愁云鬓改，夜吟应觉月光寒。蓬山此去无多

路，青鸟殷勤为探看。”这是作者以男女离别为题材创作的一首爱情诗。其中“春蚕到死丝方尽，蜡炬成灰泪始干”又常常被用来赞美老师的奉献精神，现代诗人闻一多就由这句诗中的“蜡烛”这个意象阐发开来，创作了一首诗，这节课我们一起来欣赏一下！

二、教学过程

（一）朗读诗歌

1.同学们有感情地齐读诗歌，思考：诗歌的情感基调应该是怎样的？

预设：较郭沫若的诗歌柔和，饱含深情！

2.请几位同学分节朗诵诗歌，并请同学们评价，看是否读准了诗歌的节奏和情感。

（注意分节朗读不易把握的诗歌内容）

（二）合作探究

1.同学们从诗中读出了什么？

预设：红烛就是诗人，诗人就是红烛，表达了诗人对红烛不怕牺牲、无私奉献的精神的赞美。（第1节）自问——（2—3节）自悟——（第4节）自励——（5—7节）自答——（8—9节）自勉。

2.闻一多的新诗有什么特点呢？“三美”理论是如何体现的呢？

闻一多发表被后人称为新格律诗理论基石的《诗的格律》一文，明确提出新诗应有音乐的美、绘画的美、建筑的美“三美”主张。它在一定程度上克服并纠正了五四运动以来白话新诗过于松散、随意等的不足，对中国现代新诗的健康发展做出了特有的贡献。具体而言，“音乐美”强调“有音尺、有平仄，有韵脚”；“绘画美”强调辞藻的选择要秾丽、鲜明，有色彩感，每一句诗都可以形成一个独立存在的画面；“建筑美强调“有节的匀称，有句的均齐”。其主要目的是在诗的内容和诗的格式上都拥有美。

（三）拓展延伸

拓展阅读闻一多的新诗《祈祷》（《素养提升训练》）或《死水》，思考：诗中写了什么内容？

解析：《祈祷》创作于1927年，此诗引用了许多典故及古代帝王将相的事迹，历数了中国历史上无数的仁人志士、英雄豪杰，突出了诗人对中华民族的热爱及对现实社会的迷惘，在赞美中华文化的悠久与灿烂的同时，不忘反思历史，呼唤民族复兴。全诗语言庄严肃穆、蕴意深远，诗句的排比、对仗也用得非常贴切。

《死水》通过对“半封建半殖民地旧中国”多角度、多层面的描写，揭露和讽刺了腐败不堪的旧社会，表达了对当时统治环境的愤懑之情和深沉的爱国主义感情。

三、布置作业

1.完成《素养提升训练》上的练习。

2.学写一首自由体新诗,表达自己对青春的感悟。

四、板书设计

红烛

闻一多

基调:柔和、饱含深情

内容:(第1节)自问——(2—3节)自悟——(第4节)自励——(5—7节)自答——(8—9节)自勉

三美:建筑美、音乐美、绘画美

[附录2]

《再别康桥》教学设计

王曲

(黔南民族师范学院2020级学科教学·语文专业硕士研究生)

课型:新授课

教学目标:

1.学习"三美":音乐美、建筑美、绘画美。

2.认识本诗的意象,感受诗的意境,体悟诗中的情感。

3.背诵全诗。

教学重难点:

1.学习"三美":音乐美、建筑美、绘画美。

2.教学方法:朗读法;还原法;练习法。

教学用具:PPT。

课时安排:2课时。

第一课时

教学目标:学习"三美"中的音乐美、建筑美。

教学过程:

一、导入

迄今为止,我们已经学过不少送别诗作。同学们回忆关于离别的诗词:桃花潭水深千尺,不及汪伦送我情。(李白《赠汪伦》);孤帆远影碧空尽,唯见长江天际流。(李白《黄鹤楼送孟浩然之广陵》);劝君更尽一杯酒,西出阳关无故人。(王维《送元二使安西》);莫愁前路无知己,天下谁人不识君。(高适《别董大》)。这些都是古人对于离别的理解,那么现代人是如何看待离别的呢?今天我们就来学习徐志摩的再别康桥,领略一下现代人笔下的别离之情。(板书:再别康桥,徐志摩)

二、作者与写作背景介绍

作者介绍:

徐志摩(1897年1月15日—1931年11月19日),现代诗人、散文家,新月派代表诗人。生于浙江海宁一个富裕家庭,为家中独子。1915年毕业于杭州一中,先后就读于上海沪江大学、天津北洋大学和北京大学。1918年赴美国克拉克大学学习。十个月即告毕业,获学士学位,得一等荣誉奖。同年,转入纽约哥伦比亚大学研究院,进经济系。1921年赴英国留学,入剑桥大学当特别生,研究政治经济学。在剑桥两年深受西方教育的熏陶及欧美浪漫主义和唯美派诗人的影响,由此奠定了其浪漫主义诗风。1923年成立新月社。1924年任北京大学教授。1926年任光华大学、大夏大学和南京中央大学(1949年更名为南京大学)教授。1930年辞去上海和南京的职务,应胡适之邀,再度任北京大学教授,兼北京女子师范大学教授。1931年11月19日因飞机失事罹难。代表作品有《再别康桥》《翡冷翠的一夜》。

写作背景:

此诗作于徐志摩第三次欧游归国途中。时间是1928年11月6日,地点是中国上海。7月底的一个夏天,他在英国哲学家罗素家中逗留一夜之后,事先谁也没有通知,一个人悄悄来到康桥找他的英国朋友。遗憾的是他的英国朋友一个也不在,只有他熟悉的康桥在默默等待他,一幕幕过去的生活图景,又重新在他的眼前展现……由于他当时时间比较紧急,又赶着要去会见另一个英国朋友,故未把这次感情活动记录下来。直到他乘船归国途中,面对汹涌的大海和辽阔的天空,才展纸执笔,记下了这次重返康桥的切身感受。

三、掌握诗的建筑美

1.齐读,正字音。

河畔 荡漾 青荇 榆阴 揉碎 浮藻 长篙 漫溯 斑斓 笙箫

2.听读,注意停顿。

3. 自由读，感受诗歌情感基调。

4. 分小组按小节读，认识诗歌整齐的美、错落的美。

我们从外部结构观察，可以发现有七个小节，每小节有四句，外部结构整齐，具有整齐的美。从每小节内部结构来看，一、三句顶格，二、四句退格，具有错落的美。而整齐的美与错落美的搭配又构成了诗歌的建筑美。

5. 整齐错落为什么美？美在哪里？有何妙处？

这种整齐错落的建筑美有利于诗人感情的抒发，是为抒发情感而采取的形式，情感是复杂的、变化的，这种复杂和变化表现在形式上的变化，每小节语句的错落，以及语气语调上的变化就是情感的变化。这种形式上的变化有利于诗人惜别情感的抒发。其次，诗人徐志摩是一个追求美的人，追求一种内容、情感、形式上的完美。建筑的美是形式上的追求，是一种直观的、肉眼可见的美。

四、掌握诗的音乐美

1. 自由读，思考诗歌押韵吗？押什么韵？韵脚是什么？

押韵，韵脚是每节诗的2、4句最后一个字：来、彩；娘、漾；摇、草；虹、梦；溯、歌；箫、桥；来、彩。押韵是变化的。

2. 押韵和情感变化的关系。

揭示音义同构的含义。在我们过去所学的古诗词中，例如：

念奴娇·赤壁怀古

[宋]苏轼

大江东去，浪淘尽，千古风流人物。故垒西边，人道是，三国周郎赤壁。乱石穿空，惊涛拍岸，卷起千堆雪。江山如画，一时多少豪杰。

遥想公瑾当年，小乔初嫁了，雄姿英发。羽扇纶巾，谈笑间，樯橹灰飞烟灭。故国神游，多情应笑我，早生华发。人生如梦，一尊还酹江月。

声声慢

[宋]李清照

寻寻觅觅，冷冷清清，凄凄惨惨戚戚。乍暖还寒时候，最难将息。三杯两盏淡酒，怎敌他、晚来风急！雁过也，正伤心，却是旧时相识。

满地黄花堆积，憔悴损，如今有谁堪摘？守着窗儿，独自怎生得黑！梧桐更兼细雨，到黄昏、点点滴滴。这次第，怎一个愁字了得！

《念奴娇·赤壁怀古》中的“大江东去，浪淘尽”中的“大”字开口度大，给人一种大气豪迈的感觉，同样地，在婉约派诗人李清照的诗中这种开口度大的字音就很少，例如“凄凄惨惨戚戚”这些字音开口度都小，从而给人感觉就比较萧条、凄惨、孤寂。诗歌中的音和情感之间有一种巧妙的关系，音传达的情感我们是可以在朗读时感受到的，音的变化过程也是情感变化的过程。因而，我们在朗读这两首词时要关注到音和情感的关系，带着情感去朗读。

五、小结

今天，我们学习了两点内容：一是建筑美，二是音乐美，从中我们感受到了作者的情感。

六、板书

再别康桥

徐志摩

建筑美 }
音乐美 } 情感

第二课时

教学目标：

1.掌握诗的绘画美。

2.认识本诗的意象，感受诗的意境，体悟诗中的情感。

一、复习导入

上节课我们已经学习了建筑美、音乐美，那么这节课我们一起来学习绘画美。

二、掌握诗的绘画美

1.朗读，找出情感变化。

上节课，我们讲了“音义同构”音和情感变化的规律，请同学们按照这种方法去找一找诗中诗人的情感变化。二、三节美好、幸福、自由；四、五、六节失落；一、七节相呼应。

2.认识意象。(以第二小节为例，找意象)

意象有河畔、金柳、夕阳、新娘、波光、艳影。

3.构建意境。以想象还原诗中描写的画面，并口头表达出来或书写出来。

第二小节描绘了这样的一幅画面：夕阳西下，康河边的柳树倒映在河水中，金色的夕阳光照耀在柳树上，柳树像即将出嫁的新娘一样，美丽迷人。水中的艳影在风的吹动下荡漾起涟漪，拨动着我的心弦。

4.体悟情感。（回到意象、深挖情感）

金柳。诗中第二小节为什么诗人用“柳”作为意象？柳有“留”之意，留别。古人抒发离别之情时，往往借“柳”抒情。作者还给“柳”这个意象加了色彩，金色的柳树。同学们可以想象金色的柳树吗？现实生活中有金色柳树吗？现实生活中是没有金色柳树的，这里是诗人将自我情感物化的表现，一是夕阳西下，光线的映照使得柳树镀上了一层金色，符合此情此景。二是“金”有一种质感，给人感觉贵重、宝贵。诗人用金色来描绘柳树，而不是其他颜色，表明这次相聚是宝贵的。“我”即将离开康桥，这里的一草一木对我而言都是非常珍贵的。

新娘。新娘外形是美丽漂亮的。新娘预示着一种新的幸福的生活，也预示着诗人在康桥的幸福生活。

5.板书：

金柳 }
　　　} 美好、幸福的情感
新娘 }

三、小结

1.明确：诗歌分为七节，大致可分为4个部分。

第一部分：第1节写久违的学子作别母校时的万千离愁。连用三个“轻轻的”，使我们仿佛感受到诗人踮着足尖，像一股清风一样来了，又悄无声息地荡去；而那至深的情丝，竟在招手之间，幻化成了“西天的云彩”。

第二部分：第2—5节着意描写康桥迷人的风光。

第2节写康河岸边的柳树在夕阳中的倒影，将柳树比喻成“新娘”，独具匠心，表现了诗人对母校的迷恋。康河的美景，留住了诗人的心，他乐而忘返了。

第3节写康河里的水草随微波起伏，仿佛在向诗人点头致意，“招摇”二字写出了康桥对诗人的欢迎态度。在这样的诗情画意里，诗人醉了，他“甘心”做康河里的“一条水草”，“甘心”二字写出了他对康桥永久、热烈的爱恋。

第4节写潭水及由此引发的联想。这里的“榆阴下的一潭”指拜伦潭，那里榆阴蔽日，非常清凉，诗人留学期间常去那里读书、乘凉。“不是清泉，是天上虹；/揉碎在浮藻间，/沉淀着彩虹似的梦。”“虹”与“梦”，奇异的意象，写出了潭水的静美，表达了诗人对拜伦的仰慕与追怀。这里融情入景，营造出难以言传的优美意境。

第5节紧承上节诗意，对“梦”加以引申，向诗意纵深处开掘。这里的“梦”，是过去留学生活的真实写照，暗含了诗人对逝去的康桥生活的无限留恋之情。

第三部分：第6节，诗人的思路急转，把读者从梦境拉回到现实，别情缕缕，离绪重重，现在哪有心思歌唱呢？诗情达到高潮。但这个高潮却以情绪的低落和基调的抑郁作为标志，进一步表达了诗人对母校的不舍之情。

第四部分：最后一节照应开头，写诗人悄悄地走了，“不带走一片云彩”，康桥却在诗人心中，挥之不去。

这首诗表达的是一种微波轻烟似的淡淡的离情别绪，谈不上什么现实内容或时代精神，但各个时期的读者对它都有强烈的共鸣，认为它给人带来了巨大的审美享受。原因在于它以美妙的艺术形式表达了人类共有的一种感情，即对美好往事，人们总是充满怀念。

2. 这首诗很美，可以说是将音乐美、建筑美、绘画美融合在了一起，那诗歌又是如何体现这三美的呢？

(1)音乐美，是对诗歌的音节而言的，朗朗上口，错落有致，都是音乐美的表现。

A. 押韵，韵脚为：来，彩；娘，漾；摇，草；虹，梦；溯，歌；箫，桥；来，彩。

B. 音节和谐，节奏感强。

C. 回环复沓。首节和末节，语意相似，节奏相同，构成回环往复的结构形式。

(2)建筑美，是节的匀称和句的均齐。《再别康桥》共七节，每节两句，单行和双行错开一格排列，无论是从排列上还是从字数上看，也都整齐划一，给人以美感。

(3)绘画美，是指诗的语言多选用有色彩的词语。全诗中选用了“云彩、金柳、夕阳、波光、艳影、青荇、彩虹、青草”等词语，给读者视觉上的色彩想象，同时也表达了作者对康桥的一片深情。全诗共七节，几乎每一节都包含一个可以画得出的画面。如向西天的云彩轻轻招手作别，河畔的金柳倒映在康河里摇曳多姿；河底的水草在招摇着似乎有话对诗人说……作者通过动作性很强的词语，如“招手”“荡漾”“招摇”“揉碎”“漫溯”“挥一挥”等，使每一幅画都富有流动的画面美，给人以立体感。

四、课后作业：背诵诗歌。

第二章　阅读教学设计(上)

学习要点:

1.认识阅读教学。

2.掌握阅读教学的基本路径。

3.掌握阅读教学的其他路径。

第一节　对阅读教学的认识

一、阅读理念与阅读教学的理念

(一)阅读理念

1.读者的主体地位

从建构主义特别是人本主义的观念看,学生在阅读中应该始终处于主体的地位,这已为“课标”所充分肯定,也为语文教师所认同。而要学生居于主体地位,就需要学生具有自主意识,不断强化自我认识,同时也要求教师协助他们唤醒自己的主体意识和强化他们的自我感觉。

从阅读学习的实际来看,学习者应该摆脱传统的阅读理论的束缚,不再把自己看作是被动的接受者,而把自己置于主体的地位,把作者看作是思想的对话者、心灵的沟通者和话语的交流者。“一个开放心灵者听到另一开放心灵者之话语,唯有此时,真正的共同人生才会出现。”读者与作者交流所追求的根本点就在这里。实际上,一个积极主动的读者,从来不仅是文本的读者,也是批评者和创作的参与者。这是因为作者的作品虽是客观存在,但在读者未阅读之前,还只是一种“潜在的存在”,只有当读者阅读之后,它的潜在意义才被揭示出来。进一步来说,如果没有读者,那么作品的意义或价值也就无从产生。虽然作者已经赋予了文本某种意义和价值,但教师和学生不应该把它看作外在于读者的客体,更不应认为它是固定不变的,作品需要读者的参与。

确立学生在阅读过程中的主体地位,是阅读和阅读教学的新理念,是人本主义哲学在阅读领域的基本观点。从根本上看,其基于以下几点:

(1)学生具有独特的精神世界和内心感受。他们单纯、直率,具有上进心和未来理想。

(2)学生是具有潜能的发展中的人。他们是正在前进、正在发展中的人,具有巨大的潜力、无限的能量,正在走向健全和完善。这同时也意味着他们是不成熟的,需要指导和帮助。

(3)学生的学习过程可以是独立的过程。中小学生都有一种独立学习的愿望。不仅表现为我要学,而且表现为我能学。他们的学习过程是一个争取独立和日益独立的过程。

2.文本解释的多元化

现代哲学和阅读理论告诉我们,一切事物都不能以一元论为指归,并不是所有事物都只有一个答案。然而,我们过去的阅读教学,恰恰是对一元论的追求。倘有人持另一种解释,不仅会遭到反对,而且会受到批判甚至受到惩罚。这种一元论的观念和行为,其实质是对差异的无视,对多元的恐惧。这反映在对文本的阅读上,从现象上看,即只承认唯一的确定性结论,不容其他的结论并存。这就掩盖了读者在问题上的分歧,扼杀了读者的想象力和创造性思维。

(1)多元化阅读方向

义务教育和高中语文两个“课标”一改传统阅读的一元性和封闭性,倡导多元性,寻求开放性。义务教育语文“课标”明确指出:学生对语文材料的反应往往是多元的。高中语文“课标”则在课程设置上要求“遵循共同基础与多样选择相统一的原则,构建开放、有序的语文课程”。这就为多元的、开放的阅读指明了方向。

(2)多元化阅读路径

义务教育和高中语文“课标”还为多元的、开放的阅读指明了路径,即“分层次阅读”和“多角度阅读”。通过分层次阅读,每一层次的阅读都可分别获致不同于另一层次的结论;多角度阅读则可以打开多扇窗户看文本世界。

总之，读者在阅读中赋予文本以多元理解，就意味着冲破了绝对性，走向了相对性，从简单思维发展为复杂思维，其阅读的意义、价值和传统阅读迥然不同。

（二）阅读教学理念

1.对话互动理念

义务教育语文“课标”在“教学建议”部分指出：“语文教学应在师生平等对话的过程中进行。”又说：“阅读教学是学生、教师、文本之间对话的过程。”高中语文“课标”也在“教学建议”部分要求“在与学生平等对话的合作互动中，加强对学生的点拨和指导，实现教学相长”。这里表述的都是对话互助理念。而这种理念实则来自文学理论的演变和教学理论的演变。

从文学理论的演变来说，最初的认识是，阅读是由世界（社会背景）、作家和作品三要素构成的。阅读教学则是教师将阅读技巧传授给作为读者的学生，重心在认识世界。随着文学理论研究的推进和教学思想的更新，不仅教师，学生乃至编者也成为阅读教学的构成因素，而且其重心也由世界到作品到教师再到读者转移。过去的文学本体论是以作品为重心，立足于文本，认为作品是不依赖于读者的独立存在物。后来的接受美学则以读者为中心，把读者推向首要地位，认为作品由于有读者的参与才有存在的意义。

依我们现在的认识，文学本体论失之客观，而接受美学理论又失之于主观。正确的理解应该是：阅读活动是文本与读者之间的互动活动。

两个语文“课标”所体现的精神和理念，既不是教师中心，也不是学生中心，而是师生间的对话。阅读教学是通过对话，相互作用，共同提高，以形成师生间真诚的合作，分享学习的乐趣。有位著名学者认为：教师在面对有争议的内容时，应恪守中立的原则，并保护所有参与者的不同观点。[①]我们认为教师确实应该保护不同观点，但也应以个人意见参与争议。

2.自主性学习理念

义务教育语文“课标”指出：“阅读是学生的个性化行为，不应以教师的分析代替学生的阅读实践。”高中语文“课标”也表述了同样的理念，即“教师的点拨是必要的，但不能以自己的分析讲解代替学生的独立阅读”。

① 施良方.课程理论[M].北京：教育科学出版社，1996：182.

这两个“课标”都明白无误地表明，学生是阅读的主体，在阅读中，教师应尊重学生的个性化行为和阅读的自主性。

何谓自主性？有位学者认为：“自主性，表现为学生能做出恰当的选择，主导并约束自己，持之以恒地任意自觉学习，没有被逼迫的现象。”[①]

阅读教学中学生的自主性，可以从阅读学和教学心理学、哲学三方面来解释。

从阅读学的角度看，阅读是个人从文本提取意义并重组文本的过程。阅读是学生通过文本获取信息、处理信息和创造信息的过程，也可以说是学生依据自己的知识和经验从文本中获取意义并对文本结构进行加工的过程。再换个说法，阅读乃是学生个人与文本之间建构意义的过程。这一过程是相当复杂和困难的。作为读者的学生只有凭借自己的知识结构、生活体验和思想方法等，才能切实地获得信息、处理信息乃至创造信息。在这一过程中，只有获取信息在某种程度上依赖文本，处理信息特别是创造信息就只能取决于读者了。

从教学心理学的角度看，学生是正在发展中的具有无限潜能的人，他们是学习中的主人，都有不同于他人的特性。阅读教学只能让他们依据个人的兴趣、爱好、性格和需要去汲取知识，取得体验，增长智慧。

从哲学的角度看，内因决定外因，文本是外因，教师也是外因，只有学生这一内因才会在阅读中起决定性作用。

学生的阅读自主性是相对于文本的作用和教师的地位而言的。相对于学生的自主性，文本不再是神圣不可侵犯的，从普遍性而不是特定意义上讲，任何文本都可以被批评乃至否定。教师也不再是主宰者，教师的任何观点都可以被怀疑乃至批驳。当然，学生的阅读自主性又因文本的存在、教师的存在而存在。

在阅读教学中，教师应该扮演的角色应该是组织者、促进者和参与者。作为教学组织者，教师主要是给学生的阅读提供必要的空间和条件。虽然教学需要学生参与设计、积极主动学习，但还是主要由教师确定教学目标，选定教学内容，安排教学过程和方法，以及创设利于学生有效阅读的环境和氛围。

作为促进者的教师，要求在学生的全部阅读过程中起到引导、促进的作用。在阅读之初，能激发起学生阅读的兴趣和欲望；在阅读过程中，能鼓励学生提问、质疑乃至进行观察或调查；在阅读之后，既给以评价，又能引导学生自我评价，让学生在各自的基础上得到提高。教师作为促进者是可以适当讲授的。在面临新课题时，教师以其闻道在先的

① 梅里尔·哈明.教学的革命[M].罗德荣，译.北京：宇航出版社，2002：9.

优势，只要能起到促进阅读的作用，以讲授者的角色出现仍属必要，只是要防止片面的灌输，要融入推动学生思考的因子，使学生的接受性学习同样具有生命力。

3.培养阅读能力理念

阅读教学的主要目标之一，是培养学生的阅读能力。只有学生具有阅读能力，才可能实现义务教育语文"课标"要求的"搜集处理信息、认识世界、发展思维、获得审美体验"，才可能实现高中语文"课标"指出的"不断充实精神生活，完善自我人格，提升人生境界，逐步加深个人与国家、个人与社会、个人与自然关系的思考和认识"的目标。因此，通过阅读活动培养和发展独立阅读能力，既是阅读教学的目标，又是阅读教学的一个基本理念。

在强调阅读能力培养的理念时，必然涉及知识和能力的关系问题。正是基于此，义务教育和高中语文"课标"中，总是从各种不同的角度将两者相提并论。

义务教育语文"课标"在"课程标准的设计思路"部分就说明："课程目标根据知识和能力、过程和方法、情感态度和价值观三个维度设计。"在这一"设计思路"的指导下，在"教材编写建议""教学建议"和"评价建议"等部分又反复并提知识和能力问题。而高中语文"课标"在"课程的基本理念部分表明：继续坚持"知识和能力""过程和方法""情感态度和价值观"的设计思路。这样，语文课程的知识内容和能力内容，分别体现在哪里，知识和能力是什么关系，就是必须给以回答的问题了。

语文课程具有知识内容却不是知识课程，不像政史科和理科那样，这是事实。语文课程具有能力内容却不是技能课程，不像体音美学科那样，也是事实。它是兼具知识和能力双重性质的课程。在语文课程知识体系中，有些属于学生应该掌握的，如文字知识、语言知识、读写听说知识和文学知识等，它们多半是编者和教者有意安排的。有些则只要求学生知晓和理解，如文化知识、科学知识和生活知识等，它们大都是伴随着文本而出现的。

阅读能力包含的内容有人文方面的，也有工具方面的。偏重人文内容的有：对事物的理解和体验能力、感悟和思考能力、想象和审美能力、发现和创新能力等。偏重于工具方面的有：文字理解能力、词语理解能力、文体辨别能力、文本内容把握能力、文本脉络梳理能力，以及分层次、多角度的观察能力等。当然，也包括属于方式方法领域的朗读和默读能力、精读、略读和速读能力等。

对于语文知识和语文能力的掌握，义务教育语文"课标"的表述是"应着重培养语文实践能力……不宜刻意追求语文知识的系统和完整"。在"评价建议"部分，又明确指出：

“语法、修辞知识不作为考试内容”。

在基础教育阶段，语文课程不追求语文知识的系统性和完整性自然是对的，但是作为指令性的陈述，这里有必要指出其不足：

首先，没有指出语文知识的内容范围和程度，而这是必要的；其次，应先正面指引，后再给以限定。

那么，在语文教学过程中，语文知识和语文能力应该是怎样的关系呢？

第一，语文知识和语文能力存在着相互依赖的一面。虽然没有语文知识也可能获得语文能力，但是有了语文知识，语文能力的获得就会更富成效。当学生具有文字结构方面的知识时，他们就会更好地识字和写字，而他们有无语法知识和修辞知识，其文本阅读和书面表达的效果和效率也会明显不同，“懂了”会更有助于“会了”。因此，有必要提供虽非系统和完整但却能满足日常读写和口语实际需要的语文知识。

第二，语文知识的提供是为了满足语文能力培养的需要，这也是应该认清的。对于实践性特征明显的语文课程来说，其根本的教学目标是培养学生语文能力，而不是传授语文知识。学生懂得了语文知识，却读不懂文本，写不出文章，说不出得体的话，就不能说他学好了语文。语文课程的宗旨，是培养学会使用语言的人，而不是谈论语言的人。

二、阅读教学的地位和作用

（一）阅读教学的地位

阅读教学在中学语文教学中处于首要地位，这在理论上和实践上都是为人们所公认的。因为，阅读是从事各项工作、进行各种学习的基础。我国传统的语文教学是以读为主的。阅读教学在整个语文教学中占去大部分课时，花费师生大部分精力。在现代语文教学中，虽然应该改变以往忽视听、说、写训练的状况，给听和说的训练以应有的地位，使各项语文能力得到全面的培养。但是，阅读教学仍然处于首要地位，这是由它自身所承担的重要任务所决定的。

阅读教学的基本任务是培养学生的阅读能力。阅读能力是人们生活、学习、工作不可缺少的基本能力之一。在现代社会里，书本仍然是保存和传播知识的主要手段，因而获取知识的主要途径仍然是阅读。何况今天处在知识迅猛发展的时代，新知识不断涌现，表现形式是期刊、书籍成倍地增长。如果学校不重视培养学生的阅读能力，那么，当他们步出校门以后，就很难吸收新的知识。相反，如果他们在校期间具备了较高的阅读能力，那么，他们就获得了终身受教育的手段，当他们走出校门以后，可以不受时间、空间的限制，独立地在知识的海洋里遨游，并从中得到长足的进步。善读的人要比不善读的人发展快，这是早已被实践证明了的。

阅读能力不仅是语文学习能力的主要构成因素之一，而且是人们在学习、生活、工作中不可缺少的重要手段。叶圣陶曾说过："阅读是吸收，写作是倾吐，倾吐能否合于法度，显然与吸收有密切的关系。单说写作程度如何如何是没有根的，要有根，就得追问那比较难捉摸的阅读程度。"[①]《九年义务教育全日制初级中学语文教学大纲》(试用)指出："指导学生学习课文，是语文课堂教学的主要内容。传授语文知识，训练语文能力，进行思想教育，培养审美情趣，主要以课文作为凭借。""以课文作为凭借"，首先要阅读课文。可见阅读教学地位的重要。阅读教学是形成学生语文能力的重要基础，是训练学生的表达能力的重要途径。这是从阅读能力与其他能力之间的关系来说明它的地位。同时，阅读教学还有其自身的独立性，即通过阅读训练，使学生养成读书的习惯，具有适应社会生活需要的阅读本领。此外，在语文教学课时分配上，阅读教学所占的比重最大，这也充分证明了阅读教学在整个教学计划中的重要地位。

（二）阅读教学的作用

阅读是一种智力活动，也是人类所特有的一种复杂的高级心理活动。阅读，首先是人们由感觉器官感知语言文字符号；这些符号通过神经系统反映到大脑，转化为概念；许多概念又组成较大的单位，成为完整的思想，然后发展为复杂的思维活动，产生感情上的冲动，产生对人与事的联想、想象、评价等。正常人的阅读是文字符号以光波的形式反映到视网膜，由视觉神经传送到大脑皮层的初级视觉中枢，然后再传至角回区和视性语言中枢，再转至相应的运动中枢，继而引起唇、舌、喉等处肌肉的活动，从而发出声音。这是朗读的情形。至于默读呢？其所循路线是一样的，只不过唇、舌、喉的肌肉受到抑制，颤动甚微，别人听不到声音，甚至阅读者本人也觉察不到罢了。

阅读是人的大脑的高级功能，大脑不仅有接受语言文字符号信息的功能，而且有识别、校正、改造、重组、联想、储存信息的功能。这就是说，人们在阅读中总是按照已有的经验和当时的情感来理解文字信息、选择文字信息、储存文字信息的。因此，阅读又包括一系列的兴趣、情感交流等心理活动。如在阅读中对不感兴趣的文字，一掠而过；对感兴

① 叶圣陶.国文教学的两个基本概念[M]//叶圣陶.叶圣陶语文教育论集：上册，北京：教育科学出版社，1980:58.

趣的文字，反复吟诵，并强化自己的储存能力；当读到精彩处时，手舞足蹈，赞叹不已等，都是阅读中复杂心理活动的表现。

虽然人的大脑有阅读的功能，但不是所有的人都能把阅读的功能发挥得好。要发挥得好，需要培养和训练，阅读教学担负的就是培养和训练的责任。从科学的角度来说，阅读教学的作用就是教师引导学生尽量发挥大脑的阅读功能，教会他们如何迅速准确地接受和理解文字信息、选择文字信息、存储文字信息（记忆）、加工和整理文字信息（思维），从而培养他们的语文能力、审美情趣和健康的情感意志等。

作为阅读教学范例的课文，其特点是内容丰富、表达多样，因而它具有多方面的作用：既具有工具性作用和德育作用，又具有审美作用。利用这些范文进行阅读教学，可以发挥如下几方面的作用。

1. 使学生从阅读中汲取知识

阅读教学具有指导学生吸取知识的作用。教材中的课文涉及的知识面很广泛，既有社会科学知识，也有自然科学知识，可谓包罗万象；但处于核心地位的是语文知识。通过对课文的阅读教学，教师可以指导和帮助学生吸取方方面面的知识，特别是吸取语文知识。

2. 使学生在阅读中掌握读书的方法

中学语文教材提供了300多篇课文，通过对一篇篇课文的阅读教学，可以使学生逐步掌握一般的读书方法和技巧，养成读书习惯。

3. 使学生在阅读中开发智力

知识是智力发展的基础，智力发展是在掌握知识的过程中进行的。阅读是吸取和掌握知识的重要途径，因此，阅读对智力发展具有促进作用。人们常说的“读书可使人变得聪明”说的就是这个道理。阅读教学具有开发学生智力的作用是明显的。人的思维要靠语言，阅读可以丰富学生的语言。可以说，指导阅读任何一篇课文，都是给学生的智慧仓库里增添一笔财富；阅读教学中的任何一项训练，都不同程度地起到开发学生智力的作用。

在阅读教学中开发智力，这还是一个新的课题。尽管阅读教学可以发挥开发智力的作用，但在实际教学中，由于教师的自觉性程度不同以及教学水平和教学方法上的差异，其效果亦有所不同。

4.发挥思想品德教育的作用

阅读教学的思想品德教育作用,是由语文学科的特性所决定的。语文教材中的每一篇课文无不蕴含着作者的思想感情,学生在学习课文的表达形式的同时,也会受到思想上的熏陶。语文教学的基本任务,是向学生进行语文教育,使之具有相当的语文能力。同时,思想品德教育也是不可忽视的任务之一。

青少年时期是人生观形成的黄金时期,又是感情容易激发的时期,最容易受到阅读材料思想内容的感染。中学的语文课文,大都充满着鲜明、强烈、健康的思想感情。指导学生读好这些课文,是可以发挥其思想品德教育作用的。例如,阅读《天山景物记》《长江三峡》《苏州园林》《黄山记》等,可唤起学生热爱祖国山河之情;阅读《枣核》《故乡的榕树》等,可培养学生热爱家乡的感情;阅读《记念刘和珍君》《为了忘却的记念》《最后一次演讲》等,可激发学生对反动派的切齿痛恨;阅读《谭嗣同》《〈指南录〉后序》《过零丁洋》《冯婉贞》等,可激发学生爱国的情怀。总之,阅读教学在思想品德教育方面,对学生正确人生观的形成所起的潜移默化、熏陶感染作用是不可估量的。

5.产生审美教育的作用

语文科的阅读教学与美育结下了不解之缘。语文课本身就担负着培养学生健康、积极、美好、高尚的情操和审美素养的任务。阅读教学的内容、手段、对象等决定着阅读教学可以产生审美教育的作用。

教学内容的美是审美教育的凭借。语文教材中的课文,无论是精辟严密的议论文,生动有趣的记叙文,条理清晰、平实或生动的说明文,还是小说、诗歌、戏剧等文学作品,其显著的特点就在一个“美”字。课文表达的自然、社会、艺术之美,都蕴含在具体的语言文字之中。美的表现形式,或见于形象,或融于景色,或流露于情感,或蕴含于理念,或发之于节奏韵律,或见之于语言、结构。从反映的事物来说,有建筑美、环境美、故乡美、科学美;从抒发的情感来说,有亲情美、友谊美、爱情美、理想美、爱国情感美等。每一篇课文都给学生展示了一个美的世界。正是由于阅读内容有丰富的美感因素,才使阅读教学的审美教育存在可能。要把可能变为现实,语文教师必须努力发掘各种美感因素,引导学生去揣摩品味课文中表情达意的词句,悟出美妙之处,从而领会作者的思想感情,使学生在语言上受到美的感染,在情感上受到美的熏陶,在思想上受到美的教育。

阅读教学活动不仅诉诸理智,而且常常诉诸情感,因而容易引起学生情感上的共鸣,使他们进入课文营造的意境中,获得美的享受。

三、阅读教学的内容

依据知识与能力、过程和方法、情感态度和价值观三个维度的语文课程目标，阅读教学有以下主要内容：指向情感、态度、价值观目标的阅读习惯，指向知识与能力目标的阅读能力，指向过程和方法目标的阅读方法。

（一）阅读习惯和阅读兴趣

1.阅读习惯

叶圣陶先生说："教育是什么？往简单方面说，就是培养良好习惯。"[①]良好的阅读习惯包括：

（1）勤于读书的习惯。要求学生把阅读生活化、习惯化，"养成读书看报的习惯"，天天阅读，每天必读。要像孙中山那样："一天不读书，就不能够生存。"有了这种感觉，就说明阅读已经生活化了。

（2）健康读书的习惯。现代读物很多，绝不是"开卷"都"有益"，选择健康的读物是一件大事。语文教学就是要选择文质兼美的读物来读。在阅读活动中还要注意阅读与环境、阅读与身心的关系，注意光线明暗，选择阅读环境，采用正确姿势，保持精力集中，获得最佳心理状态。

（3）边读边思边动笔的习惯。"学而不思则罔，思而不学则殆。"边读边思，能够使自己在阅读中处于主动地位，读得自觉，读得深入，读出自己的心得和体会。阅读中引发的深刻思考，一些有价值的见解，往往转瞬即逝，这就需要及时动笔，记录自己的思考所得。文中优美的语段、重要的信息、精辟的言论或其他有价值的资料，要注意圈点批注，亦可做摘要、索引。对老师、学生分析得精彩的地方，要及时记录。养成"不动笔墨不读书"的习惯。

（4）质疑问难的习惯。问题是思维的动力和起点，哪里有问题，哪里就有思维，就有发现。创新源于质疑。善问的学生往往思路敏捷，思考问题深刻独到。能否就课文提出问题并解决问题，是检验阅读能力和创新能力的重要标尺之一。在阅读教学中要引导学生自己去提出问题、分析问题和解决问题，敢于并善于提出自己的看法和疑问，养成良好的阅读习惯。

---

① 叶圣陶.叶圣陶谈教育目的[N].人民日报，1980-8-5.

(5)使用工具书的习惯。《普通高中语文课程标准》在“选修课程”部分要求:“借助工具书、图书馆和互联网查找有关资料,了解论著作者情况、相关的文化背景和论著中涉及的主要问题,排除阅读中遇到的障碍。”要求学生养成查阅字典词典的习惯,不望文生义,不凭想当然,也不依赖别人。教师根据实际情况,及时地向学生介绍一些其他工具书,并传授一些查阅图书资料的知识和方法。这样,学生日积月累,久而久之,既养成了独立阅读的良好习惯,也增长了许多知识。

2.阅读兴趣

阅读兴趣,指的是对阅读活动的一种注意倾向、积极态度和喜爱程度。它是阅读动机中最活跃的部分,被称为阅读的“凝聚力”。孔子说:“知之者不如好之者,好之者不如乐之者。”这句话道出了兴趣发展的三个阶段。“知之者”可视为兴趣产生的初始阶段,是由需要所产生的兴趣,可以称之为“理趣”;“好之者”可视为兴趣产生的中期阶段,是对事物和活动本身的兴趣,可以称之为“情趣”;“乐之者”可视为兴趣形成的高级阶段,是由审美所产生的兴趣,可以称之为“乐趣”。在阅读教学中培养阅读兴趣需注意以下几点。

(1)明确阅读的目标和意义。当学生把阅读作为一种有目的有意识的自觉行为和主动要求时,阅读兴趣也就产生了。所以,要以明确的目标激发阅读兴趣,再用阅读成果强化阅读兴趣。

(2)鼓励学生自主选择阅读材料。美国现代教育家布卢姆说:“学习的最好刺激,乃是对所学材料的兴趣。”①要以知识本身吸引学生学习,使学生感到认识新事物的乐趣,体验学习中克服困难的喜悦。语文教师应考虑到学生的阅读兴趣,慎重选择教科书。给学生推荐阅读书目时,推荐面要大一些,让学生有选择的余地。提倡学生多读书、好读书、读好书、读整本的书,并鼓励学生自主选择阅读材料。

(3)追求阅读教学的审美境界。阅读教学的最高境界是审美化。任何人对于一种事物,只有把它当作美来追求的时候,才会产生兴趣、热情和意志,才会为之而奋斗。我们的每一堂课,都要力求让学生感到是一种美的体验,是艺术享受,想到我们的课,就感到愉悦,那我们的教学就接近于成功了。语文教材本身就是一个琳琅满目的美的世界,语文教师要充分挖掘教材的审美因素,从审美的角度研究教材,处理教学内容,设计审美的教学方法,然后带领学生以审美目光去发现美、欣赏美、品味美,使学生乐在阅读中,产生浓厚的阅读兴趣。

---

① 布卢姆.教育过程:第1卷[M].上海:上海人民出版社,1973:10.

（二）阅读能力

阅读教学的重点是培养学生具有感受、理解、欣赏和评价的能力，逐步培养探究性阅读和创造性阅读的能力。

1. 阅读感受能力

即对语言文字的认知感受能力。包括认识字形、读准字音、弄懂字义、了解文意，初步感知作品中生动的形象和优美的语言等。要求能与他人交流自己的阅读感受。小学低年级以培养阅读感受力为主，重点培养阅读兴趣。

2. 阅读理解能力

指在阅读感受能力的基础上，深入到文章的字里行间去获取其意义的能力。既有对词、句的理解，又有对段、篇的理解。既要通过课文言语认识课文表达的内容，进而领会作者的思想感情；又要认识作者是如何运用语言来表达情意，体会表达的精妙，学习语言表达技巧。理解是对阅读的基本要求，是阅读能力的核心。要点有二：(1)真正的理解是特定语境中的理解。狭义的语境，就书面语来说指的是上下文。一般来说，相关的句子、语段是词语的语境，相关的语段、全篇是句子的语境，全篇是语段的语境，作者写作时的思想感情倾向，社会或自然环境是全文的语境。所以，理解应该词不离句、句不离段、段不离篇。要提高阅读理解力，就要确立语境观念，提高在语境中理解分析问题的能力。(2)理清思路。叶圣陶先生在《语文教学二十韵》中说："作者思有路，遵路识斯真。"[①]理清文章的思路，才能认识文章的真谛。要根据词序理解句子，从句与句之间的关系理解一段话所要表达的意思，再根据各段间的关系来理解一篇课文所表达的中心意思。

3. 阅读欣赏能力

阅读欣赏是指在全面理解的基础上，上升到对作品思想内容和语言形式的审美，要求驱遣想象，反复涵泳，实现情感体验，获得审美享受。这是一种较高层次的阅读能力。在欣赏文章时，要充分联系自己直接的或间接的生活经验，开展积极的思维活动，运用想象把文章中写的各种情景、事物再现出来，使人如临其境，如见其物。叶圣陶先生凭借想象欣赏作品，为我们做出了示范。如读王维的诗句"大漠孤烟直，长河落日圆"，如果单就字面解释则是：大漠上一缕孤烟是笔直的，长河背后一轮落日是圆圆的。这样解释显然缺乏一种想象，结果把美妙的意境给冲淡了。要想把这两句诗理解深刻，必须凭借想象。

---

① 叶圣陶.叶圣陶教育论集：上[M].北京：教育科学出版社，1980：1.

“在想象中睁开眼睛来，看这十个字所构成的图画。”这幅图画选了四种景物：大漠、长河、孤烟、落日，描绘出了北方旷远荒凉的景象。对此，叶圣陶曾做过精湛的分析：“给‘孤烟’加上个‘直’字，见得没有一丝的风，当然也没有风声，于是更来了个寂静的印象。给‘落日’加上一个‘圆’字，并不是说唯有‘落日’才圆，而是说，‘落日’挂在地平线上才见得‘圆’。圆圆的一轮‘落日’不声不响地衬托在‘长河’的背后，这又是多么寂静的境界啊！一个‘直’，一个‘圆’，在图面方面说来，都是简单的线条，和那旷远荒凉的大漠、长河、孤烟、落日正相配合，构成通体的一致。”①

4.阅读评能价力

阅读评价能力是指在全面、深刻理解的基础上，对作品内容、形式的是非、优劣、得失进行理性的鉴别和评判，实现价值判断。它要求读者跳出作品之外，与作者保持一定的距离，依靠作品内在的证据和外在的准则，出入作品内外，反复对照权衡，客观公正地做出科学评价。评价作品时首先要有实事求是的态度。评价要有分寸，要有根有据，既不无限拔高，也不故意贬抑。其次，评价必须建立在充分理解作品的基础上，学会做具体分析，不能望文生义，不能架空评价。再次，见仁见智，不能强求一致。

5.阅读迁移能力

《普通高中语文课程标准》在“必修课程”部分强调：“学习探究性阅读和创造性阅读，发展想象能力、思辨能力和批判能力。”在理解鉴赏的基础上，通过想象、思辨和批判，达到阅读的最终目的，完成知识向能力的迁移，文本向实践的迁移，促进个性完美发展。最主要的表现是触类旁通，如举一反三，闻一知十等。任何有效的迁移，都是一种创造过程。孙中山儿童时期读了洪秀全的画传，立下志向要“当洪秀全第二”，最后成为伟大的民主主义革命家。

6.阅读创造能力

这是最高层次的阅读能力，是指在阅读中有新的发现，提出或解答作品原有内容之外的新问题。接受美学认为，任何作品都是作者和读者共同完成的，完美的阅读过程绝不是读者的被动接受，而是读者根据自己的情感、思想、知识、阅历和知识储备等，对作品进行理解的过程。从本质上讲，阅读是读者对文本的再创造。阅读教学应注意培养学生探究性阅读和创造性阅读的能力，提倡多角度的、有创意的阅读，利用阅读期待、阅读反

① 叶圣陶.叶圣陶教育论集：上[M].北京：教育科学出版社，1980：292.

思和批判等环节，拓展思维空间，提高阅读质量。

对于学生阅读中的发现，哪怕是一点一滴，教师都要高度珍视，及时予以鼓励。有时还需要采纳学生建议，大胆变革教学方案。例如，一位教师在讲《荷塘月色》中的经典名句“微风过处，送来缕缕清香，仿佛远处高楼上渺茫的歌声似的”时，有学生质疑：把“荷香”比作“歌声”似乎并不是最好，若改为“笛声”可能更符合文中所描绘的宁谧的意境。对这种颇具创新特色的“发现”，教师当予以表扬，然后推翻了原来的教学方案，鼓励全班同学充分发挥各自的聪明才智来改写这个经典名句。赏识是学生质疑问难、大胆创新的催化剂。学生的创造热情被大大激发，最后从同学们的口中蹦出了一个个鲜活的句子。像“微风过处，送来缕缕清香，仿佛天外飘来的悠远的钟声似的”；“仿佛摇篮边母亲轻轻的抚拍似的”；“仿佛蒙娜丽莎嘴角绵绵的微笑似的”等等。学生思如泉涌，沉浸在创造的兴奋中。不难想象，由此产生的成功的喜悦，势必会增强学生的自信心，激发起新的更高的学习需求。

（三）阅读方法

1.朗读

朗读是把无声的文字化作有声的语言，把单纯的视觉活动转化为各种感觉的综合活动，从而加强对书面语言的感知和理解，深入领会作者思想情感的阅读方法。朗读不仅可增强学生的阅读感受能力、理解能力、欣赏能力，而且可以激活思维，引起联想，培养语感，陶冶情操。科学实验证明，在相同的时间里对相同的语言材料，单纯通过视觉学习，能运用原有语言的25%；通过视觉、运动觉、听觉的综合作用，能运用原有语言的65%。

朗读的基本要求是：(1)用普通话。(2)正确。做到语音和语调的规范化。语音包括读音正确，停顿恰当，音质自然，音量适中等。语调包括高低适度，强弱适中，快慢适宜等。(3)流畅。做到语音连贯，不漏字，不落字，不改字，不颠倒，不重复等。(4)有感情。做到感情充沛，节奏鲜明，恰当地传达作者的思想感情。朗读技巧的训练应突出重音、停顿、语调、节奏等四个方面。

(1)重音。重音包括词重音和语句重音。词重音是指多音节词里那些重读的音节。语句重音是指在朗读时需要强调或突出的词或短语甚至某个句子的重音。重音在词句中出现，是体现语意的重要手段。例如：“山朗润起来了，水涨起来了，太阳的脸红起来了。”“我特地起个大早。”“燕子飞倦了。”重音的确定还要根据作者的着眼点和表情达意的重点。如“盼望着，盼望着，东风来了，春天的脚步近了。”“盼望”一词反复出现，表达了对春天的企盼之情，均应重读。“近”字重读，突出春天临近大地时给人带来的亲切感。

(2)停顿。朗读中的停顿，不单是生理上换气的需要，更主要的是表情达意的需要。一般地说，停顿有语法停顿、逻辑停顿和感情停顿三种。语法停顿基本上是与段落、标点符号一致的，逻辑停顿是揭示思想逻辑或揭示事物之间的逻辑关系而做的停顿。在表示激动的感情时，可以延长或缩短语法停顿的时间。这种停顿也就是感情停顿。错误的停顿会造成语义的混乱。如有的学生把“白衣秀\士王伦”断开读，听起来不知所以然，是对《水浒传》中人物的诨号不理解所造成的。各种停顿在诗歌的朗读中最为重要。如“飞流\直下\三千尺，疑是\银河\落九天。”如果停顿错了，就会影响对诗歌意境的理解和欣赏。

(3)语调。用来表情达意的抑扬顿挫、轻重缓急的调子叫语调。语调有四种类型：平直调，上扬调，下降调，曲折调等。朗读叙述性的句子或比较严肃的内容，一般用平直调；表示疑问、惊喜、命令、号召等感情的句子，多用上扬调；下降调多用于表示坚决、自信、祝愿、感叹、心情沉重的句子；曲折调常用来表示惊讶、幽默、含蓄、讽刺等。朗读前要仔细琢磨文章中的语言含义，是悲、是喜，是豪迈、雄壮，还是婉转、细腻，朗读时才能控制好语调，读出情感来。例如《为了忘却的记念》：“但忽然得到一个可靠的消息，说柔石和其他二十三人已于二月七日夜或八日晨在龙华警备司令部被枪毙了，他的身上中了十弹。原来如此！……”整个语段应是悲愤激烈的快节奏，但到“原来如此”应缓慢下来，变得低沉，直至进入“……”悄然无声的停顿状态。这种停顿状态能够酿造出整个课堂的悄然无声的氛围，那就是全体学生在进行感情体验和联想创造的无限时空，是师生心灵中一个难忘的瞬间，是掀起更大高潮的力量蓄积，是一种“此处无声胜有声”的艺术境界。

(4)节奏。节奏是指朗读全篇作品过程中所显示的声音形式的回环往复。节奏的把握应立足于作品的全篇和整体。首先应该考虑层次、段落的区别和联系，并落实于语气的衔接和转换。其次考虑声音的力度和速度，还要考虑句子的停连和转换等等。朗读时运用节奏应从具体作品、具体层次、具体思想感情的运动状态入手。课堂朗读不能像戏剧演出那样艺术化，只要能适应语境，控制速度，不要忽高忽低忽快忽慢，读得从容镇静，可以表情达意就可以了。如鲁迅先生《故乡》中写道，圆规杨二嫂见到鲁迅时说：“哈！这模样了！胡子这么长了！”“不认识了么？我还抱过你咧！”如果按照戏剧道白那样来读，会造成课堂上的不严肃气氛。

朗读训练的常用方式有：①教师范读。这是最好的指导方式。②学生单读。带有考查性或学生示范性，这是最好的训练方式。③学生齐读。适用于诗歌等音韵感和节奏感较强的作品。④学生分角色读。适用于戏剧等人物个性鲜明的作品。在正确引导学生朗读的同时，还要特别注意纠正那些不正确的朗读方法，如唱读、念经式、演戏式等。

2.默读

默读是与朗读相对的另一种阅读方法。默读是不出声的阅读，视觉接受文字符号后，直接发射给大脑，立即进行译码、理解，不需要像朗读那样将文字转化为口语，用口、耳作媒介，再进行理解。现代社会要求阅读提高速度，默读则是快速阅读的理想方式。而且默读允许在不理解的地方停留或反复，因此默读较朗读理解得更透彻、深刻。用默读教说明文、议论文，可深化学生的理解能力。由于默读速度快而理解深，所以实用价值最高，是最具有广泛适应性的阅读方式。默读训练着重从以下几方面进行：

(1)速度。主要是进行扩大视觉幅度的训练，增加一次辨认的字的数量，同时提高视觉接受文字符号的速度，减少眼停次数和回视次数。

(2)理解。阅读是以了解意义为中心的活动，默读对于迅速准确地把握阅读材料的意义更为有利。因此必须重视提高默读理解的效率。可采用手脑配合的方法来加快思考的速度，加深理解的深度。即读前提出明确的目标，使学生带着任务读；读中指导学生标记、评点、摘录、写提要、批随感、提问题等，以促进学生思考；读后要根据读前提出的目标进行检测。可采用限量法、竞赛法等方法进行训练。限量法，即在一定时间内限定读一定数量的读物，读后马上测查理解和记忆的质量。竞赛法，即在同一时间、地点，让学生默读同一材料，通过比赛的形式，答出问题的结果。默读训练中，还应教会学生如何调动想象、联想、思维和记忆的作用，提高理解读物内容的深度和速度。

(3)习惯。如认真、专注、边读边思、边读边记等。特别是在默读训练的初期，应重视纠正默读时的不良习惯，如出声读，唇读(不出声但嘴唇动)、喉读(不出声，嘴唇不动，但嗓子里仍有气流冲击声带)、指读(用手指头指着文字读)等。

3.精读

精读是一种为了达到对读物的充分理解而进行的阅读。这种方式要求认真、仔细、精确地研读读物，最后完全理解阅读材料的内容和形式。在理解方面，要求对文章的词、句、段、篇进行深入的分析和思考。对于词，不仅要了解它表达的直接意思，还要领会它的象征意义、比喻意义等深刻含义。对于段落，不仅要概括它的大意，还要懂得它在全篇中的地位和自身的结构。对于全篇，不仅要领悟它的主旨，还要明了它的结构方式和作者的思路。在欣赏方面，要求反复涵咏，广泛联想，品味文章语言运用的精妙，深化理解课文的内容、思想和情感。在评价方面,要求能够对文章所表达的思想内容和表达方式做出客观的判断。它是略读、速读的基础。语文课中的讲读课,大都要求精读。

精读训练要注意以下几点:(1)全面理解,逐次研读。即逐字逐句,逐段逐层地去钻研,做到精细理解,全面把握。(2)咬文嚼字,融会贯通。即对文中的关键词句,要仔细品味,推敲琢磨,达到透彻明了,融会贯通。(3)读思结合,边读边记。(4)灵活运用多种精读方法。如朗读涵咏法、质疑思辨法、比较阅读法、表达阅读法等。

4.略读

略读是对读物求其大要的阅读方法。叶圣陶先生在论述略读和精读二者关系时说:"就教学而言,精读是主体,略读只是补充;但就效果而言,精读是准备,略读才是应用。"[①]和精读相比,略读有如下一些特点:从对读物信息的感知来看,它不如精读那样"纤屑不遗",而是重在搜寻有用信息。从对读物内容的理解上看,它不像精读那样"字求其训,句索其旨",而是略"次"抓"要",略"小"抓"大"。从阅读的要求来看,精读追求的是读物整体的把握,略读追求的是读物的重点。从训练的程序上看,精读在先,略读在后。从应用价值来看,"精读是准备,略读才是应用"。从阅读指导上看,精读指导必须纤屑不遗,发挥详尽:而略读指导则"提纲挈领,期其自得"。

略读训练应注意以下两个问题:(1)把握大意,抓住重点。重在让学生把握材料大意,准确捕捉关键信息。如善于捕捉标题中的语言信息,捕捉开篇中的语言信息,捕捉反复出现的语言信息,捕捉前后呼应的语言信息等。充分重视在"综上所述""总而言之"之后所作的简短概括,注意展示信息的小标题,突出重点的着重号、黑体字等。课文前的预习提示,课文后的配套习题,都为学生准确理解课文提供了重要参考。(2)提高阅读速度。略读训练要以准确理解为前提,同时也对阅读速度提出较高的要求。要减少信息传递的环节,缩短反映过程,加快阅读速度。如只用眼,不用口,不重复等。视觉所反映的对象也不是一个点或一条线,而是一个有一定长度和一定宽度的区域。经过训练,可以在主要注意某一点某一行的同时,视野涉及前后左右的一定区域。这就是古人所说的"一目十行"

① 朱自清、叶圣.陶精读指导举隅·略读指导举隅[M].河南:河南教育出版社,1989:141.

四、阅读教学过程与方法

（一）教学过程研究的历史成果

关于教学过程的研究，古今中外都有很多成果。在教育史上有过重要作用和重大影响的有：

1. 中国古代的阅读教学

《中庸》："博学之，审问之，慎思之，明辨之，笃行之。"[①]这是就整个教学过程而言的。要始于学，终于行，中间经过问、思、辨。这是中国古代教育哲学中光辉的教育思想之一。（南宋）陈善《扪虱新话》："读书须知出入法。始当求所以入，终当求所以出。见得真切，此是入书法；用得透脱，此是出书法。盖不能入得书，则不知古人用心处；不能出得书，则又死在言下。惟知出知入，得尽读书之法也。"把读书过程概括为"出入"二字，重点反对的是"死在言下"。

2. 赫尔巴特学派的五阶段教学

19世纪前期，德国心理学家、教育学家赫尔巴特，创立了适应于各科教学的四个阶段教学法：（1）明了，（2）联想，（3）系统，（4）方法。19世纪后期，赫尔巴特学派的莱因把他们的基本理论和阅读教学的特点结合起来，创立了五阶段阅读教学法：（1）预备，即复习旧课，进行与新课文有关联的事项问答，解释新字、难词；（2）提示，即向学生说明教学目的和学习重点；（3）比较，即把新的教学内容同已学过的内容联系起来；（4）概括，即归纳全文的中心思想，得出结论；（5）应用，即指导学生应用新学的知识练习造句或写短文。[②]19世纪末到20世纪初，这种教学理论和教学方法盛行于欧美，也影响到日本和中国。

3. 凯洛夫的五环节教学

20世纪前期，苏联教育学家凯洛夫创立了五环节教学法：（1）组织教学，（2）复习旧课，（3）讲授新课，（4）巩固新课，（5）布置作业。20世纪50年代，中国的阅读教学吸收了凯洛夫的五环节教学法逐步形成一种模式。其要素有：（1）解题，（2）介绍作者和时代背景，（3）朗读课文，（4）讲解生字新词，（5）分析课文，（6）概括中心思想，（7）总结写作特点，

① 王滋尘.四书读本[M].北京：中国书店，1986.

② 赫尔巴特.普通教育学[M]//.西方资产阶级教育论著选.北京：人民教育出版社，1979：274.

(8)课堂练习或布置作业。60年代以后,我国的语文教育工作者进行了许多有益的改革实验和理论探索,力求有新的发展和突破。

4.巴班斯基的教学过程最优化

苏联教育学家巴班斯基创立的教学过程最优化理论的基本原则是:在熟练掌握各种教学过程和教学方法的前提下,根据教学的具体情况,选择最佳过程和最佳方法,进行优化组合;各科教学都有一般规律,但没有固定的模式。他说:“当代学校教学教育过程的最优化,是指所选择的教学教育过程的方法,能使师生耗费最少的必要时间和精力,而收到最佳效果。最优化要求全面考虑教学和教育的规律、原则、现代形式和方法,并在此基础上使教学教育过程能按既定标准发挥最有效(最优的)作用。”[①]这种理论和方法在苏联和世界其他国家也有很大影响。

5.目标教学

20世纪后半期,世界范围内掀起了教育管理运动。各个国家的教育目标管理有不同的特色,也形成了不同的教学模式。美国称为“掌握学习”,许多第三世界国家称为“最优化学习”,中国称为目标教学。目标教学过程的特点是:(1)制定目标。在各个教学过程的起始阶段都要制订明确的目标,要尽量做到量化。各个教学过程包括:一门学科教学的全过程,学段、学年、学期、单元、课时等。这些目标要让师生双方都明确。心理学基础是:目标产生动力。(2)实施目标。在教学过程的展开阶段,要安排合理的步骤并选择正确的方法,逐步实现目标的各个部分。实施目标的一般序列为:A.知识的识记和领会;B.能力的迁移和运用;C.创造性的综合和评价。学习心理学揭示的规律是:前边的知识学好了,就能成为学习新知识的基础和能力;旧知遗留下来的问题,都将成为学习新知的障碍和阻力。遵循这条规律,在实施目标的阶段,一定要保证每个步骤的有效性。(3)检测目标。在各个教学过程中要对学生的学习情况进行客观评价,并及时进行矫正。包括:诊断性评价,即在学习某学科或某方面的知识之前,考查学生是否缺少某些必备的基础知识;形成性评价,即在单元、课时及各个教学环节进行中及时反馈和矫正;终结性评价,学科教学结束后的全面检测。其中强调形成性评价。

① 巴班斯基.教育过程最优化问答[M].北京:北京师范大学出版社,1985:12.

（二）阅读教学的常规过程

关于教学过程的模式，美国哥伦比亚大学乔伊斯（B.Joycl）和韦尔（M.Weil）两位学者，经过综合研究列出了20余种，反映了当代教学模式发展的多样化趋势。目前我国多数教师的教学实践，使用的仍然是凯洛夫的五环节教学的基本式或变化式。就教学模式论来说，基本上属于以认识论为基础的系统学习模式，其常规程序是：感知—理解—巩固—运用。随着教育改革的发展，各种各样的教学模式也开始被运用。就语文教学改革者的实验来看，阅读教学过程的模式从“三环节”到“十二环节”都有。这些传统的和创新的教学模式，都需要研究和总结，都可借鉴或实验。按照学生阅读知识和阅读能力发展的规律，我们认为阅读教学的常规过程应为：导读—研读—运用。

在分别研究阅读教学的各个过程环节之前必须强调指出，目前阅读教学中普遍存在的问题，就是阅读教学不阅读，尤其是不让学生阅读。苏霍姆林斯基指出：“在小学的阅读课上，实际上读得很少，而关于阅读、关于所读的东西的谈话倒很多。阅读常常被各种各样的‘教育性谈话’‘教育性因素’所取代了。”他根据自己长期的实验得出结论：“要使儿童学会有表情的、流利的、有理解的阅读，使他做到在读的时候并没有想到他是在读，那么他就必须在少学期间朗读过200小时以上，并且小声地默读过2000小时以上（包括在课堂上和在家里的时间）。”①在我国，这种情况在中小学极为普遍，而关于阅读的理论指导和量的规定又缺乏科学研究。例如教鲁迅的作品，在许多情况下学生都没有真正读，而只是听了一番“张某”“王某”或“李某”的关于鲁迅某篇作品的讲述，没有与作品进行思想感情的交流。有人称这种情况为“有教无学”，其效果可想而知。所以必须强调，阅读教学的全部过程都必须是以读为本，以学生的读为本。一切讲解分析都是为了指导阅读，为了使阅读训练获得实效。下面是我们主张的阅读教学的常规过程：引导—研读—运用。这三个环节均采用自主、合作、探究的方式，但各自所起的作用不同。引导环节属于阅读活动的准备时期，作用在于引起注意，唤起动机，确定目标，激活经验。研读环节属于阅读活动的展开时期，主要作用在于阅读实践中学会阅读。运用环节属于阅读活动的发展时期，作用在于促进保持和迁移。

1.引导过程

夸美纽斯说：“铁匠在打铁之前，必须先把铁烧热。”②导入过程的基本任务就是确定

① 苏霍姆林斯基.给教师的建议[M].北京：教育科学出版社，1980：139.

② 夸美纽斯.大教学论[M].北京：人民教育出版社，1980：70.

目标，激发兴趣。一般包括下列四项内容：预习，解题，介绍有关资料，课前谈话。教学实践中可以全部运用，也可以只运用其中若干项。

（1）预习。预习是学习的准备阶段。可以布置学生在课前预习，也可以指导学生在课堂上预习，目前提倡后者。因为用加重学生负担的方法来减轻教师的负担是不可取的，课前也不易指导。统计材料表明，课前预习的效果很差。

（2）解题。标题是文章的旗帜。解题的主要任务是揭示文章标题与内容之间的关系。①板书课题。一般要求是规范、醒目。但也可以用变异的方法来体现匠心。如：特级教师于漪教《茶花赋》，只写“茶花”二字。学生喊：“掉了一个字！”然后教师再加上“赋”字，并提示：“茶花是这一课的内容，那么赋是什么呢？”借此讲解文章的体裁，突出了重点。特级教师钱梦龙教《论雷峰塔的倒掉》，让学生板书课题，常有学生把“峰”写为“锋”，教师提示这两个字不同，借以区别这两个字，并点明本文中的“雷峰”是山名。②揭示标题与文章内容的关系。直接揭示主题，即标明文章的中心思想，如《父子情》。用象征比喻等修辞方法间接揭示主题，如《摆渡》《药》等。指示取材范围或重点，如《我的老师》指示主要人物，《登泰山记》指示主要事件，《紫藤萝瀑布》指示主要事物，《师说》指示主要论题等。指示对表现主题有特殊意义，如《挥手之间》指示时间，《荷花淀》指示地点，《在北大百年校庆上的讲话》指示场合，《祝福》指示环境，《项链》指示物品等。有些标题兼有几种作用，如《孔雀东南飞》有起兴的作用并渲染气氛，《林教头风雪山神庙》指示人物和环境，《工之侨献琴》指示人物和事件，《为了忘却的记念》指示情绪和目的，《梦游天姥吟留别》指示内容和目的，《南州六月荔枝丹》指示地点、时间和物品等。

（3）介绍有关资料。包括作者生平、写作缘起、时代背景、社会影响等，其作用是为理解课文奠定基础。

①介绍作者。要选择那些与理解作品有直接关系的内容，在方法上也要有一定特色。例如许多作家的笔名，都是颇具深意的。莎士比亚（Shakespeare），原意为“挥动长矛”，作者以此来显示自己的战斗风格。马克·吐温（Mark Twain）的英语原意为“水深12英尺”，是密西西比河上水手的号子声，表示轮船可以安全航行。他的笔名是为了纪念那段对他来说最有意义的领航员生活，并时时唤起对那种动荡的青少年生活的回忆。高尔基（Горъкий）原意为“痛苦的”，概括了他的生活体验。

②说明写作缘起。例如鲁迅谈到《狂人日记》写作原因时说：“偶阅《通鉴》，乃悟中国人尚是食人民族，因此成篇。此种发见，关系亦甚大，而知者尚寥寥也。”[①]因为“知者尚寥寥”，所以有人把近代民主主义革命家、思想家章炳麟叫作“章疯子”，也有人把孙中山叫

① 鲁迅.鲁迅全集[M].北京：人民文学出版社，1981：353.

作“孙大炮”,也是疯子的意思。鲁迅就借鉴俄国批判现实主义作家果戈理的同名小说《狂人日记》,创作了中国的《狂人日记》。了解这种写作缘起,对理解作品有直接作用。

③介绍时代背景。例如《鸿门宴》,讲清当时的政治斗争和军事斗争形势,理解作品时就有了依据。闻一多《最后一次讲演》,语言特点是感情激烈,短句多,人称随时变换。这是由当时的具体情境决定的。1946年7月11日,著名爱国民主人士李公朴在昆明被国民党特务暗杀。7月15日下午人们在云南大学礼堂举行追悼会,由闻一多主持。会上李公朴的夫人报告了李先生遇害的经过。闻一多会前并未准备讲演,但是在会上,国民党特务混进会场,大声说笑,无理取闹,肆无忌惮,使会场时时骚动,群众非常气愤。闻一多见此情景,拍案而起,愤而演说。演说时直指国民党特务,严厉斥责:“你站出来!是好汉的站出来!”会后闻一多就在回家的路上遇害。所以《最后一次讲演》并无文稿,是根据讲话录音整理的。了解这种时代背景,有助于学生理解文章的思想感情和语言特点。

④介绍作品的社会影响。如日文版《鲁迅选集》出版时,按鲁迅的意见把《藤野先生》作为第一篇。藤野见到后激动不已,临终(1945年)立下遗嘱:着仙台讲课时制服入葬。足可见鲁迅作品在日本人民中的影响。

⑤播放有关音像资料。如学习《七根火柴》,可让学生先听王愿坚的讲话录音。学习《茅屋为秋风所破歌》,可播放杜甫的生平事迹。现代有大量制作精美的CAI课件,教学中可随时选用。

(4)课前谈话。课前谈话的主要作用,是向学生明确交代单元、课文或课时的学习内容和学习方法。常用的形式有以下四种:①开门见山。教师用简明扼要的语言,把学习内容和学习方法直截了当地向学生交代清楚。这是最常用的一种方法,运用得好会有简洁明快之感。②承前启后。旧知是接受新知的基础,也是通向新知的渠道。如果我们能够找到旧知和新知的必然联系,课前谈话就会更加丰富和有效。新旧联系在横向、纵向、逆向等方面有着广阔的天地,是语文教学广泛运用的一种导入方法。③问以致思。选择与教学内容有关且学生感兴趣的问题,用提问、讨论、辩论或智力竞赛的方法,使学生为了寻找答案而急于学习。此种方式能激起强烈的求知欲和浓厚的学习兴趣。如教《谋攻》,先提问:根据你们看到的战争故事和战争理论,你们知道攻击敌人有哪些方法?比较起来哪种方法最重要?这会引起广泛的争论,学生对《谋攻》中所讲的战争方法和战争理论也会饶有兴趣。④轶闻趣事。选择与教学内容有关的轶闻趣事,可以使学生轻松愉快地进入新的知识领域。

2.研读过程

对文章的内容和形式的研读，是阅读教学的中心环节。其中又可分为三个阶段：感知、分析、综合。感知阶段的主要任务是整体认识，分析阶段的主要任务是各个局部的具体认识，综合阶段的主要任务是整体理解和把握。

(1)感知阶段。认读的基本任务就是通过辨认文字符号对文章进行整体感知。包括以下几项内容：①认识生字新词。训练学生利用工具书识字解词，以培养学生的自学能力，不断扩大识字量和词汇量。②通读。其方式有视读、默读、教师范读、学生试读、自由阅读、分角色读、班组齐读等。朗读要做到规范化。默读和视读要有明确的目标，要按时按质按量完成任务。有些文章要复述或熟读成诵。③了解内容概要和辨认文章体裁。也就是对文章内容和形式的整体感知。④批画评点和质疑问难。这是感知向理解发展的过渡阶段，教师也往往借助学生提出的问题向下一阶段过渡。

(2)分析阶段。这一阶段的任务，是对文章的内容和形式的各个方面进行深入细致的分析。分析的作用就是深入理解。没有理解就没有消化，也就不可能吸收。凡是用泛泛的结论来代替具体分析，都不可能接触到文章的实质，都不可能让学生把知识和能力真正学到手。分析可分为以下几方面：

①结构分析。目的是掌握文章的结构方式，并通过结构方式掌握内容。文章的组织结构反映了作者的思路。结构分析的基本任务就是把握作者的思路，注意开头结尾、层次段落、过渡照应和详写略写。

②内容要素分析。目的是让学生掌握文章的主要内容。特别是小说中的人物形象、故事情节，说明文中的事理，议论文中的论点、论据，诗歌中的意境，戏剧中的矛盾冲突等。文章中的某些要素分析透了，精髓也就掌握住了。契诃夫《变色龙》中警官奥楚蔑洛夫的五次“变”，既是情节发展的主要线索，又戏剧性地揭示了人物的性格特征，并深刻地揭露了沙皇统治下警察的黑暗与腐朽，是理解文章结构、人物性格和主题思想的主要依据。

③写作技巧分析。目的是让学生认识和借鉴文章的写作方法，如构思、剪裁的技巧，写人、写事、写景的方法，说明的方法，论证的方法，直接抒情和间接抒情的方法等。有些文章必须从写作方法的角度进行分析才能深刻理解。如鲁迅先生的《“丧家的”“资本家的乏走狗”》，是从“丧家的”“资本家的”和“乏”这三个层次来驳斥论敌的。

④语言分析。主要是分析语言的规范性和艺术性，即语法分析、修辞分析和语言风格分析。特别要注意那些对表现思想内容有重要作用的关键性语句，这些语句往往是表

现力强、准确鲜明而又蕴藉很深的。如鲁迅语言风格的一个重要特点，就是警句特别多。警句是人类智慧的闪光，浓烈感情的爆发，具有震撼人心、永不磨灭的魅力，并使整篇文章熠熠生辉。对于这些语句，要根据文章的思想内容，联系作者和时代背景，进行分析、讲解、吟诵、品味，不但要"说文解字"，而且要"咬文嚼字"。有些文章，只要掌握了重点词语，就抓住了全文的关键，并能带动整个教学顺利开展。如《哥白尼》一文中的"天翻地覆"。人类的宇宙观，在哥白尼以前是"天动说"（即地球中心说）——哥白尼天翻地覆地创立了"地动说"（即太阳中心说）——布鲁诺地覆天翻地创立了"宇宙说"（即时空无限说）——现代科学翻天覆地地创立了"演化说"（即各种天体处于永远不停的变化之中），并开始了星际往来。——以后还会覆地翻天地创立更新的学说，一步一步地去揭开宇宙的无穷奥妙。词语的变化和智慧的发展相配合，使它具有了丰富的内涵和浓厚的感情色彩。词语本身无所谓轻重，它的分量是由作者赋予的，是由它在特定的语言环境中具有的内涵所确定的。例如王愿坚《七根火柴》中"无名战士"向卢进勇招招手，等他凑近了，便伸出一根僵直的手指小心翼翼地一根根拨弄着火柴，口里小声数着："一，二，三，四……"这每一个数字都可能关系到长征队伍的生死存亡。

⑤重点分析。包括特点、要点、难点和疑点。任何一篇文章的教学，都需要突出重点。特别是精讲部分一定要抓住重点。

特点，即一篇文章中使其具有存在价值的、区别于其他文章的本质特征。古今中外写父亲的文章很多，朱自清的《背影》如果不是以特殊的视角、特写的镜头推出父亲帮"我"买橘子的背影，就没有含不尽之意于"背影"的效果。

要点，即能够显示文章主旨的精华所在。例如《师说》的要点有二：一是教师的作用，"师者，所以传道、受业、解惑也"；二是教师的标准，"弟子不必不如师，师不必贤于弟子，。闻道有先后，术业有专攻，如是而已"。夸美纽斯说："聪明的人不是知道得多的人，而是知道什么是有用处的人。"[①]教学中必须抓住那些对学生终生有用的东西。

难点，即有关文章主旨而以学生的能力难以准确理解掌握，需要教师着重加以指导的地方。这些地方往往就是需要精讲的部分。《为学》中的难点有两个：一是词语。之——去，到，往。"吾欲之南海，何如？"去——距离。"西蜀之去南海，不知几千里也。"鄙——边境，角落。"蜀之鄙有二僧。"顾——反而，难道。"人之立志，顾不如蜀鄙之僧哉？"这4种释义学生以前都没有学过。二是由记叙向议论过渡的范例。通过本文的教学，要使学生掌握议论文写作的初级程式：道理+事例+感想。攻克难点是进步的标志。难点的确

① 夸美纽斯.大教学论[M].北京：人民教育出版社，1984：117.

定，要依靠教师对学生的了解和对教材体系的把握。

疑点，即文章中有关主旨而又需要加以辨析的地方。苏轼的《石钟山记》批判了郦道元的简和李渤的陋，提出："事不目见耳闻而臆断其有无，可乎？" 这是很可贵的。但现代科学考察证明，他对石钟山的认识仍然是表面化的。这说明，不但要目见耳闻，而且要运用科学的方法进行考察，才能真正认识事物的本质。又如《邹忌讽齐王纳谏》，文章结尾说："燕赵韩魏闻之，皆朝于齐。"这不符合史实。又说："此所谓战胜于朝廷。"对纳谏的作用评价也过高。总之，只要提高了学生的"眼力"——即鉴赏能力和评价能力，疑点是随处可见的。而析疑解难的过程，正是发展学生智力的最佳途径。

(3)综合阶段。综合是在分析的基础上进行的，是由局部到整体的概括过程，由现象到本质的抽象过程。综合阶段的基本任务，是概括中心思想和总结写作特点。

①概括中心思想要注意以下几点。

审题引申。文章标题与中心思想往往有直接或间接的关系。有些判断形式的标题本就是中心思想。如《继续保持艰苦奋斗的作风》《反对自由主义》等。有些疑问形式的标题就是中心思想。如《丧钟为谁而鸣》。与中心思想无直接关系的标题，也可作为概括中心思想的出发点。如《硕鼠》是用比喻的方法斥责贪得无厌的剥削者，《白杨礼赞》是用象征的方法赞颂中华民族在抗日战争时期所表现出来的团结向上和坚强不屈的斗争精神。

段意综合。这种综合不是简单地相加，而是概括和抽象。如《师说》，第一部分写古之师道，第二部分写今之师风，第三部分写无常师，用对比的方法论述师道的重要和师道的标准。

寓意显现。即从文章的主要材料中抽象出基本观点。许多文章、特别是记叙类文章的观点，都是隐含在主要材料中，而没有直接地说出来。在概括中心思想时，必须首先辨认哪些是最主要的材料，并从中抽取出最基本的观点。如《鸿门宴》，第一部分写会前形势，第二部分写会上的斗争，第三部分写会后情况。其中最主要的材料是会上的斗争。中心思想是：通过鸿门宴上的斗争，表现刘、项的不同性格和成败的根本原因。又如《邹忌讽齐王纳谏》，第一部分写邹忌与徐公比美，第二部分写邹忌劝齐王纳谏，第三部分写纳谏的效果。主要材料是第二部分。中心思想是：通过邹忌讽齐王纳谏的故事，说明虚心接受批评意见的重要性。

弦外之音。曹雪芹在《红楼梦》第一回中说："满纸荒唐言，一把辛酸泪。都云作者痴，谁解其中味？"[①]有些文章的内容虽然未必是"荒唐言"，但要得作者的用心却也需要解

① 曹雪芹.红楼梦：第一卷[M].北京：人民文学出版社，1974：4.

味。例如郭沫若的《甲申三百年祭》,内容是纪念李自成农民起义胜利300周年(1644—1944),而作者的真正用心是借李自成功败垂成得而复失的历史教训,一方面警戒革命者"不要重犯胜利时骄傲的错误",[①]一方面驳斥国民党御用文人对共产党八路军的影射攻击。又如《过秦论》,贾谊采用铺张渲染的手法言秦之过,其真正用意是借"仁义不施"致使秦亡的历史教训,劝谏西汉统治者以史为鉴,施行仁政。杜牧的《泊秦淮》表面是在谴责不知亡国之恨的歌女,实际上批判的矛头是指向统治阶级的。

②总结写作特点。一篇文章中所运用的写作技巧总是多方面的,在分析阶段或多或少都要牵涉到。但每篇文章都有和它的特定内容相适应的最基本的写作方法,这就构成了写作特点。在综合阶段,要指导学生将内容和形式结合起来,从整体上把握全文的最基本的写作方法,以加深对文章的理解,并为读写结合创造条件。如《海燕》和《白杨礼赞》,最基本的写作方法是象征;《伐檀》和《硕鼠》,最基本的写作方法是对比等。

3.运用过程

运用过程的基本任务就是把知识转化为能力,特别是学习新知识和解决新问题的迁移能力。

在阅读教学的全部过程中,都要贯穿朗读、默读、视读以及吟诵、背诵的训练,在运用过程中要特别注意背诵训练,这是我国传统语文教育行之有效的方法之一。指导学生背诵的最基本的方法,就是把理解和诵读结合起来。这在引导和研读的过程中就要注意。例如许多学生背诵陶渊明的《桃花源记》饶有兴味,而且感到很容易,就是在研读的过程中形成了清晰的思路,并且深受感染,对那些优美的文句也就能熟读成诵了。按照提纲背诵,也是引起联想的一种好方法。例如王羲之的《兰亭集序》:说明集会的时间、地点和盛况——描写兰亭的周围环境——感叹盛事不常、人生有限——叙述作序缘起。其实也是帮助学生理清思路。某些文章的写作特点,也是指导学生吟诵和背诵的极好条件。例如欧阳修的《醉翁亭记》,全文21句,每句末尾都用了一个语气词"也",借以抒发深沉的感情。所以教学的基本方法,就是指导学生在大致理解文句的基础上反复吟诵,在吟诵中穿插教师的讲解和学生的研讨,加深理解和体验,自然成诵。这样经过一堂的训练,像"醉翁之意不在酒,在乎山水之间也"就成了学生自己的语言,其效益比教师滔滔不绝地讲解和学生打钩画叉的练习不知高多少倍!

① 毛泽东.学习和时局[M]//毛泽东选集:第3卷.北京:人民出版社,1991:948.

（三）阅读教学方法

教学过程和教学方法是密切联系的。教学过程是达到教学目标的途径，教学方法就是在教学过程中所采用的具体手段。例如从甲地到乙地，所经历程就是过程，至于是步行、乘车、乘船还是飞行，那就是方法。

"方法"一词在希腊语里的原意就是"正确的道路"。或者说，就人们在实践过程中所寻求的方法来说，就是达到目标的正确途径。但是，在客观上也存在着错误的道路和方法。就阅读教学来说，恩格斯就曾经指出："这个学校（指爱北斐特中学）流行着一种非常可怕的背书制度，这种制度半年的时间就会使一个学生变成傻瓜。"[①]这里只指出了背书制度，其实一切错误的方法都有同样的破坏作用。夸美纽斯也指出，教育方法的严酷，使学校变成了"儿童恐怖的场所"，"才智的屠宰场"。[②]因为错误的方法违背学生的认识规律，破坏学生正常的认识活动，其恶果是磨灭学生的创造意识，窒息学生智慧的火花。

教学过程是按照达到目标的阶段来划分的，比较明确。教学方法是按照所用手段的类型来划分的，比较复杂。按照不同的标准有很多种不同的分类方法。例如按组织形式分，有班级教学、分组教学、个别化教学等；按教学方式分，有传授法、导学法、自学法等；按传授知识技能的方式分，有再现法、探索法、实验法等；按教学过程分，有新授法、练习法、复习巩固法等；按思维形式分，有抽象法、直观法等；按逻辑分，有归纳法、演绎法等。我们主要按照阅读教学过程中信息传递的方式划分和研究各种不同的教学方法。

教师、学生、教材以及现代化的教学手段等各种因素之间，存在着复杂的信息传递方式。对教师来说，学生是教学对象，教材是教学的基本内容，设备和教具是实施教学过程的手段。对学生来说，教师是知识和技能的有生命载体，是教学活动的组织者和指导者；教材是知识和技能的无生命载体，是学习内容的主要依据；设备和教具是教学的环境和条件。在所有这些因素中，最活跃的是教师和学生。教师和学生之间的不同的信息传递方式，构成了种种不同的教学方法。课堂教学中师生信息传递的方式共有三种：（1）单向输出式。教师系统地向学生讲授教材内容。这是最基本的教学方式，体现了教学过程的本质特征，也是构成其他更高级的教学方式的基本因素，任何教学方式中都不可能完全排除这种因素。成功的运用这种教学方式的关键，是教师的讲解要符合学生的认识规律。（2）双向交流式。教师引导学生共同进行教学活动，并把师生从教材中获得的信息相互交流，从交流中增加和增强学生获得知识的量和质。这种方式是较注入式更为高级的

---

① 中共中央马克思恩格斯列宁斯大林著作编译局．马克思恩格斯全集：第1卷［M］．北京：人民出版社，1956：510.

② 夸美纽斯．大教学论［M］．北京：人民教育出版社，1984：12.

形式，由教师的注入和学生的反馈双向构成。(3)多向交流式，又称立体交叉式。教师组织学生进行集体活动，在学生与学生交流、教师与学生交流的过程中，使学生在纵向、横向、逆向的广泛联系之中掌握教材内容。这是较双向交流式更为高级的形式，由单向注入、双向交流和学生与学生之间的交流综合构成。正像美术家用三原色可以表现五光十色的世界、音乐家用七个音阶谱成变化无穷的曲调一样，语文教师利用这三种基本方式的演变和综合，构成了种类繁多、异彩纷呈的教学方法。如果不能从信息传递的基本方式上来把握这些教学方法，就会被繁杂的现象搞得眼花缭乱，无所适从。下面介绍几种常用的阅读教学方法。

1.评点法

平点法又称串讲法、讲授法、讲述法、讲解法、讲析法、讲演法、讲读法、点拨法等。我国古代的评点法始于唐代殷蟠编选的唐诗集《河岳灵英集》，其中有简明精辟的评点。南宋则形成了总批、眉批、夹批及圈点相结合的评点法。明代评点成风，最著名的是归有光的《史记》五色圈点本和李贽(卓吾)的《水浒传》评点本。成就最高的评点家是明末清初的金圣叹(1068—1661)，他原名金采，明亡后改名人瑞，号圣叹。他桀骜不驯，致力学术，专注于古籍评点。他的代表作就是“腰斩水浒”，认为120回的《水浒传》，前71回是杰作，后49回是败笔。用历史唯物主义的眼光来看，后49回写了农民起义找不到出路(要么被镇压下去，要么重建一个封建王朝)的无可奈何的结局，也具有一定的借鉴意义。但远不如留下一个悬念，让人们去思索，去寻找。我国传统评点法的最基本的特点是形象思维，用直觉、会意、顿悟的方法揭示真谛，其形式多是书评合一，评点就是对书文的点解和评串(点者，断也；评者，串也)。明人称赞李贽《水浒传》评点本说：“若无老卓揭出一段精神，则作者和读者千古俱成梦境。”这与西方基于抽象思维的归纳演绎(提出问题、分析问题、得出结论)形成鲜明的对照。现代的评点法是我国古代的文章评点法在阅读教学中的继承和发展，具体方法就是：

(1)点，就是点解，又叫点拨。在读中进行。要点在要害处，并要点破。如《邹忌讽齐王纳谏》中的“邹忌修八尺有余”，要点“修”，是长而美或高而美，如茂林修竹、身材修颀等。蛇也很长，但不叫“修”，因为它不美。电线杆子也很高，也不叫“修”，因为它不美，或者是另外一种美。又如：“妻之美我者，私我也；妾之美我者，畏我也；客之美我者，欲有求于我也。”要点“私”——偏爱；“畏”——畏惧，害怕；“欲”——要满足自己的欲望。总之，对重点词语要重锤敲打，使之溅出火花。

(2)评，就是评串。即句子、段落之间和全篇的评论和关联。要评出韵味来，评出思想感情来；要串起各部分之间的内在联系来，串起文章的阶段性和连贯性来；要评中有串，揭示出文章的主旨和技法来。具体来说，句与句间要评出语脉，使其“通”；语段与语段之间要评出层次，使其“顺”；结构段与结构段之间要评出逻辑，使其显示出内在联系；总评要评出主旨和技法，即中心思想和写作特点。如上文的第一句“邹忌修八尺有余”，写身材高大；第二句“而形貌昳丽”，写容貌美丽。两句总写邹忌是一个美男子。在层次与层次之间，如其妻曰：“君美甚，徐公何能及君也！”妾曰：“徐公何能及君也！”二者的区别是有无“君美甚”。有则是真心的赞美，无则是怯懦的奉承。段与段之间，如第一段：写邹忌与徐公比美。详细描述他由受蒙蔽到了解事实真相的过程，为进谏作铺垫。第二段：写邹忌向齐王进谏。进谏的方式不是直接提出建议，而是用以小喻大的方法，委婉，含蓄，动听，易于使人接受。这种方法就叫作“讽”。第三四段：写齐王虚心纳谏及取得的巨大效果。“三赏”“三变”及“四国来朝”是极言生趣的写法，所以有夸大之词。如“四国来朝”就不符史实，“战胜于朝廷”也属于设想。总评：封建帝王纳谏是为了巩固他们的统治，但在历史上有一定的进步作用。因为他们广开言路，修明政治，客观上有利于社会进步，并能给人民带来某些好处。邹忌委婉而讽的进谏方法，也值得我们在生活中和写作中借鉴。

评点法可以概括为四句话：一般的地方读过，重点的地方讲解，层次段落之间评论，全文讲完后总结。在具体运用中，哪些地方评点，哪些地方不评点，点多点少，评点如何结合等，都要依具体情况而定。点得过少则不透，点得过多则淹没重点，评点结合不好则会把文章讲得支离破碎。教材不同，对象不同，都要有所区别。如文言文一般要点多评少，现代文一般要点少评多，低年级一般要点重于评，高年级一般要评重于点。

(3)评点法的优缺点及适用范围。优点是，能够充分发挥教师的主导作用，保证教学内容的系统性和深刻性，在有限的时间内有计划的完成对众多对象的教学任务，方法也简便易行。缺点是，不易调动学生的主动性和自觉性，不易让学生进行读写练习，不易照顾个性差异。它的优缺点，都是由它的信息传递的单向注入式所决定的。张志公指出，教师一讲到底是“笨的劳而少功的老办法”，备课只备教学内容而不必研究学生，也不必进行教学构思。[①]也有人因此称教师为“教书匠”，即只教书不育人。这些话都是针对它的缺点说的。我们在运用时要扬长避短，注意适应学生的认识规律，利用科学的启迪和艺术的感染启发学生思考，调动学生的积极性和主动性。由于以上的特点，它的适应范

① 张志公.语文教学方法论[M].北京：北京出版社，1995：71.

围也有一定的局限性。就教材来说,适应于内容较深、语言较难的文章,一般文章中的精讲部分,以及其他学生自学能力难以达到的地方。如较难的文言文,鲁迅的一些作品,文章的难点疑点等。就对象来说,年级愈低、自觉性主动性愈弱的学生,适应性就愈差;反之,适应性愈强。因此,初中宜较少采用,高中可较多采用。

特级语文教师蔡澄清创建的“点拨法”是现代评点法的范例。他说:“我们认定‘点拨法’是一种现代化的教学方法,是因为它在总结吸收前人创建的理论与实践的基础上有了新的发展与提高,已经注入了新时代的活水。”①

2.谈话法

谈话法又称提问法、问答法、疑问法、析疑法等。特点是以师生的相互问答为主要方式来组织课堂教学活动。在我国古代教育中,曾有过运用谈话法进行教学的传统。例如《论语》,就教育学的观点来看,就是孔子用谈话法和讨论法教学的实录。该书共记录了117次问答,其中4次孔子问弟子,11次弟子问弟子,102次弟子问孔子。并且正是孔子第一次提出了“启发式”教学,并规定了“不愤不启,不悱不发,举一隅而不以三隅反则不复也”的启发式教学三原则。因此,在后来长期的封建教育中,评点法逐步成为主要的甚至是唯一的教学方法,而且在很多情况下演变成僵死的注入式。直至近代和现代白话文进入语文教材之后,还是沿袭那种注入式的教文言文的方法来教现代文,极大地阻碍了语文教学改革的进程。黎锦熙早就指出:“历来全国中等学校之本国国文成绩殊不见佳,……症结何在?就在讲读教学时,不知道将白话文的教材与文言文的教材分别处理,而只知道笼统的用一种大概相同的教学法。”②打破评点法的一统天下,谈话法和其他教学方法的提倡和运用,是语文教学改革的一大成果。谈话法作为一种有理论指导的规范化的教学实践活动,是从1953年“红领巾教学法”开始,逐步得到推广的。其要点有:

(1)讲究教师提问的艺术

提问要紧紧围绕教材的中心,服从总的教学目标。要具有计划性、目的性、和启发性,能够起到一石激起千层浪的作用,有的在阅读前提问,有的在阅读中提问,有的在阅读后提问。如《威尼斯商人》,教师在讲读前提问:在世界文学名著中有四部是写吝啬鬼形象的。一部是法国喜剧家莫里哀的《悭吝人》,我们在中学阶段学不到,希望大家在课外阅读一下。第二部就是巴尔扎克的《欧也妮·葛朗台》,里边写了个守财奴——葛朗台。第三部就是果戈理的《死魂灵》,里边写了个泼留希金。这两篇我们都已经学过了,同学

① 蔡澄清等.语文教学点拨艺术从谈[M].天津:天津人民出版社,1996:.

② 黎锦熙.黎锦熙论语文教育[M].河南:河南教育出版社,1990:112.

们回忆一下,他们虽然都是吝啬鬼,但是否完全一样?——不是。葛朗台——资产阶级暴发户,泼留希金——腐朽没落的农奴主。今天我们来学习文艺复兴时期英国伟大的戏剧家莎士比亚的代表作之一《威尼斯商人》,看看这篇文章里描写的吝啬鬼又有什么特点。又如《项链》,教师在学生阅读后提问:在现代社会中还有"路瓦栽夫人"式的人物吗?如果没有,说明为什么?如果有,请用具体事例说明当代的"路瓦栽夫人"式的人物有什么新的特点。阅读过程中的提问,可以是提示性的,可以是总结性的,可以是指导性的,可以是发现性的,可以是思考性的,可以是反馈性的等等。总之是要随着思路的发展相机发问。有时似是随便发问,其实也颇具深意。如上海市特级语文教师钱梦龙在教《愚公移山》时,读完"愚公年且九十"一句就问:"老愚公多大岁数了?"有学生随口就答:"九十啦。"然后加以辨析,目的是强调"且"字的释义。即使是随便发问,也要明确意识到是要把学生的思路引到哪里去。如果教师的提问只能在学生的思想中泛起一丝涟漪,甚至石沉大海,就失去了提问的意义。提问的内容要有一定的难度、深度和广度。难度是思维的磨刀石,只有思考有价值的内容才能锻炼思维。问题与问题之间要有一定的逻辑关系,能够反映教材的重点和系统性。

(2)正确评价学生的回答

首先是通过评价要使学生获得规律性的知识。学生的回答一般总是由现象到本质,由片面到全面;语言表达也多是由含混到确切,由模糊到清晰。教师在评价的过程中要引导学生逐步地接近本质,并用确切的语言出来。例如《记念刘和珍君》里说:"我在十八日早晨,才知道上午有群众向执政府请愿的事。"早晨知道上午的事,这符合情理吗?许多学生都能回答:根据鲁迅和学生的关系,学生是会把自己的行动事前告诉他的,所以符合情理。但联系全文才能进一步回答:鲁迅之所以要这样写,是为了驳斥流言——污蔑学生请愿是"受人利用"的阴险论调。其次,教师要有民主态度。评价学生的答案要用商讨的语气,学生如有不同的意见要允许保留;还可让别的同学参与评价,并择善而从。教师采纳了哪个学生的意见,就是对哪个学生的一次鼓励。最后,教师要坚持以表扬为主的原则。只要学生答对了一部分,就要加以肯定;也只能进行中肯的分析和有效的引导,而不能讽刺挖苦。总之,要通过评价使学生的认识得到升华并受到激励,而不能用裁判式的肯定或否定,更不能挫伤学生的积极性。

(3)正确对待学生的提问

对那些有关课文宏旨,对学生运用知识和发展智力有较大价值的关键性问题,首先要对提出者加以表扬,然后引导学生深入钻研。如有学生提出,鲁迅先生的《一件小事》

中说:“我这时突然感到一种异样的感觉,觉得他满身灰尘的后影,刹时高大了,而且愈来愈大,须仰视才见。”物理学和生活实践都证明,观察事物的形象是愈近愈大,愈远愈小,这里违背了科学原理和生活常识。这个问题牵涉到深入理解“我”当时的心情和文章的主题。这里不是眼睛观察,而是用心灵观察。观察到的也不是车夫的形象,而是车夫的灵魂。这在心理学上叫作“意象”。这种描写方法生动地表现了“我”对车夫的崇敬心情,深刻地揭示了自惭形秽的心理。如果提的问题是少数人不懂的枝节问题,教师可三言两语点到为止或指点学生利用工具书自行解决。如果是离题较远或钻牛角尖的问题,要及时引导学生暂时放过或干脆避开。有些问题还可能是教师当场回答不了的,这个时候教师就要老老实实说明,并表示要在查阅资料把问题搞清楚后再作回答。

在学生提问的过程中,要帮助学生理清思路,尽可能把问题叙述清楚。因为准确的叙述有利于梳理问题产生和发展的过程,清楚了这些过程,离问题的解决也就不远了。但在实际教学中,往往有这种情况:一个学生提了一个含混笼统的问题,当教师要他讲清楚时,他讲了一半就停下来说:“啊, 我知道了。”这正如一个人掉了东西,别人提示他:你记得这东西什么时候还在? 从那以后你都到过什么地方? 他就能想到东西大概是掉在什么地方了,或者是已经不可能再找到了。

(4)正确处理面向集体提问和指名回答的关系

一般的提问都要首先面向全体,以引起大家的思想感情活动,经过适当的时间距离然后指名学生回答,使每一个同学都有充分的思想准备,指名学生回答时其他同学仍能保持高度的注意力。心理学实验证明,教师一提问,全班学生的皮电立即升起波峰。如果教师尚未指名回答,所有学生的皮电就一直保持高波峰状态。一旦指名回答,被指定回答的学生皮电呈持续波峰,其他学生的皮电就呈平直下降状态。所以,先叫名后提问的方法是违背生理科学和心理科学的,既缺乏思想感情活动的过程,又不能产生集体效应。当然,从提出问题到指名回答的时间距离也不宜过长,以避免全班学生的皮电长时间处于高波峰状态,因紧张而产生疲劳,或因拖沓而产生厌烦情绪。

在提问方面,学生和教师应该有同等的权利。鲁迅给学生讲《中国小说史略》,讲到《红楼梦》时问学生:“你们爱不爱林黛玉?”许多学生不假思索地随口乱答。一个学生反问:“周先生,你爱不爱?”鲁迅并不以为有失“师道尊严”,平静而爽快地回答:“我不爱。”学生又追问:“为什么?”他毫不迟疑地说:“我嫌她哭哭啼啼。”师生之间的关系融洽无间。

教学实践中经常见到的现象是:平庸的提问引起学生有口无心的随答;高深莫测的提问使学生茫然不知所措;只有能够牵动学生的神经,能够激起学生思想感情浪花的提问，才具有魅力。一连串具有思考价值和激发力量的紧密相连的问题，可以勾勒出一堂轮廓清晰、结构严谨的课堂教学，不断闪耀智慧的火花，不断涌起感情的浪潮，引人深思，令人回味。

3.讨论法

讨论法又称议论法、辩论法、研究法、研讨法、座谈法等，由学生之间的交流与师生之间的交流共同组成。组织课堂讨论要注意三点：

（1）明确目的

讨论前要根据教学目的来确定讨论的内容和形式。讨论的问题要集中，要既有思考价值又有明辨需要。这些问题往往是具有一定的鉴赏意义和评价意义的难点和疑点，并且与现实生活有较密切的关系。讨论可以分组进行，也可以全班进行；可以用整个课时，也可以是教学的某个环节。在讨论的过程中教师要随时点拨。点，就是点明分歧的实质和焦点，使不同的意见和对立的意见明朗化，引导讨论步步深入。拨，就是调整方向，避开岔道，放过枝节，使讨论始终围绕着中心问题进行。要根据主要问题辨明的程度，及时决定讨论的结束或延续。最后评价讨论的结果也要集中在主要问题上。

（2）调动学生的主动性和积极性

这是讨论成功的关键。北京市特级教师宁鸿彬用三不迷信和三个允许的方法调动学生的主动性和积极性，取得了良好的效果。三不迷信是：不迷信古人，不迷信名家，不迷信教师。三个允许是：允许有错误，允许改正，允许保留意见。学生的主动性积极性调动起来了，他们是能够提出很多有价值的问题而且加以辨明的。例如通过讨论，学生们提出了以下看法：《陈涉世家》："陈胜、吴广乃谋曰：'今亡亦死，举大计亦死，死国可乎？'"句中的单引号应去掉。《火刑》："乔尔丹诺·布鲁诺的足迹几乎踏遍了整个欧洲。""足迹"与"踏遍"搭配不当。《虎吼雷鸣马萧萧》："群山上松涛汹涌澎湃，无边无涯。"不符合修辞格"通感"的用法，松涛是声音，不能汹涌澎湃、无边无涯。《古代英雄的石像》："历史并不可靠。"应改为"历史书并不完全可靠"等。

（3）教师要有民主的态度

在讨论中，教师是组织者也是参加者。对争论中的问题，要让各方充分发表意见，不能生硬地下结论。学生的意见如有错误要正确引导，不能把自己的意见强加于人。发现自己有错误或疏漏，要勇于承认和改正。特别是对学生的正确意见要充分肯定，对有创见的看法要充分尊重。《七根火柴》："他的脸色舒展了。"有的学生提出，颜色只有红黄蓝白黑或深浅的不同，没有紧凑和舒展的区别。有的学生说，词典上讲"脸色"有"表情"的意思，所以能“舒展”。教师肯定了后一种意见。但有的学生仍不服，认为表情有气色、气氛等，都是无形的，只能说紧张或舒缓，不能说“舒展”，只有面容才能“舒展”。教师表扬了这些同学的独立钻研精神，并且表示暂不作结论，希望大家继续研究。

运用讨论法要充分注意学生的年龄特征。小学、初中学生尚处于心理开放期，在课堂上勇于发言，不怕失误，教师要在内容和技巧方面引导他们向高层次发展。高中学生进入心理封锁期，在课堂上发言审慎，必须经过深思熟虑，自认为确有把握时才发言。一次失误，会导致以后再不发言，甚至别人的失误也会引以为戒。但同时，封锁性愈强，“秘密”愈多，表现自我和渴求别人理解的愿望愈强烈。他们要借表现自己来显示自我的存在与价值，来建立和调整自我与周围环境中的各个方面之间的关系。所以不是不开放，而是要看对象；不是不表现，而是要看价值。

讨论中要通过学生发言时的声音、表情、动作等，来观察学生的心理活动。如沉默是思考，缄默是不愿发言，声音小是胆怯，速度快是紧张，语言不简练是思考不成熟，声音平淡是积极性不高，望老师是试探，环顾同学是寻求支持，态度平静是胸有成竹，言辞激烈是有论敌，等等。教师要了解和掌握学生的心理活动，及时调整教学策略。

辩论是思想的竞赛，也是说理的竞赛，能有效地培养学生的思辨能力和论述能力。要能够从众多的发言中发掘本质，进行实事求是的、连贯的、清晰的论证，从而捍卫自己的观点，还要能够正确评价别人的发言，准确地找出论证中的错误，抓问题的要害，进行有理有据的、令人信服的驳斥。两方面结合起来，得到彻底的、明确的结论。所以培根说：“会谈使人敏捷。”[①]

4.导读法

导读法又称教读法、自读法、探讨法、探索法、发现法等。顾名思义，导读就是教师指导学生自己阅读，以学生的阅读活动作为课堂教学的主要形式，以培养学生的自读能力为主要目的。基本做法是，教师提出一定的问题和要求，学生自己认读，自己分析，自己综合，互相质疑解难，共同切磋琢磨，回答教师提出的问题，完成指定的作业等。在学生活动的过程中，教师随时指点。

导读法的根本革新意义，正如德国教育学家第斯多惠所说：“拙劣的教师向学生奉送真理，优秀的教师引导学生自己发现真理。”[②]二者的本质区别在于，“奉送”式授以知识本身，“发现”式授以获得知识的方法。所谓“发现真理”，是指让学生自己去探索，并非要学

---

① 培根.培根论说文集[M].水天同译.北京：商务印书馆，1984：72.

②张焕庭.西方资产阶级教育论著选[M].北京：人民教育出版社，1964：357.

生在学习过程中发现人类尚未知晓的事物。美国教育学和心理学家布鲁纳说:“引导学生发现,不仅限于人类尚未知晓的事物;确切地说,它包括用自己的头脑亲自获得知识的一切方法。”[①]即:要培养创造能力,并不是要求学生在课堂上有什么创造。当然,如果能有一点,那是很可贵的。目前许多优秀教师所进行的教学方法改革实验,多属于这种类型。其中最具有代表性的是上海市特级语文教师钱梦龙的“三主四式导读法”和辽宁省特级语文教师魏书生的以语文“知识树”为体系的“六步教学法”。

5.练习法

练习法又称巩固法、总结法、复习法、智力竞赛法等,是导读的一种形式。其特点是,教师指导学生在完成口头作业和书面作业的过程中阅读和理解课文,从中获得知识,并把知识转化为技能和技巧。知识可以传授,能力必须训练。培养学生的听说读写能力,必须进行各项内容和各种形式的训练。

练习法运用了“运动心理学”的原理,使学生在口、耳、眼、手、脑的有规律运动中强化训练效果。叶圣陶先生说:“语文学科不该只用心与眼来学习,须在心与眼之外,加用口与耳才好。”[②]孔子曰:“学而时习之,不亦说乎?”练习课成败的关键是能否调动学生的主动性、积极性,激发学生的兴趣。叶圣陶称赞朱熹说:“朱子注‘学而时习之’道,‘习,鸟数飞也。学之不已,如鸟数飞也’。这个说法极好。”[③]练习在教学过程的任何阶段都可以进行。练习就是练“飞”,预习就是尝试着“飞”,训练就是教师指导着“飞”,历练就是实践着“飞”,复习就是来回往返的“飞”,等等。技能练得纯熟,才能自由翱翔。练习中纠正一种错误,能避免实践中的许多次错误。学生作业中经常出现各种错误,许多教师和家长归咎于“粗心”,其实是由于练习不充分,没有练成纯熟的技能所致。

阅读教学练习的内容主要有朗读、默读、视读、吟诵、背诵、默写、填空、答题、智力竞赛、填表、制图、写短文等。篇章教学的检测阶段、巩固阶段和运用阶段,单元复习和学期复习,都经常采用练习法。考试采用标准化试题以后,更促使了“课堂教学练习法”的发展。

练习法的一般程序为:(1)教师设计练习题,向学生说明练习的内容和方法;(2)指导学生开展练习活动;(3)通过答问等方式了解和收集反馈信息;(4)调节和校正练习活动,保证教学计划的实施;(5)检测评定练习成绩,强化练习效果。而决定成败的关键,是教

①布鲁纳.教育过程[M].邵瑞珍,王承绪,译.北京:文化教育出版社,1982:50.

② 叶圣陶.叶圣陶集:第14卷[M].江苏:江苏教育出版社,1994:14.

③ 叶圣陶.叶圣陶集:第12卷[M].江苏:江苏教育出版社,1994:163.

师设计的练习题。

练习题的设计要做到:(1)体现教学目的,(2)体现知识和能力的体系,(3)本于教材而又有综合性和灵活性,(4)具有创造性和迁移性。练习法是以学生的独立活动为主,但并不排除必要的学生之间的研究讨论,不能脱离教师的指导。

在各种练习方式中,智力竞赛有特殊的意义。它能够创设一种良好的智力发展背景,让学生在竞争中探索新知、克服困难、体验成功。

6.读议讲练法

这种方法是评点法、谈话法、讨论法、导读法、练习法的综合运用。以上各种阅读教学方法分别体现单向输出、双向交流、多向交流三种信息传递的方式及其逆向运用的方式。但在教学实践中,往往不是单独使用哪一种方法,而要根据具体情况,或者以某种方法为主而以其他方法为补充,或者综合使用各种方法共同组织课堂教学。上海育才中学校长段力佩提出的“读读,议议,讲讲,练练”教学法,就是综合运用各种教学方法,把教师、学生的读写讲练结合起来,根据教材和学生的具体情况进行优化组合,以适应各种情境。所以这种方法具有广泛的适应性,是多数教师经常采用的教学方法。读议讲练法的一般程序为:

(1)指导学生阅读。主要用导读法。

(2)组织学生研讨。主要用谈话法和讨论法。

(3)精讲。主要用评点法。

(4)进行口头或书面练习。主要用练习法。

例如《诗经·伐檀》读议讲练法教学设计:(1)指导学生阅读,参照课本注释自读,利用工具书理解字词,了解课文大意,提出疑难问题。(2)组织学生讨论的主要问题(或由教师提出,或从学生的提问中选择):为什么要用重章叠句的形式?(3)教师讲解的重点:三章中不同的字词,揭示课文的中心思想和写作特点。(结合欣赏配乐朗诵)(4)指导学生练习:熟读、背诵、默写。

7.情境教学法

情境教学法又称观察法、欣赏法、电化教学法等。其特点是利用幻灯片、投影、电影、电视、实验室、录音、录像、计算机、演课本剧、CAI课件等方法,创设一定的教学情境,使学生在具体直观的情境中观察、体验、思考、练习,从而掌握教学内容,完成训练任务。

情境教学法最大的优点,是教学方式的科学化和教学内容的情境化。科学化的手段打破了时空限制，能把中外古今的社会现象和天南地北的自然景观生动形象地搬进课堂，使丰富多样的教学内容化为具体直观的情境呈现在学生面前。特别是针对某些想象力难以达到的宏观景象、不易觉察的微观世界、抽象的意念、事物内部的变化形态等教学内容，情境教学具有特殊的优势。例如，到天文馆里讲《宇宙里有些什么》，放映图声并茂的教学录像《醉翁亭记》后教师再作讲解，以《开国大典》的历史记录为背景教学《继续保持艰苦奋斗的作风》，先听《连升三级》的相声录音后再读课文，通过师生同台演出课本剧的方法教学《窦娥冤》等，都会收到令人满意的教学效果。

在现代化的课堂教学中，由教学环境、教学设备、教具等构成的教学手段逐步显得重要起来。在我国古代，教具只有教师手中的一把戒尺，而且也只是为了“警示”和惩罚学生。到了近代，有黑板、粉笔、挂图、实物等静态教具，成了教学的辅助手段。到了现代，幻灯片、投影仪、录音、录像等动态教学设备，成了重要的教学辅助手段。网络课程的开发，使教学过程得到了根本改造。1988 年，英法等国已经开始建立“直播网络系统”教学，法国某些学院的学生可以通过卫星实况转播从电视荧屏上听英国皇家学院的教授们讲课；同样，伦敦某些学院里的学生可以向英吉利海峡彼岸的法国教授们提出问题并进行充分的讨论。1989年11月，美国技术评价联邦办公室宣布，已在全美50个州开播或准备开播“远距离学习”项目。可以预见，由新的教学手段所形成的新的“教育生产力”，将带来新的教育革命。教育活动将最终走出教室并冲破学校的围墙，教育的质量将愈来愈取决于学习者本人的愿望和条件。

运用情境教学法，是实现语文教学现代化的一个重要方面，也给整个语文教学改革带来了新的生机。但其在主客观方面都有较高的要求：学校必须有一定的设备和资料，教师必须有一定的科技知识和操作技能。在条件不完全具备的情况下，要因地制宜，因时制宜，因人制宜。

选择教学方法的主要依据，第一是学生，第二是教材，第三是教师。把学生放在第一位，这从小学、中学、大学的比较中可以看得更清楚。一定年龄特征的学生，只能用适合他们的方式来接受知识和技能。教材内容对教学方法也有很大的制约作用，这是显而易见的。教师应在遵循共同的目标和完成共同的任务的前提下，充分施展自己的绝招，发挥自己的优势，表现出自己的个性和风格来，才会有生动活泼、五彩纷呈的课堂。另外，教学设备等客观条件，对教学方法的选择也有一定的影响。所有这些方法，只有在它们被恰当地选择、恰当地运用，表现出自己的独特功能时，才能构成“最优化”。在一般意义上，不能把任何一种方法奉为“最优化”。在教学实践中，下面两种情景都是常见的。听某些优秀教师上课，很难看清他们在何时、何处以何种方式向学生提出了课堂教学的任务，在何处结束了课堂教学的某一部分，又在何时开始了另一部分。甚至很难分清他们采用的是哪种教学方式和方法。但总的感觉却是给人留下了极好而又极为深刻的印象，其总的特点正是具有深刻的内在逻辑和高度的整体性。他们所采用的方式、方法和手段等，就像是高超的乐器演奏家给观众的印象一样，只觉得乐器就是他身上的一个器官而不是外在之物，他的演奏就是他的思想感情的自然流露，人们只是在体验他的思想感情，而没有注意他的演奏技巧。或者说无暇顾及这一切。有人说这是浑然天成，有人说这叫炉火纯青。相反，有些教师不断地向学生说明：好，现在我们已经完成了××任务，现在让我们用××方法来完成××任务。但实际上他们却常常并不能很好地完成教学任务。有人把这种情况比作那些不成熟的肖像画家，画得不像，就只好用贴标签的方法再加上文字说明：这是×××。它还告诉我们：研究总是分析的，运用总是综合的；研究重在从本质上划清事物之间的界限，运用重在从本质上找到事物之间的联系。

这里有一个"秘密"必须"揭穿"。这就是大家所熟知的王安石的那两句诗："看似寻常最奇崛，成如容易却艰辛。"那些浑然天成的课堂教学显得那样的自然流畅，甚至像是不假思索，其底里却处处蕴含着教师的独到匠心；那种炉火纯青的境界给人们的感受是一目了然、轻松愉快，但其形成的过程不知道凝聚了多少艰辛。一位老教师给大家上示范课，课后受到了众多听课教师的一致称赞。当大家要他谈经验时，他却从教训谈起。他说："在我探索教学规律的过程中，失败的教训比成功的经验多得多。"明乎此，那些"不成熟的肖像画家"大概就知道该怎么办了。

阅读教学中的最大失误，是用教师对语文知识的认识结果代替学生对语文知识的认识过程，用教师语文能力形成的结果代替学生语文能力训练的过程。听一位教师讲《诗经·伐檀》。简洁的导语之后，他用录音机播放了教学唱带《伐檀》。那深沉激越的诗韵使学生沉浸在深思和亢奋的情绪之中，听课者也都满怀希望地期待着一堂颇有新意的教学。然而，接着开始的是冗长乏味的讲解和课文分析。从"我国第一部诗歌总集"到"风雅颂赋比兴"，到这首诗的时代背景，到古时檀木生长在现在的山西，是由于古今气温的变化，现在生长在南方。然后是逐章逐句逐词逐字的讲解，其中如"兮"的读音、"县—悬"等通假字、"餐食飧"的具体区别与古今异义等，几乎达到了训诂学的要求。教师讲得丰富而深刻，比较充分地展示了他对这首诗及有关知识的理解。但学生却陷入了被动的听讲解、做记录、抄板书等毫无兴致的活动中。也有一些"这一章说明什么、那一章说明什么"式的答问，但都是理性认识而不是情感体验。还有一些问题超出了课文本身，是教师的引申和发挥。学生也要跟着教师的“引导”进行揣摩和领会，他们得像猜谜语那样悟出教师希望他们说出什么或不说什么。这样一来，原来听录音时所获得的那一点印象，都被这些讲解和问答搞得支离破碎了。不是教师带着学生走向作品，而是教师带着作品走向学生。学生不是在教师的指导下向作品学习，而是绕过作品向教师学习。作品自身的语言和内容并没有转化为学生的精神素质，学生只记住了教师归纳的思想内容和写作特点，或者再加上引申和发挥的那些零碎知识。大概这就叫“红娘代嫁”或者“二传手代替主攻”。有人打比方说，这好比登山，教师只是向学生讲述他自己登山的感受，并没有带领学生一起登山。这样的教学是锻炼了教师，耽误了学生。其结果是教师水平不低，学生水平不高。

语文教学要走出“红娘代嫁”或“二传手代替主攻”的误区，必须明确：(1)学生学习的对象是什么？从根本上来讲，是作品而不是教师。要通过教学实践使学生懂得，无论哪个教师教，无论用什么方法教，都是为了掌握作品中的知识和能力。(2)学生学习的主要过程是什么？从根本上来讲，是学生的学而不是教师的讲。教师的指导作用是必要的，是教学区别于自学的主要特点，对尚缺乏自学能力或自学能力不足的基础教育阶段的学生来说更为重要。但正确的指导只能保证学生走正确的路，不能代替学生自己走路。登山还得自己爬，游泳还得自己下水。(3)语文学习的主要方式是什么？从主要的方面来讲，是训练而不是传授。因为从根本上来讲，语文是一种工具而不是一门知识，语文教学的主要任务是训练学生使用这种工具，而不是掌握一门知识。知识可以传授，而能力必须训练。正确的理论知识可以指导训练，使训练科学化、标准化，但不能代替训练本身。(4)语文训练的主要内容是什么？就是听说读写。这一点好像没有不同的理解，但在教学实践中仍有问题。诚如许多人并不真正理解在作文教学中教师的指导不能代替学生的写，主要要靠学生写，在阅读教学中教师的讲不能代替学生的读，主要要靠学生自己读。目前强调语文训练的主要内容——听说读写的实际的意义就在于：作文教学要以写为本，以学生的写为本；阅读教学要以读为本，以学生的读为本。

在具体的阅读过程中究竟应该采取哪种形式和哪种方法，要根据阅读的目的、要求和个人的特点来确定。例如陶渊明读书是“好读书不求甚解，每有会意便欣然忘食”，王粲在《英雄纪钞》中也说：“亮（诸葛亮）与徐庶、石广元、孟公威游，三人读书务求精熟，而亮独观其大略。”这就是由他们的个性特点和读书的目的、要求而确定的。“甚解”的意思是字句索解和事理考证，目的是深解以广识；“会意”的意思是进入意境进行艺术欣赏，目的是愉悦以陶情；“精熟”的意思是能够理解和运用，目的是求知以治学；“大略”的意思是掌握主旨和意义，目的在于悟道以致世。

五、阅读教学的模式

（一）教学模式和教学模式研究的意义

1.教学模式的含义

"模式"是什么?《现代汉语词典》的解释是:"某种事物的标准形式或使人可以照着做的标准样式。"《当代西方教学模式》[1]一书指出:"'模式'这个术语是英文Model的汉译名词之一。Model还可译成汉语的'模型''范例''典型''型号''模特儿'等等。"《思维的训练》一书进一步说明:"在我们的词汇中,'模式'大概要算最重要的词。从老祖宗柏拉图开始,所有的西方哲学家都对模式、形式或观点感兴趣。模式包括了意义、识别和相互关系等各个范畴,它不仅是人脑工作的基本方式,而且也是世界本身运动的基本方式。"这就不仅说明了模式的含义和来源,而且表明了它的重要性。

语文教学模式是对语文教学过程的基本特征做出的简要概括。它是依据教学理论概括语文教学过程之后得出的简要"公式"。它是对语文教学过程研究的自然结果,也是推动教学实践的客观需要。它脱胎于语文教学过程,却不同于语文教学过程。它们的区别在于,语文教学过程体现为顺序、阶段、层次、流程,而模式则是过程的简要概括。过程变了,模式必变;模式也可反过来影响语文教学过程,语文教学模式变了,语文教学过程也将随之改变。

2.教学模式研究的意义

要认识教学模式研究的意义,首先要认清教学模式的价值和作用。这主要是"能用来计划课程、选择材料、指导教师行为"。《当代西文教学模式》的编著者则进一步指出:"教学模式是思考课堂教学的一种工具,它用一组精心安排的基本概念,也就是几个主要的变量来解释课堂教学里的活动。"这是从教育方法论的视角,把教学模式看作是思考和解释课堂教学活动的一种工具。以我们的理解,教学模式是教学从一种状态向另一种状态运动的带有必然性的过程,它反映了可以识别的前后相互联结的动态过程。教学模式的确立,不仅为教学所需,也极利于教学研究的展开,研究者可以从中了解师生双方的知识素质、心理素质、思维和语言素质,以及态度、习惯等。我们虽不能说教学模式能够决

①丁证霖等.当代西方教学模式[M]山西:山西教育出版社,1991:6.

②波德诺.思维的训练[M].何道宽,许力生,译.北京:生活·读书·新知三联书店,1987:93.

定师生的所有行动，比如它就不能取代教和学的技巧，但却可以说，在实际的教学进程中，它的作用相当强大，起着支配教学的作用。人们可以依据它去分析和评价教学的组织、实施及其结果。正因为这样，第一线的教师和教育理论界人士很早就注意到了这一问题，逐渐把对它的设计和研究纳入了教学论研究的领域。20世纪70年代以来，美国“在不少大学的教育学院里开设了教学模式论这门必修课程”。

对于语文课程来说，阅读教学有模式，写作教学有模式，口语交际教学有模式，语文知识的教学也有模式。事实上，每位语文教师在施教时，也无不有着这样或那样的模式，区别只在于自觉不自觉而已。如果对它竟无所察觉，那必定是在盲目地工作，而事倍功半了，假如对不良的模式虽有觉察，但因运用习惯了却自我感觉良好，那就更不可取了。

教学模式既然如此重要，那么每位语文教师都有必要研究它，驾驭它。这就比如一位建筑工程师在从事一项工程时，首先要考虑建筑的结构模型，或者说要勾画出一个设计蓝图来，以便按照模型或蓝图建造房屋、道路或桥梁。语文教师一旦形成了自己的可取模式，也就要用它来指导自己的行动。

（二）我国的阅读教学模式

我国的语文独立成科的最初几年，阅读教学还多半因袭旧的模式，及至辛亥革命前后，外国的现代教育思想输入我国，教学模式才随之起了变化，再不是“三味书屋”式的“早读书，正午习字，晚上对课”那么简单了。这里列举几个方案于后，从中可见一斑。

1.三段六步模式

1921年，语言学家、语文教育家黎锦熙设计了理解、练习和发展等三个阶段的教学方案。第一阶段——理解。这又分为两步。第一步是预习，内容包括指示目的，唤起学习的动机，预备的指导和儿童预习。第二步是整理，内容包括儿童问疑，教师试问和儿童发表看法诸项。第二阶段——练习。也分为两步。第一步是比较，可以略授国语文法的要素，并概括课文要旨。第二步为应用，内容是注意读本课文的表达和实质的谈辩。第三阶段——发展。这也分为两步。第一步是创作，除作文外，还要注意语言的艺术。第二步是活用，内容是读书能力和研究兴味的养成。最要紧的是养成儿童到图书馆自由参考的习惯。再进一步便养成儿童对于文学(广义的)鉴赏和批判的能力。

这个方案的最突出之点，在于它发扬了学生积极主动的精神。它鼓励学生预习、问疑、发表看法、应用，特别是创作和活用，都是基于这一精神，这是很可贵的。这是我们掌握到的我国最早的阅读教学模式。这个模式表明，语言学家、语文教育家黎锦熙一改传统的囫囵吞枣式的阅读法，把阅读教学纳入模式化的轨道，给以有秩序有节奏的组织安排。他把学习动机、理解、习惯等心理学概念和问疑、练习、应用等教学论概念，以及语言技术、文学鉴赏等语言学、文学概念引入到阅读教学中来，使这些学科的相关内容融为一体。在这里，黎氏做了开创性的工作，为后人开辟了道路。

2. 四步模式

1925年，作家、语文教育家朱自清提出了如下的阅读教学程序：第一步，令学生报告预习的结果。用联合全班、共同作业、分组参考之方法。譬如参考作者的为一组，参考难字的为一组，参考成语的为一组（后两组中可分段担任）……这样使学生预习；到上课时，便分别报告他们的结果。第二步，令学生分述各段大意及全篇大意。报告参考结果时，报告者即应分段朗读原文，每段为一单位；每段考查结合难字成语等既毕，即令其他学生述说大意。宜详不宜简，简则容易“拆烂污”。再则令他们述全篇大意。如此一边考查一边述大意，待全体考查完毕，再转来研究每段大意，较为经济。（较容易的材料，可不必令学生预习；临时行默读法，令学生分述每段大意及全篇大意。此等文字中，难字、成语等应较少，可由教师讲解。如此可增强学生默读的能力）。第三步，一篇授毕，可与学生研究篇中情思与文笔。此种研究或讨论，必使每一学生均有发言机会；当注意那不愿发言的人，加以督促。即使不能做到每次每人均发言，亦须在两次讲座里，每人均发言一次。这样一方面可使学生注意于所读的文字，一方面也可练习表现和批评的能力。第四步，一篇教完后，可行口问或笔试：口问是问大意及难字、成语等，宜于短篇；笔试用测验式，宜于长篇。

这个阅读教学模式的明显特点是它是启导式的教学。总体上看，这个模式所体现出的基本思想和前一模式并无不同，但其内容结构、层次和方法却有区别。由于现代教学论者无不倡导课堂教学过程应是学生积极主动的学习过程，因此本模式虽设计于70余年前，却不仅要求学生预习、朗读、默读、发言、作业，而且要求作报告，参加讨论、总结。

3. 三步教学模式

1926年，中华国语学会在它的国语从书《中学国语教学法》中，为“分析的阅读”设计了三个步骤：第一个步骤，细看教材，同时用笔画出难解释的地方；第二个步骤，查看费解处；第三个步骤，认清研究所得的内容，用笔写下报告，有的时候要到课堂内用口头报告讨论辩难。

可以看出，这个方案的主旨，也在培养积极主动的自学精神，同时注意到了说和写的教学。但似过于偏重思考，忽视了语文能力的基本训练，这大概有它当时的社会原因。

此外，还有一些学校也设计出了许多各自的模式，比如当时的浙江一师设计的阅读教学模式，就很值得称道。

及至新中国成立，本有望不久就进入语文教学研究的繁荣期，却由于一切都以苏联为师，它的阅读教学模式也就成为我们的模式了。这种情况直到党的十一届三中全会以后才有了转机。随着改革开放步骤的加快，语文教学逐步向纵深推进，语文教学模式也一个接一个地设计出来。作文教学模式姑且不算，仅公布于报刊的阅读教学模式就已不计其数，说是出现了百花争艳的局面，大约不为过分。

4.读、议、练、讲模式

这是上海育才中学提出的，是"文革"后不久提出的被人们称道的影响较广的一种阅读教学模式。

为了发展学生的思维能力和培养他们的自学能力，育才中学摸索总结出"读读、议议、练练、讲讲"的课堂教学模式。"读读"是基础，学生通过"读"，了解教材，发现问题。"议议"是关键，通过"议"，互相补充，共同提高。"练练"是巩固，学生通过"练"，运用和巩固新的知识，同时，练中发现的问题可以再议，以保证课堂上解决问题。"讲讲"贯穿始终，教师要提出阅读要求，指出教材的重点、难点，要随时了解学生的思维状态，引导学生议论，进行点拨、解惑、总结，并指导学生练习。总之，读、议、练、讲，是要在读中了解教学内容，在议中开动脑筋，消化掌握，在讲中豁然开朗，在练中举一反三。它贯穿在整个单元教学中。

5.读、划、批、写模式

同上海育才中学的模式同时盛行于世的，还有北京三十一中的"读、划、批、写"模式。但时隔不久，一批中年优秀教师，纷纷依据自己的理性认识和实际经历，设计出各自的方案，并在较大的区域内实验、推广。如五步教学法、五步三课型反刍式教学法、四步骤教学法、引读法等等。它们各具特点，又有共性。它们是在同样的社会条件、教学环境和语文教学改革的潮流中涌现出来的，它们所体现出的指导思想、思考路径、总体框架，就自然会相同相近，并无质的区别。但在名词的运用、层次的多寡、逻辑的顺序、侧重的角度，以及所作解说等，又多有不同。这也正是它们相互竞争、相互补充的意义所在。

6. 初中语文教学大纲模式

在现行的《义务教育语文课程标准》颁布前,《九年义务教育初级中学语文教学大纲》的"教学内容"部分,虽未标明,却在实质上体现出了阅读教学的模式。它的阅读能力训练,共设18项,前12项是阅读理解的训练,后6项是阅读方法的训练。阅读理解训练的12项,除了最后的文学欣赏一项以外,其余11项都是适用于一般文章的,可分为四个层次:第一个层次(2项:整体感知课文的大概内容,感受课文的语言所表达的思想感情),是对文章整体的初步感知和感受,是阅读理解的基础;第二个层次(3项:借助工具书理解词语在上下文中的含义和作用,从课文中找出感受最深的句子或段落,抓住一段文字的中心找出关键性语句),是对词、语、句、段的进一步感受和揣摩,是阅读理解的深入;第三个层次(4项:看出课文各个部分之间的联系,大体了解课文的思路和中心思想,根据不同表达方式和体裁的特点阅读课文,从课文的内容中体会作者的态度或观点,就课文的内容、语言、写法提出自己的看法或疑问),是对文章整体的理解、把握,是阅读理解的完成;第四个层次(2项:体会课文中一些句子的深层含义,欣赏课文中优美、精辟的语句),又回到语言上,即在整体理解的基础上回过头来再深入体会和欣赏文章中某些具有深层含义或特别优美、精辟的语句。

"大纲"的上述内容,清楚地显示出它所表明的是一篇阅读文章的完整过程,也是阅读教学所应遵循的思路,当然也是阅读能力训练的步骤。这样来设计阅读能力训练内容,就不但提示了"训练项目",而且比较清晰地勾画出了阅读能力构成的因素及其内在联系,对改进阅读教学会有启示作用。"大纲"在"阅读训练"部分提示这样一个模式,其意显然在给阅读教学实践以规范,使教师意识到阅读教学过程的有序性和关联性。同时又未指明这就是一个"模式",其意在给教师以灵活运用的余地,避免定型化。在我们看来,这种表达方式是可取的。

(三)外国教学模式

在欧美,具有划时代意义的教学模式的提出,最早始于17世纪的捷克教育家夸美纽斯的《大教学论》,它提出了教学要从直观的感性开始,要以理解的练习结束。这虽然只是关于教学模式的极简单的表述,但可以认定为关于近代教学模式思想的萌芽。18世纪的德国教育学家赫尔巴特提出的明了(指明确要讲授的新知识)、联想(指把新旧知识联系起来)、系统(指教师作出概括的结论)、方法(指把所学知识运用于实际)等四阶段教学模式,曾影响欧美的普通教育和教学几乎近百年,后又传入日本,并从日本传入我国,对我国的各科教学产生了广泛影响,时至今日仍不难看到它的痕迹。

及至20世纪20年代末,即五四运动前后,随着美国教育家杜威来华讲学,设计教学法、自学辅导法也输入我国,在语文课程中,设计教学单元、自学辅导模式也随之被采用,乃至兴盛起来。其中,影响较大的是莫礼生设计的单元教学法。

1.单元教学法

美国大学教授莫礼生把教学程序分为五步:第一步——试探。了解已知和未知,用发问、讨论、测验、谈话方式,引起兴趣。第二步——提示。采用"作业指定单",包括学习目的、中心问题、参考资料、学习方法等,由此做一个鸟瞰,作为研究的准备。学生发问,"提示测验"。第三步——自学。在教师指导下,学生自行研究,阅读课文,搜集资料,做笔记。第四步——组织。把所得组织成系统,列成提纲,得出合理的结论。第五步——复讲。一学生口头复讲,其他学生作文字报告。

这是20世纪20年代盛行于美国的阅读教学模式之一。它输入我国后,主要是南方的一些学校曾经试用过,对我国的教学特别是语文课程的阅读教学有过相当的影响。它的主要特点有二:一是把学生当作学习的主体,贯彻教师辅导学生自学的原则;二是重视学习的彻底性,对知识务求领悟,对技能务求熟练。这在今天仍然是值得称道的。

2.四级阅读法

美国教育学家史密斯设计的阅读教学模式,将阅读水平分为层次分明的四级。

第一级阅读水平:认知性阅读,它体现为能够认识课文的字、词和通读全文,能够复述大意,能够照课文注释回答问题。这是一种复述型的阅读层次,它只需获得课文的大概印象和进行字面上的了解。

第二级阅读水平:理解性阅读。这又称作阐释性、说明性阅读。教师引导学生解释词语、分析段落、揭示主题,是理解的指导;引导学生寻求作家的思想和风格、联系作品的社会文化背景,也是理解的指导;教给学生语言规则、介绍文学知识,是在理解性水平上进行指导。指导的途径,包括分析、综合、抽象、概括和比较等,以达到阐释和说明的目的。理解性阅读水平是阅读水平的基本标志,是阅读教学必须达到的目标。这一阅读教学阶段通常要占全过程的大部分时间。

第三级阅读水平:评价性阅读。也称作批评性或鉴赏性阅读。评价(包括批判)的内容有,课文的内容和价值、课文的表达技巧和风格、课文的社会作用和时代意义、作者的观点和情感倾向,以及写作的环境背景等。这个阶段的阅读教学看重的不是阅读的客体

——作品和作家，而是阅读的主体，是学生自己的观点和认识，它是在理解的基础上，要求表达出个人的见解。在理解阶段，是要学生钻进课文之内，不管理解如何深透，都是居于读者的地位，而在评价阶段，则是要学生跳出课文之外，以批评者的身份出现。

第四级阅读水平：创造性阅读。这也称作扩展性、延伸性或发现性阅读。这种阅读的标志是能够离开课文提出新问题、发表新见解或做出新答案。这种阅读因为已经离开了课文原文，是“超越所获得的信息”的阅读。它不再只把学生看作读者，也不再看作评论者，而是进而看作作者。

这个模式的设计者基于语言和思维不可分，训练了思维也就训练了语言这一认识，依据思维心理学和批判的阅读理论，把阅读教学过程划分为四级水平。这是从社会信息多样化的现实出发的，其最基本的着眼点在于培养学生的思维技能，特别是创造性的评价和鉴赏技能。这也是它最引人注目的地方。也因此，近十几年来，国内的许多有关阅读教学的论文尤其是语文教育学的编著中，分别从阅读目标、阅读种类、阅读过程以及阅读方法等角度引用和阐释这一阅读理论的模式，表明了它的影响程度。

在新中国成立后的20世纪50年代和60年代初期，苏联的教育制度特别是教学理论和经验，对我国的教学影响之广之深，远非欧美和日本可比。这里只简述它的教学模式及其对我国的影响。

3.课堂五环节

苏联的教育家凯洛夫确定的课堂教学结构，由五个前后关联的环节组成。第一个环节是组织教学，第二个环节是复习旧课，第三个环节是讲授新课，第四个环节是巩固新课，第五个环节是布置作业。

这个模式在新旧知识的联结方面，在理解和技能的结合方面，本也有其长处，但由于不分学科、不分年龄、不分场合地照搬，结果导致雷同化和僵化，成了束缚教学的一种框框。

4.三阶段教式

这个模式系由三个阶段构成。其第一阶段是所谓起始阶段，内容是除了教学生认识新的字词外，主要是由教师介绍作者和时代背景，以为学习作品的准备。第二阶段是阅读分析阶段，主要是阅读全文，分析作品中的人物形象和故事情节，把握课文变化发展过程。第三阶段即结束阶段，是在前阶段的基础上，归结出作品的主题并总结出作品的写作特点。

这个模式至少表明了三点:第一,它是文学课文的阅读教学模式,基本上不适合说明文和议论文的教学;第二,它是较为偏向知识教育的,未予技能训练以足够注意;第三,在方法上偏重分析和概括,而少吟咏和感悟。

这个模式对我国语文教学影响的程度不亚于凯洛夫"课堂五环节"的影响。前者影响的是一节课的实施,后者影响的是一篇课文的教学。我们曾经异常重视作家作品知识、重视分析和概括,主要是受了它的影响,而且至今仍可看到它的影子。

日本的阅读教学模式也值得做一简介。一则可以表明对教学模式的重视具有国际的广泛性;再则表明它既接受了欧美的语文教学思想和经验,也受到了汉字汉语教学传统的影响,比如特别重视学生的自我阅读和领悟就是。

在日本的现代教育史上,关于国语阅读教学模式的设计和研究,是国语教育研究课题中的重要课题之一。介绍和研究它们,对我们有着直接的意义。

日本的著名学者和众多的语文教育研究团体设计的阅读教学模式可谓不计其数,其中有较大影响者也非少数。

5. 七段教式

根据日本国语教育史的记载,日本现代国语教育界早期的著名学者当首推芦田惠之助。这位先驱者早在20世纪20年代提出七段阅读教学模式,被史家称作芦田教式。它是由初读→书写→谈话→精读→书写→品读→复读等七步构成的。从实质上说,这个模式初步反映了语文教育过程的复杂性质和动态性质。这在日本国语教育史上是一大进步,对日本国语教育的广泛影响几乎持续到"二战"之前。

6. 整体阅读法

在时间上稍后于芦田教式的,是另一权威国语教育学者垣内松三的五段模式。

这是个在内容和步骤上都易于芦田教式的模式。它来源于20世纪初期兴起于欧洲的解释学理论。这个理论是建立在理解、阐释、运用三个环节的基础上的。它主张从整体到部分、再从部分到整体地阅读。这个模式显示了以解释学为理论依据的教学模式的萌芽,对日本后来的阅读教学模式的设计有着较深远的影响。著名的光村图书出版社编写出版的《中等新国语》教科书就采用了这个模式。不过也有些学者认为这是一种静态的理解法,它能否起到垣内氏所倡导的培养"国语学力"的作用,是值得怀疑的。

7.三读法

同样源于解释学的阅读教学模式，有战后初期由著名国语教育学者石山修平设计的通读→精读→品读的三层次教学模式。石山氏首先出版了《教育的解释学》一书，批判了以训诂注释为主的“语学主义”，表明了“文艺主义”的鉴赏作品的立场。它的通读到精读再到品读的被称作“三读法”的阅读教学模式，就依据解释学的理论。与这个模式同时盛行的还有更为著名的儿童学家、国语教育学者西尾实的由直读→解释→议论三层次构成一体的模式。它要求在作品的把握上注意整体和局部的关系，使学生的阅读成为合理的逻辑过程。

（四）阅读教学模式的运用与创新

1.阅读教学模式的运用

说到教学模式的运用，人们常会提出教学模式会不会束缚教学的问题。回答是会的，而且是必要的。这是因为，任何事物既有解放的作用，又有束缚的作用，而这两种作用都是需要的。一方面，事物的解放作用可使事物的运作富有秩序，符合规律；另一方面，事物的束缚作用，可避免盲目性，防止破坏。这好比走路，必须遵守交通规则，这是束缚；按规则走才会顺利、安全，这是解放。在教学领域，教师的责任就是有效地运用它们。

2.阅读教学模式的创新

任何教学模式对每一位教师都只有提示性，而不具有规定性。同时，任何教学模式都不是固定的而是变化的。教学模式一旦固定化，其束缚教学的作用就会随之增大。可以说，从来都不存在唯一的最佳教学模式。一般说来，一位教师或者处于如下三种状态中的一种状态，或者由第一种状态经过第二种状态最后达第三种状态。

第一种状态为机械模仿。这类教师多半是刚刚参加教学工作，既无数学经验，又缺少相应的理性认识，于是只能效仿他人，机械重复多而显著成效少。

第二种状态是能结合自己的经验，有一定创意地运用通行的教学模式。这类教师已有相当丰富的教学体验，并有一定的理论知识，能够结合自己的经验运用常见的阅读教学模式。

第三种状态是研究模式、创新模式。这是既有丰富的教学经验又有理论修养的教师才能做到的，也是每位有志于成为学者型教师的努力目标。

阅读教学模式的创新是开放型的、发展型的，但并不就是完全有别于已有模式的东西，而多半是对已有模式的转换、调整和创造。

每位教师都应该成为教学模式的驾驭者乃至创造者，这是重要而又必须的。

第二节　阅读教学的基本路径

“路径”有两层含义：一指道路（如何到达目的地）；二指做事的诀窍，找到解决问题的途径，与“门路”“门道”“门径”“路数”“线路”等同义。

“教学的路径”包含教学目标、教学内容及组织、教学方式和相应的教学法等。阅读教学的路径描述了如何建立学生与“这一篇”课文的链接点和链接通道。

阅读教学，基于学生的“学”。从学生阅读能力的现状和发展看，在班级授课制的教学情境中，阅读教学的基本路径有以下三条。三条路径，殊途而同归。

学生们 ⟶ “这一篇”课文 { 唤起、补充学生的生活经验 / 指导学生形成新的阅读方法 / 组织学生交流和分享语文经验 } 理解和感受

一、唤起、补充学生的生活经验

对一篇课文，学生之所以理解不了、感受不到、欣赏不着，原因之一是他们在生活经验及知识上存在不足。他们或者缺乏必要的生活经验及百科知识，或者受制于自身的生活经验及百科知识而陷入“我向思维”（指“自我中心”的思维倾向），或者没能将生活经验及百科知识与阅读这一篇课文发生真切的关联。上述种种状况往往交织在一起。

这里先看一个课例。《童年的馒头》（聂作平）第二段是这样交代背景的：

如今的幸福生活使我欣慰，不过有时心底也会泛起一缕儿时的苦涩。

那时候，娘拉扯着我和妹妹，家里穷得叮当响。我在五里外的村小上学，六岁的妹妹在家烧锅做饭，背着那个比她还高半截的竹篓打猪草，娘起早摸黑挣工分，日子清贫得像一串串干枯的空笼花。

这里有好几个词语，学生理解时可能会有问题，尤其是对城市里的学生而言。这几个词就是打猪草、空笼花、工分。

在那堂课中，就有小学生举手提问："老师，'工分'是什么意思？"马上有位同学自告奋勇："我知道，'工分'就是钱很少的意思。我爸爸妈妈挣工资，是'元'，10元、100元。他妈妈挣得很少，只是几分钱。"

不了解"工分"，也就不能明了"那时候"的具体所指，因而难以理解课文所记叙的事情。

"六一"儿童节学校每人发三个馒头，"我"信誓旦旦"妹妹一个，娘一个，我一个"。但在放学回家的路上，却自己独吞，吃得"连馒头屑也没一星了"。

"怎么看这件事？"老师提问，学生纷纷评价："这孩子贪吃！""不诚实！说话不算数！"

学生的发言告诉我们，他们不但不了解"那时候"这个大语境，也没明白"我在五里外的村上小学"这个小语境。这堂课是在上海听的，或许有的小朋友算得很快：五里等于两公里半，不到出租车起步价，好近哦。

不知"那时候"，不知五里羊肠小道的漫长，就无从体认"我"在吃那两个馒头时的激烈的思想斗争；对妈妈为什么要在这一天倾全家的白面，蒸"五个白中带黄的大馒头"，也会莫名其妙。

理解不了，也就感受不到，更别说欣赏。这篇散文的种种笔法，必被视而不见，"日子清贫得像一串串干枯的空笼花"，这个刻意的认知性比喻，注定完全失效。

《竹影》(丰子恺)的第二段主要是写景。

天空好像一盏乏了油的灯，红光渐渐地减弱，我把眼睛守定西天看了一会儿，看见那光一跳一跳地沉下去，非常微细，但又非常迅速而不可挽救。正在看得出神，似觉眼梢头另有一种微光，渐渐地在那里强起来。回头一看，原来月亮已在东天的竹叶中间放出她的清光。院子里的光景已由暖色变成寒色，由长音阶(大音阶)变成短音阶(小音阶)了。门口一个黑影出现，好像一只立起的青蛙，向我们跳将过来。来的是弟弟的同学华明。

"由暖色变成寒色，由长音阶(大音阶)变成短音阶(小音阶)"，这个独具丰子恺特色的比喻，显然是刻意而为之。它是这一段的点睛之笔：一处日常的景色，平添艺术的情调；又与后面的"画竹影"遥相呼应，成为课文前后两部分的纽带。

然而，这个比喻，对大部分人来说，很可能视若无睹、听而不闻。

于是，学生就需要教师的引导和帮助。

这有好多种办法。寻常的办法，是语文教师做"背景介绍"或"知识介绍"。比如"工分"，往往要借助实物、图片等媒介，尤其是多媒体。比如，让学生看一看"暖色"，看一看"寒色"，想象"由暖色变成寒色"；给学生听一听"长音阶"，听一听"短音阶"，再听一听"由长音阶变成短音阶"，在想象中把音乐声转化为画面色彩。

阅读教学中的“背景介绍”“实物展示”“互动体验”“多媒体课件”以及一些“拓展性资源”的运用，主要目的就是唤起、补充学生的生活经验。[1]（从这里可以看出“背景介绍”“实物展示”“互动体验”“多媒体课件”以及一些“拓展性资源”的运用准则，凡能唤起、补充学生的生活经验，促进学生对课文的理解和感受，就是妥当的，反之则不妥当。）

学生的生活经验不足及对所学科目知识储备的不足，在中小学其他科目中也是常态，因此上述种种办法，在其他科目的教学中也常用。阅读教学的特殊性在于语文教师的“语文意识”。

换言之，语文教师往往不满足就事论事地解决课文的这一处，而是将这一处的解决放置在阅读方法、阅读策略的背景中。借助于这一处的解决，或明或暗地让学生领略阅读方法、阅读策略。

比如上面的例子，仅仅介绍“工分”指什么，这恐怕不够。语文教师应该从这里看出学生阅读的问题来，并有针对性地加以引导和帮助：精读课文，遇到陌生的名词，应该查词典或请教别人。在阅读课文的时候，遇到名词，不能望文生义，也不能用在语境中推测词义的办法。

或者还可往上延伸：用一个标志性的事物，落实“那时候”的虚指是一种有意味的笔法，而标志性的名词构成文本的语境。

上面两例中，“空笼花”“长音阶变成短音阶”均涉及认知性比喻。

由此可以看出，对认知性比喻的喻体缺乏感知，会造成理解、感受的困难。因此，教师有必要指导学生，尤其在诗歌、散文阅读方面，越陌生的认知性比喻就越需要关注，必要时可借助实物、图片等辅助学生理解、感受。

二、指导学生形成新的阅读方法

对课文理解不了、感受不到、欣赏不着，主要是由于语文经验不足，即学生没能掌握与特定文本相呼应的阅读方法。用心理学的术语来讲，是缺乏相应的图式。

正如语文教师常说的，“要教会学生如何阅读”，“授人以鱼，不如授人以渔”。培养学生的阅读能力，指导学生学习新的阅读方法，这是阅读教学的主要路径。

下面看一个例子。

《读〈伊索寓言〉》①

董承理

一、问题情境

“这篇文章是讲什么的？作者写这篇文章的目的是什么？”

学生对课文的初步理解产生了分歧，“一种意见认为本文是批评某些社会现象的，另一种意见认为本文是谈用寓言教育孩子的，还有一种意见认为课文是用来纠正寓言的幼稚和简单的。”

二、介绍知识

很多时候，仅仅有横读是不够的，还需要竖着读，就是按照前后顺序，把文章的话题一个一个地串起来，连成有机的整体，这就是全文的思路。

三、尝试运用

(1)现在，我请一位同学来谈谈这篇文章有哪些话题，是怎样串起来的。

(2)我们看看，作者“纠正”了9个寓言的浅薄，它们有什么共同点吗？

(3)从这三则寓言来看，我们大致可以获得这样的印象：寓言故事和作者所说的社会现象根本是两回事。作者“纠正”这些寓言，目的何在？

四、进阶入门

(1)这篇文章是从哪里选出来的？你们猜猜看，《写在人生的边上》这本书是讲什么的？

(2)《写在人生的边上》这本集子的大环境应该能够帮助我们准确判断《读〈伊索寓言〉》是讲什么的。

五、提炼小结

“现在，我请同学们总结一下这节课所学的检测方法。”

“看文章的思路”“看话题是怎样发展的，把它们连成一个整体”“靠近文章，仔细阅读原文，品尝原文的语言，分析作者的写作意图”“再拉开距离，看作者的写作背景，看文集里其他文章的相关内容，看文章的环境”。

三、组织学生交流和分享语文经验

有一些课文离学生的语文经验较近，与学生已形成的或应该具有的阅读方法较为合

①王荣生，郑桂华．语文教育研究大系(1978—2005)：中学教学卷[M]．上海：上海教育出版社，2007：127-132.

拍。用心理学的术语来讲,即学生具备可以利用的相应阅读图式,学生在学习该课时只需要将图式精细化,或对图式做具体化的微调。

用这样的课文组织学生交流和分享语文经验,是一条较好的路径。

在班级授课制中,学生是学习的共同体。学生既是学习者,也是重要的教学资源。在交流和分享中,同学们相互触发,教师择机点拨,学生往往能获得新的语文经验,加深对课文的理解和感受。

下面我们来看郭初阳老师执教的一个课例。

你
一会看我
一会看云

我觉得
你看我时很远
你看云时很近

这是顾城的一首诗——《远和近》,是教师发给小学六年级学生的阅读材料,没有标题。学生课前没有预习。这节课的教学环节包括以下三部分:

一、请学生读几遍,尽快背下来

学生自己读、自己背,然后老师请一组学生一个一个背,即其他学生听了五六回,或许也默默地背诵了五六遍。

【专家评议:朗读是诗歌的阅读方式,也是理解诗歌的过程,人们在朗读中不断丰富诗意的感受。这首短诗看起来平易,能读易记,是其体式的特点。诗歌教学往往要在学生能读会背的基础上进行。】

二、请学生依据课文画一个几何图形

学生们不甚理解,老师在巡视时,发现一位同学画的是三角形,就请他画在黑板上并向其他同学解释。该学生说道:"为什么是三角形呢?因为这首诗说到三个事物:你、我、云。为什么'我'与'你'这条底线画得这么短呢?因为'我'与'你'挨得很近。怎么知道两人挨得近呢?从诗里看出来的:'你'的一举一动、每个表情神态,'我'都能清晰地感觉到,说明他们挨得很近。""那么'云'呢?这条线该画多长?"老师问。"应该冲破教室的屋顶!"有几个同学在下面议论。

【专家评议:学生画的三角形实际上是对这首诗的字面意思和语义结构的理解。教师通过这种方式,促使学生把文字转化为形象。】

三、请学生给这首诗拟一个最有创意的标题

分小组讨论,每个组派代表把各自的标题写在黑板上,同组同学解释为什么是这个标题。共九组九个标题,其中,两组拟的是"距离":有一组学生看来对诗的标题的感觉不对,拟了一个很长的题"看起来很近其实很遥远",也是距离的意思;其他组的标题分别是"障碍""自然""优美"等。

先讨论"距离",黑板上的三角形是物理的距离,而诗中表现的是"心灵的距离"——"我觉得"这三个似乎很平常的字,学生读出了诗的意味。

再讨论"障碍",一女生起来就说:"这两个人有问题哎!"老师追问:"是两个什么人?男生还是女生?"学生很肯定:"一个男生,一个女生。"老师又问:"'我'是男生还是女生?"学生同样很肯定:"男生!""是个什么样的男生?"学生七嘴八舌地说:"内向""敏感"……学生们读出了诗歌抒情主人公的形象。

接着讨论"自然"。有一组学生表达了两层意思:第一,"这首诗写得很自然",也就是对诗的形式感的把握。第二,"这首诗是在大自然里写成的"。可以静静地看云而不被打扰,那一定是一个幽静的、风景优美的地方。他们推测作者是在写实、是当场创作的。这固然因为学生对写诗的经验不足,但歪打正着,读出了这首诗的背景。

最后讨论"优美",理由也是两个:第一,"这首诗很优美",看起来是对诗歌节奏的语感;第二,"这首诗的意境很优美"。

教师在讨论中择机谈论自己的阅读感受,出示顾城的图片,介绍评论家对顾城诗歌的赞赏。

【专家评议:这是一首"朦胧诗"。朦胧诗的阅读,重心是打开诗歌丰富的内涵。学生分组拟标题,就有可能打开这首诗的种种侧面,揭示出诗歌的意义和意味。尽管由于学生人生经验和语文经验的不足,这首诗所蕴含的一些意味,他们目前无法感知,比如这首诗的哲理,它与卞之琳《断章》的互文,六行大白话何以产生诗的意味甚至成为诗歌中的精品,等等。但是,由于诗歌多元理解的空间较大,学生们依据自己的经验,在交流和分享中,能够读出他们能读出的东西来,甚至读出了成年读者读不出来的味道——笔者曾经多次问语文教师,他们的直觉"我"是一个男生,这就是阅读视野的差异。总之,通过郭老师精心组织的"拟标题"活动,学生们对这首诗的理解和感受,加深了、丰厚了,也或多或少地学到了如何阅读诗歌。】

上面阐述了阅读教学的三条基本路径。需要说明的是，在研究中，三条路径泾渭分明，但在具体的教学中，路径之间有贯通、有交叉。

对语文教师来说，重要的是要清晰地把握一篇课文教学的主要路径。一篇课文的教学，应根据学生的学情，依赖其中一条作为主要路径，并择机采用其他的路径。

第三节　阅读教学的其他路径

上述三条路径，基于学生阅读能力的现状和发展，所以是阅读教学的基本路径。然而，由于文本体式的多样、阅读类型的不同，以及与语文学习诸种领域的关联，基本路径未必能涵盖阅读教学的所有状况，因此，我们需要从不同角度对阅读教学加以观照。

这些观照，或者是对基本路径的细致化，或者指示出别样的路径。在一些情况下，上面所强调的阅读教学的原则，也会出现例外，因而需要进行有条件的修正。

一、文学鉴赏教学的路径

从语文教师的指导行为看，"文学鉴赏教学"有三种：引学生欣赏、带学生欣赏、教学生欣赏。

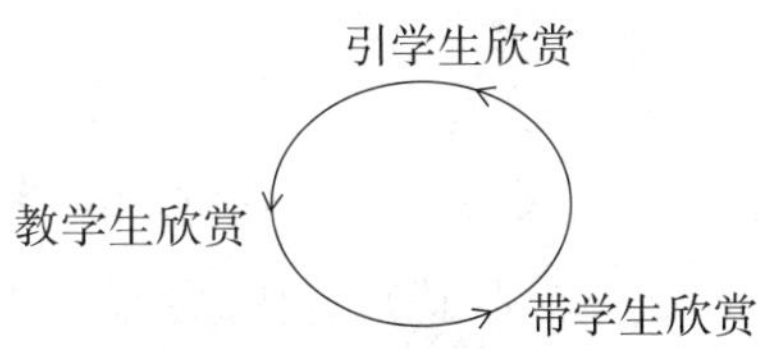

（一）引学生欣赏

李广田曾这样定义文学欣赏："喜欢读并且读了以后觉得喜欢。"[①]然而，喜欢去读的前提是要愿意去读。教科书中的课文、推荐的课外读物，有些是优秀作品、是经典，但学生或许不喜欢、不愿读，经常浅尝辄止，味同嚼蜡，不觉其好，甚至对其感到厌恶。事实上，越是经典的作品，可能离学生的生活经验、语文经验越远，学生或许越不会主动去阅

① 李广田.谈文艺欣赏[M].中国现代作家选集.北京：人民文学出版社，1984：229.

读，也越不能自然而然地喜欢。最显著的例子，就是鲁迅的一些作品。这就需要语文教师想办法，让学生感觉到作品的好，从而愿意与好作品亲近。

"引学生欣赏"，语文教师似乎是站在作品后面，他的任务是"引起"，用种种办法，引领学生自愿地"走近文本""走近经典"。

这种种办法，归根结底是迂回的办法。教师要用学生愿意的、喜欢的方式，让他们进入作品，尽管这些方式似乎是"非文学"的。或者可以这样说，学生进入作品时所采用的阅读方法，不是这一作品通常的阅读方法。然而，在进入作品的过程中，学生能够获得一些文学阅读的经验，或多或少也能够感受到文学的魅力。

比如《鲁滨孙漂流记》，有老师布置学生做"小课题研究"，研究该岛的气候、地貌、动物、植物、食物等。学生们很有兴趣，他们借助网络等资源来验证小说中的相关描述，结果很有意思，有不少同学感叹："作家真是厉害，小说中所写的，与这座岛的真实情况竟然一一吻合！"换句话说，他们对小说家的文学创作、对文学作品的虚构，有了真切的理解。

我们再看一个《天山景物记》的课例。

教师创设了一个奇妙的教学氛围，师生按照课文描绘的游踪，去游览天山奇丽的景物。教师设计了一个奇妙的教学手段，让学生选择自己喜欢的景物片段撰写对联，大家在一起做一番"文人旅游"。于是，生动活泼的场景出现了，同学们吟联评对，热闹得很。……一节课上完，同学们吟出了好多副对联。且不说场面之热烈、群情之激奋，仅从对联的提炼看，就可以想象同学们是如何深深地进入课文，咀嚼和领略课文意境的。

（二）带学生欣赏

"带学生欣赏"的"带"，准确的含义，应该在"带领"和"代替"之间。语文教师似乎站在学生与作品的中间，学生透过老师的眼睛来看作品：原来他们看不到的地方，借助于老师的眼睛，或许也看到了；原来他们感受不到的东西，受老师的感染，或许也有感受了。在"也看到""也有感受"的同时，他们或许也多多少少能领悟一些阅读方法、文学鉴赏的方法。

"引学生欣赏"，适用于学生难以进入的作品。"带学生欣赏"，主要适用于这样一种情况，即学生虽然能读作品，但却难以读出它的好处来。"带学生欣赏"也有种种办法，其中之一是范读。下面来看一个课例。

有位老师在上《卖火柴的小女孩》时，开始范读，入情入景，学生感动得热泪盈眶。随后，她指导学生朗读，学生反复朗读了几遍课文。老师问学生，还需要讲吗？学生齐答：

我们懂了，不需要讲了。

我国传统的评点，其作用往往也是“带读者欣赏”。这从以下的例子可以看出。

①《国风》云：“爱而不见，搔首踟蹰。”“瞻望弗及，伫立以泣。”其词婉，其意微，不迫不露。此其所以可贵也。（张戒）

②写武松打虎纯是精细，写李逵杀虎纯是大胆，如虎未归洞，钻入洞内，虎在洞外，赶出洞来，都是武松不肯做之事。（金圣叹）

③为什么作者只用“红的绿的”和“满是头”把演员和观众一笔带过呢？原来作者跑进戏园的当时，最先引起他注意的是几个红的绿的，而且仅仅是几个红的绿的，也不辨他们是什么角色，扮演的是剧中的什么人物，只觉得红的绿的这么一闪烁罢了。他依据当时的感觉写下来，就是“几个红的绿的在我的眼前一闪烁”。接着引起他注意的是许多头，而且仅仅是许多头，也不辨他们是何等样人，作何等的神态，穿何等的服装，只觉得他们挤满了台下罢了。他依据当时的感觉写下来，就是“便又看见戏台下满是头”。（叶圣陶说鲁迅的《社戏》第三段中的：“我们挨进门，几个红的绿的在我的眼前一闪烁，便又看见戏台下满是许多头……）

④“剩”是余下的意思。有一种说不出来的孤寂无聊之感，仿佛被世界所遗弃，孑然地存在着了。而且连四叔何时离去，也都未觉察，可见四叔既不以鲁迅为意，鲁迅对四叔也并不挽留，确实是不投机的了。四叔似乎已经走了一会儿，鲁迅方发现只有自己一个人剩在那里。这不是鲁迅的世界，鲁迅只有走。（汪曾祺说鲁迅《祝福》中“我”与“四叔”见面时的一段文字：“……但是，谈话总是不投机的了，于是不多久，我便一个人剩在书房里。”）

从点评到讲解，只有一步之遥。“带学生欣赏”，极端的情况是“代学生欣赏”。在作品明显高于学生的语文经验，语文教师又确有真知灼见的情况下，讲解甚至“一讲到底”，有时也能起到好的效果。比如黄玉峰老师执教的《世间最美的坟墓》，[①]就几乎一讲到底。

“带学生欣赏”，与其说是学生在阅读、在欣赏，不如说是教师在阅读、在欣赏。因此容易出现“带”不动学生，最终演变为语文教师自顾自讲，“代替”了学生的阅读。从这里可以看出，语文教师的“讲”和“问”，也是有准则的：语文教师的“讲”，要引发学生更好地理解、感受课文；语文教师的“问”，要促使学生思考、探究课文的意思或意味。

①郑桂华，王荣生．语文教育研究大系（1978—2005）：中学教学卷［M］．上海：上海教育出版社，2007：192-197.

（三）教学生欣赏

教学生欣赏，语文教师似乎站在学生的边上，像教练一样，指点学生应该注意作品的这个地方，应该这样阅读，应该读出这些东西来。

教学生欣赏，是指导学生形成新的阅读方法的基本路径。在文学阅读教学中，教学生欣赏是指导学生形成诗歌、小说、戏剧等文学作品的阅读方法，使学生自觉地形成文学鉴赏的“眼力”，以期获得对作品更高的理解和更深的感悟。

二、选文功能及相应的路径

选文的功能，是指一篇课文在语文教材和语文教学中派什么用场。选文功能的研究，主要是对语文教材尤其是语文教科书的编撰策略进行研究，也涉及语文教师如何处理教材。基于对中外语文教材的研究，目前已鉴别出语文教材选文的五种功能，即定篇、例文、样本、用件和引子。选文的五种功能为语文教科书的改善提供了理论的依据，也指引着阅读教学的路径。

（一）把课文当“定篇”教

当“定篇”教的课文，是文学、文化的经典，或素有定评的名家名篇，比如鲁迅的作品、语文教科书中的古诗文。

学生学习这些课文的主要任务，就是熟知经典，透彻地领会课文本身，从而积淀文学、文化素养。

换言之，学生的学习任务，是深入地理解、感受这些经典名篇，理解和感受它们何以是经典，理解和感受它们超越时代的思想、情感和杰出的艺术表现力。“定篇”的教学，离不开读与背，同时不能止于读与背，而是要真切地领会，切身地理解它的魅力乃至伟大。一般来说，经典作品明显高于学生的语文经验，包括他们的生活经验和思想水平，要使学生真切领会，往往要借助于外力。

外力包括创设易于理解和感受的情境（有时要借助多种媒介），提供对理解和感受有促进作用的权威的解读资料，提供构成互文的相关作品以及语文教师在切身感受和较充分参考研究资料基础上的讲解。

“定篇”类型的教学，往往要经历“引学生欣赏”“带学生欣赏”以及参读相关材料等过程，并辅之以“唤起、补充学生的生活经验”“组织学生交流和分享语文经验”等路径。所以会用较多的教学课时。下面我们来看一个课例。

皋玉蒂老师执教《世间最美的坟墓》一文，用的不是传统的教法，而是一次系统的“组织教学”。在第一阶段她设计了一个宏阔的阅读计划（第一周布置）：课外阅读——罗曼·罗兰《名人传》、茨威格《昨日的世界——一个欧洲人的回忆》、托尔斯泰《复活》、谢尔盖《往事随笔》。

第二阶段（第八周进行），品读课文：首先，从语音的层面上品赏课文——给课文配音乐，学生提供5首乐曲，大家研究哪一首最适合这篇课文的意境；其次，从情感的层面品赏课文，就课文某些问题进行对话交流；最后，从哲理的层面上品赏课文——生与死、自然与人、简单与深刻、朴素与宏伟，她将拿破仑、莎士比亚、托尔斯泰的坟墓图片以投影的形式展示出来进行对比，进一步突出主题。

第三阶段是主体性写作：创新作文——我心中的文化伟人；比较性研究——东西方墓地文化的异同。据说，上完这节课后，参与这一活动的学生都热泪盈眶。这样的教学，的确使学生学到了很多知识。

（二）把课文当“例文”教

如果把“定篇”类型的阅读教学称作“教课文”，那么“例文”类型课文的阅读教学，则是“用课文教”，即通过这篇课文的阅读，使学生学会与这篇课文相呼应的阅读方法。

把课文当“例文”教，相当于“指导学生形成新的阅读方法”的路径。

但也不仅仅局限于此。因为定篇课文可以做各种例子，除当作学习阅读的“例文”这个基本路径外，常见的还有以下两种情形：

1.当作学习“客体知识”的例子

语文知识大致可分为两类：一类指涉客体，比如语言知识、文学知识、文章知识等；一类指涉主体与客体的交往活动，比如阅读知识（核心是阅读方法）、写作知识（核心是写作策略）、口语交际知识等。

在语文课堂上，学生主要是学习后一类知识，目的是提高听、说、读、写的能力。

然而，一方面，主体在与客体交往时，必须要对客体有较充分的了解。阅读知识与语言知识、文学知识、文章知识等联系密切，有的还是形成阅读方法的基础。另一方面，语言知识、文学知识、文章知识等，在语文学科中有其自身的学习价值。

这样，在课文教学时，有些课文就可能被当作语言知识、文学知识、文章知识的说明样例。比如朱自清的《背影》，可以学习字、词、句、篇、语法、修辞、逻辑，可以作“抒情”例，可以作“叙述”例，可以作“第一人称的立脚点”例，等等。

在这种情形下，课文其实已经不是完整的“作品”，而是一堆解说相关知识的“语料”；我们所经历的，其实已经不是完整语篇的理解、感受，而是对从完整语篇中抽离出来的某个方面、某个片段、某个语句，即某些“语料”的相对独立的理解或感受，从理解、感受完整语篇的角度看，这是“肢解课文”。

把课文当“语料”，用课文来解说静态的语言知识、文学知识、文章知识，这跟阅读教学不是一回事，有时甚至与阅读教学无关。

但有时它又属于阅读教学的一部分。“客体知识”的教学，有可能成为“指导学生形成新的阅读方法”的有机构成。

那么，怎么来分辨？这里有四个要点：

(1)要区别是提到某个知识，还是在教这个知识。例如“比喻”，如果学生以前学过，那就是提到这个知识术语；但如果学生以前不知道“比喻”，或者语文教师这次说到这个术语的时候，增加了一些新的东西，那就意味着在教这个知识。

(2)如果语文教师觉得在这篇课文的教学中，确实要教某个知识，那就要把它教透。但是，教师不能误认为把“课文当作‘语料’来教”，就是在进行阅读教学——一篇课文的教学，未必都在教阅读；正像一堂语文课，未必每分钟都在教语文。

(3)某个知识或某几个知识，虽然与理解、感受课文没有直接关系，但语文教师觉得用这篇课文来教它比较合适。如果出现这种情况，建议不要穿插在阅读教学中，尤其不能胡乱地混在一起，而宜把它处理为这篇课文教学中相对独立的一个部分。

(4)只有当这个知识成为理解、感受这篇课文的关键点的时候，或者它与理解、感受这篇课文的关键点有直接关联的时候，才是阅读教学，才能成为阅读教学的有机组成部分。换言之，学生缺乏这个知识，对课文的理解、感受，就可能很不到位；具备了这个知识，并把它用在当下的课文阅读中，理解和感受就会发生明显的变化。阅读教学中通常所说的“随文教知识”的原则，指的就是这种情况。下面我们看一个课例。

理解“风筝”的象征意义

杭州市天杭实验学校　陈洁

［教学过程］

一、以“花语游戏——移情于物”导入

花本身是不存在任何意义的，它的意义只是人们主观赋予的。以“花语游戏”导入就可以把抽象的“象征”具体化。从具体到抽象也有利于后面指导学生理解“象征”的概念。

二、知识铺垫

1.解读古今文中出现的“月亮”的象征意义。……以上列举的诗文中出现的“月亮”本身并不包含任何的意义，之所以能够代表”思念”“爱情”“团圆”等，只是人们的主观赋予。由于人们所要表达的主题不同，因此就可以在它的身上赋予多种内涵，即“一种事物可以具有多种的象征意义”。

2.解读余光中《乡愁》一诗中“物象”的象征意义。作者在诗中借助“邮票”“船票”“坟墓”“海峡”等日常事物，抒发了浓浓的思乡之情，而这些事物本身是不具备“乡愁”这一内涵的，这也只是人们的主观赋予。据此可以让学生明白“一种情感可以借助多种具有象征意义的事物来表达”。

三、解读文本中“风”等的象征意义

1.概述文本的主要内容。

作者在文章中记叙了少年时的一段回忆，以及成年后由这段回忆引起的深深的忏悔。

说明：对文本内容的理解是解读文本中“风筝”的象征意义的基础。一句话的概述是想让学生真实地说出阅读的最初体验。

2.运用“少年时，风筝是______”的句式说一说“风筝”在“我”的回忆中的象征意义（可以从弟弟的角度，也可以从“我”的角度。给学生一个固定的句式，既是对学生语言表达的一种规范，也是为后面的教学环节做一个铺垫）。

3.根据学生的回答，教师指导学生将其组合成一节小诗。

示例：

风筝是什么

是少年时的呵斥，责备的眼神

支离破碎的哭泣

在故乡的竹院，尘封的小屋

4.快速阅读“成年后的忏悔”部分，解读“风筝”在“我”的忏悔中的象征意义，试完成一节小诗。

示例：

风筝是什么

是成年后的自责，深深的忏悔

心永远地沉重

在异地的空中，肃杀的严冬

说明：之所以指导学生将各自的表达组合成一首小诗，是因为散文与诗有相通之处，散文选择的象征事物往往也可以成为诗歌中的意象。同时，上一环节中对于表达句式的规范，也有利于诗节的形成，对学生理解“风筝”的象征意义也是有帮助的。

5. 根据自己对文本中“风筝”的象征意义的理解，进一步完成自己创作的小诗，并且相互展示自己的创作。

四、“象征”文章阅读

1. 再次阅读前四个单元的课文，寻找运用“象征”手法的篇章或者语段。

2. 阅读鲁迅的《药》，教师讲解“药”及小说中人名等的象征意义，开阔视野。推荐阅读郑振铎和高尔基的《海燕》。

2. 当作学习写作的例子

有些与学生写作类型比较接近的课文，有时比较适宜教写作。换言之，阅读的着眼点是其“作法”——如何写作某种体式的文章，或文章的某种写法，如“细节描写”等。这与通常所说的“仿写”有相通之处。下面这篇课文的“作法探究”，可以让学生具体地感知“童话故事”的写作技巧。

《一片槐叶》作法探究①

1. 本篇故事是真实的还是虚构的？为什么？

2. 一个完整的故事应包括原因、经过、结果。你认为本篇符合上述要求吗？试加以说明。

3. 本文除了叙述故事外，有没有说理的成分？试从下面四项中找出一个符合本篇写作手法的答案。

(1) 只叙述故事，并无说理。

(2) 先叙述故事，然后说理。

(3) 一面叙事，一面说理。

(4) 透过故事寄寓一些道理。

4. 课文中有很多对话，这些对话有什么作用呢？试从下列各项中找出正确的答案。

---

① 中国语文：教师版[M]. 香港：香港教育图书公司，1998：19—20.

(1)能令故事中的人物更加生动传神。

(2)具体地表现了故事中人物的性格和思想。

(3)便于把它改编成剧本或广播剧。

(4)加强趣味性,使文章不会流于单调、平淡。

5.语气词包括“呢、吗、吧”等,它们附在句子末尾,表示句子的语气。下列句子中加有着重号的语气词表示什么语气?

(1)“好孩子,听娘的话吧!”

(2)“下去有什么好呢?”

(3)“绿色的荷叶哟!”

(三)把课文当“样本”教

把课文当“样本”教,基本上是“组织学生交流和分享语文经验”的路径。在文学作品的教学中,那些结合“唤起、补充学生的生活经验”的路径还常有点“带学生欣赏”的味道。

关键的地方是,语文教师在教学设计时,要专业地预料学生们阅读“这一篇”课文可能出现的问题和困难,并找到相应的对策。在教学中,教师要及时地应对学生现场出现的问题和困难,包括语言、文学、文章等语文知识问题。[1](这是语文知识“随文教学”的第二个内在依据:如果学生在学习过程中提出语言学等方面的知识问题,语文教师应该及时应对。)

在阅读中出现的困难,学生未必都会在课堂里提出来;在阅读中出现的问题,学生未必能意识到。回应学生的问题,也不是对学生的提问一一作答;教师要对问题进行分析和处理,然后归类解决。下面我们看两个课例。

钱梦龙老师执教的《故乡》“导入新课”①

(上课之前,钱老师委托金华市教研员给学生布置自读课文,提出疑问。但钱老师到金华时却被告知“学生已看过课文,没有问题”,于是立即补上了一堂“提问指导课”,结果全班共提出了600多个问题)

师:昨天,同学们提出了许多问题,都提得很好。有两位同学提了二十多个问题,又多又好。大家提的问题涉及课文的各个方面,我把它们分为七类。

① 钱梦龙.导读的艺术[M].北京:人民教育出版社,1995:165-191.

（板书）

一、一般疑问

二、回乡途中的“我”

三、闰土

四、杨二嫂

五、宏儿和水生

六、离乡途中的“我”

七、写景

大家提了这么多问题，第一步走得很好。那么，第二步该怎么走呢？大家说说看。

生（齐）：解决问题。

师：好。在解决大家提出的问题之前，我先来考一考大家：《故乡》是在什么时候写的？

生：1921年。

师：很好。那么，在1921年的10年前，我国发生了一次很大的社会变动，是什么？

生：辛亥革命。

师：《故乡》写的就是辛亥革命10年间的事。那么，当时的社会情况怎样呢？……我提醒一下，可以联系本学期读过的另一篇鲁迅的文章《一件小事》，它的写作年代和《故乡》差不多。回忆一下，《一件小事》写到了当时的社会状况没有？怎么写的？

生：其间耳闻目睹了许多所谓国家大事：袁世凯称帝、张勋复辟……

师：很好，袁世凯、张勋是什么人？

生：卖国贼。

师：对。是卖国贼、是军阀。当时辛亥革命的成果被军阀夺走了，辛亥革命有局限性。那么，农民问题解决了没有？

生（齐）：没有！

师：怎么知道的？

生：从《故乡》里可以看出来，农民生活日益贫困。

师：对，当时的农民是日益贫困的。这就是《故乡》的时代背景。这个问题明白了，我们就可以来解决同学们提出的各类问题了。现在，先请提出第一类问题——一般疑问。

步根海老师执教的《合欢树》①（节录）

师：《合欢树》读过没有？（生答：读过了）读过了，那我们看看有什么问题。我说过三类问题，请大家提出来讨论。先自己看看，拿出笔写写。如果已经想好了，或者举手，或者站起来。（学生看书、思考、做笔记后开始提问）

生："我心里一阵抖"，为什么作者不愿去看小院子，后来又后悔前两年没有去看，后悔但始终没有去看？

生：也是第9页，为什么最后一段说"有一天那个孩子长大了，会想到童年的事，会想起那些晃动的树影儿，会想起他自己的妈妈，他会跑去看看那棵树。但他不会知道那棵树是谁种的，是怎么种的"？

师：也就是"孩子"在这篇文章里有什么寓意。

生：题目是"合欢树"，为什么前面大部分都没有讲到合欢树，最后一小部分才讲到合欢树，这棵合欢树到底代表着什么？

师：包含两个问题，一个是结构上的，一个是它的内涵。

生：第8页，"我摇车离开那儿，在街上瞎逛，不想回家""我摇着车在街上慢慢走，不急着回家"，这两处作者的心情有何不同？

师："摇车""不想回家""悲伤也成享受"，怎么理解？

生：第8页倒数第4段第3行，"'你小时候的作文不是得过第一？'她提醒我说。"母亲提醒他是不是因为母亲对他的写作实在没有信心？

师：提醒的目的何在？

生：为什么小时候作文获奖，他对母亲说，而母亲却急着说她自己，可当他20岁时，母亲又提起他作文获奖的事，而且还记得那么清楚？

师：还有没有？（没有学生再举手）没有了。……要讨论之前，我们进一步感受一下这篇文章。请一位同学读一遍好不好？（一学生读全文）

师：刚才听了朗读，在我们讨论这些问题之前再想，读了这篇文章，你觉得作者究竟想表达怎样的感情？

生：自己对母亲的思念，对童年的回忆，回忆与母亲度过的时光，对母爱的赞颂。

师：大家是不是都读出了这样的内容，有没有读出其他东西来？合欢树就是抒发对母亲的感情，表达对母爱的崇敬。是不是？

生：我觉得他对母亲还有一丝丝的愧疚和遗憾。母亲前面为他付出了很多，但他获

---

①王荣生，郑桂华，主编．语文教育研究大系（1978－2005）：中学教学卷［M］．上海：上海教育出版社，206-209

奖时她没有看到；母亲对他表示关怀时，他对母亲的态度始终不是很好。

师：一个是对母爱的歌颂，一个是表露对母亲的愧疚。还有没有？没有没关系，慢慢地体会。

生：对生命延续的思考，母亲、我、又延续到那个孩子，他也在合欢树下成长。

师：好，这个我们慢慢体会。我们先从对母亲的怀念这个角度入手……

…………

师：接下来的内容是我们要思考这棵“合欢树”。我们要进行两个思考。第一个思考是结构上的思考——合欢树为什么放在最后出场？第二个思考是，作者通过合欢树究竟想表达什么，这是思想意义上的思考。

…………

生：我明白了，树是母亲的寄托，希望孩子像合欢树一样产生奇迹；树也是一种思念的凝聚，是儿子对母亲的寄托。

师：你理解得很好，树还是母亲形象的另一种表现形式。读到这里，为什么说“悲伤也成享受”，这个问题应该迎刃而解了吧。

生：悲伤里有对过去的回忆和对人生的思考。

师：是的，悲伤里凝聚着回忆、凝聚着思考、凝聚着对生命的认识，这个在登门采访的记者的七嘴八舌中是感受不到的。因此，合欢树恐怕不仅仅是在表达对母亲的回忆、歌颂母爱的伟大，还通过对母亲的怀念，写出对母爱的认识，从而感受到生命的意义！

（四）把课文当“用件”教

由这篇课文引发去做其他事情，或者用这篇课文做与它相关的听、说、读、写活动，这就是把课文当“用件”教。“用件”类型的课文已经从学习对象退化到学习材料。把课文当“用件”教，已经不是阅读教学中常规意义上的“学课文”。

但这也不能说与阅读教学无关。当这篇“用件”所引发的事情，是阅读相关的材料，或者用这份学习材料去阅读其他材料，就有可能发生阅读学习，从而有意识地使学生学到新的阅读方法、阅读策略。

曹勇军老师执教的《个人与集体》[①]就是一个适宜的课例。

课时一

1.课前预习，分析全文12个段落的段落层次；列出课文结构提纲，两人板演、讨论，

①曹勇军.照亮课文，点燃学生——《个人与集体》教后谈[J].语文建设，2002(4):39-40.

“完成对课文的整体把握”。

2. 全班齐读10—12段，“要学生用自己的话概括说说文中‘个人与集体’的关系”，师生讨论，明确三点：(略)。概括起来就是：集体需要杰出的个人，个人必须服从集体。

3. 补充王小波《个人尊严》一文，要求课后阅读，概括文中的基本观点。

课时二

1. 交流阅读王小波文章的心得体会，师生讨论其观点。

2. 学生分组讨论，“你认为这两篇文章的观点截然对立吗？为什么？”一石激起千重浪，学生们热烈讨论，最后形成共识——年代不同、写作对象不同、写作目的不同，因此两篇文章的侧重点也不同。

3. 然后提出第二个思考讨论题：“你认为当今社会个人与集体应该是什么关系？”各小组认真讨论后，推举代表发言。

4. 留作业《个人与集体新说》，“再一次品尝思想收获的喜悦”。

这是一堂成功的阅读教学课，在热烈的讨论活动中，学生们学习了互文阅读，认识到议论文论题的针对性，并真切地感受到了要理解议论文，必须将它们放到特定的背景当中，而不是对其“观点”正误进行抽象的评判。

（五）把课文当“引子”教

把课文当“引子”教，特指“由节选引向长篇作品”，“由选篇引向整本书阅读”。

语文教科书中的课文，有些是长篇作品的节选，有些出自名家的作品集，这些课文往往被处理为相对独立的单篇，在教学中除了加上一点关于作家、作品的背景性介绍之外，其他方面与单篇作品几乎没有什么差别。这可能是有问题的。

长篇节选的作品，其基本的教学指向应该是立足这一节选，引导学生更好地阅读长篇作品或整本书。

对长篇作品的阅读、整本书的阅读，在小学语文教学中取得了显著的进展，这从窦桂梅老师执教的“《西游记》之《三打白骨精》”中可见一斑。

《西游记》之《三打白骨精》教学思路：

1. 利用小说中的“环境”描写，探究《西游记》中的环境描写。

2. 借助小说中“情节”的研究，探究《西游记》的写作特色。

3. 通过小说中“人物”的评价，导读《西游记》的意义及主题。

但在中学，这方面课例并不多。在中学阶段，语文课程标准中的“课外推荐读物”，与课内的阅读教学基本上是隔绝的，这种情形需要改变。把课文当“引子”教，有助于打通课内阅读教学与课外阅读的链接，因而应积极提倡。

选文功能或课文类型，除了上述理论研究之外，还有一种实践的表达，体现为语文教科书的编撰，其中“精读课文”“略读课文”“自读课文”的做法较为通行。但关于这三类课文的教学路径研究，目前较为缺乏，实际的做法主要是与“课时”挂钩——通常的情况是，“精读课文”2—3课时，“略读课文”1课时，“自读课文”不占课时，往往被理解为“不用教”的课文。

三、“读写结合”的路径

“读写结合”，包括远距离的“结合”，所谓“熟读唐诗三百首，不会作诗也会吟”“读书破万卷，下笔如有神”。但语文教学中所讲的“读写结合”主要是“近距离”的，体现在一篇课文的数学中。“读写结合”根据教学的主要目的，可以分为以下两条路径。

（一）写作介入阅读（以写促读）

教学的主要目的是学习阅读。在阅读教学中，语文教师穿插图表、提要、概述、摘抄、缩写、改写、扩写、续写、读后感、评论等写作活动，促进学生更好地理解和感受课文。

比如《包身工》（夏衍），教师就可以设计下面这些写作活动：

（1）写出本文的摘要，或缩写，或概述。

（2）根据课文的情境，就“芦柴棒”的命运，续写一段文字，预测一下“芦柴棒”的结局。

（3）就《包身工》的语言特色、人物性格、写作特点进行鉴别、判断，写出一篇文章。

（二）阅读延伸写作（以读促写）

教学的主要目的是学习写作，主要包括以下几种情况：

（1）课文是写作的材料来源，比如课文《包身工》，如果教学目的是学会图表、摘要、提要、概述、摘抄、缩写、改写、扩写、续写、读后感、评论等写作样式，那么这篇课文仅仅是写作的材料来源，换成另一篇课文（比如《范进中举》）效果是一样的，一般不会影响教学活动的开展。

（2）课文是写作命题的触发点。课文有时相当于“话题作文”的材料，一般是在阅读教学之后，延伸出相应的写作活动。比如，《假如给我三天光明》（海伦·凯勒）拟题：“海伦·凯勒说,‘一旦失去了的东西,人们才会留恋它’。请以此为话题,写一篇作文,题目自拟。”《爱莲说》拟题:“你最喜爱哪一种花?为什么?请描写它的特色。”

(3)课文是仿写的对象,相当于前文所说的把课文当作学习写作的“例文”。

第三章　阅读教学设计(下)

学习要点：

1.学习散文阅读教学设计。

2.学习小说阅读教学设计。

3.学习诗歌阅读教学设计。

4.学习剧本阅读教学设计。

5.学习实用文阅读教学设计。

6.学习文言文阅读教学设计。

第一节　散文阅读教学设计

一、散文的含义

散文被誉为“文艺的轻骑兵”,到目前为止是人类文明史上生命力最长久的一种文学样式。关于散文的定义,学界有不少争议,但一般都将散文从狭义与广义两个角度进行划分。广义的散文,在古代指的是一切不押韵的文章。刘勰在《文心雕龙》的《总术》篇写道:“今之常言,有‘文’有‘笔’,以为无韵者‘笔’也,有韵者‘文’也。”所谓‘笔’,就是指韵文以外的一切记叙性和议论性的文体,这些文体即散文。不过,古代没有“散文”这一个名称,“散文”这个名称是“五四”时期才有的。在现代,广义的散文包括除去诗歌、小说、戏剧、影视文学之外的一切叙事性、议论性、抒情性的文体,如秦牧在《海阔天空的散文领域》中说,“不属于其他文学体裁,而又具有文学味道的一切篇幅短小的文章,都属于散文的范围”。这样,就有了抒情散文、叙事散文和议论散文等的分类。狭义的散文则专指抒情散文。从当前普遍的观点看，散文是指诗歌、小说、戏剧以外的所有具有文学性的散型文章。除以议论抒情为主的散文外，还包括通讯、报告文学、随笔、杂文、回忆录、传记等文体。散文具有记叙、议论、抒情三种功能，与此相应，散文可分为叙事散文、抒情散文和说理散文三种。统观新编语文教材，对散文的编选侧重于"情文"。如人教版除在各册教材选入大量散文外，还在第一、二册选有六个单元的古代散文，在第三册侧重选有三个单元的现当代散文作品。可以说散文在新教材中占有重要的位置。因此散文教学的成功与否直接决定着语文教学的效果。

二、散文的特点及分析方法

（一）散文的特点

散文的最大特征就在于"个性化"。内容上：是作者把自己对生活的至深感悟或生活经验，通过状物、记人、写景等方式表达出来。所谓自我感悟，也就是对事物的特殊意义和美质的发现、认识。形式上：(1)以个人抒情为主，把抒情、叙述、议论熔为一炉；(2)从细处落笔，小中见大；(3)从侧面暗示，发挥读者的想象力；(4)行文自由，结构灵活。从语言色调看，散文如"素描"，如"谈心"；从文化内核看，散文是"观察"，是"思考"，是智慧的结晶，是情感的宣泄。在散文家的笔下，有奥妙无穷的大千世界，有微妙莫测的心灵领域。散文的笔法变化无穷，无拘无束；阅读散文令我们愉悦，令我们沉思，令我们扼腕长叹，令我们愁肠百转……散文中有丰富的"美"的因子，散文教学中的审美活动指向是多层次的，是读者与作者心灵交流的过程。散文教学是语文教学中最重要的板块之一，无论是从语文的工具性还是人文性而言，散文教学都是语文学习中最重要的部分。因此散文教学也是语文教学必须深入钻研的内容。散文有广义、狭义之分。广义散文，是指诗词以外的散体文章；狭义散文，则专指同诗歌、小说、戏剧并列的种文学体裁。根据表达方式侧重点不同，一般把散文分作叙事散文、抒情散文和议论散文三类。

叙事散文：以记人、叙事、状物、写景为主的散文。根据该类散文内容的侧重点不同，又可将它区分为记事散文和写人散文。偏重于记事的散文以事件发展为线索，偏重对事件的叙述。它可以是一个有头有尾的故事，如许地山的《落花生》；也可以是几个片段的剪辑，如鲁迅的《从百草园到三味书屋》。偏重于记人的散文，全篇以人物为中心。它往往抓住人物的性格特征作粗线条勾勒，偏重于表现人物的基本气质、性格和精神面貌，如鲁迅《藤野先生》、魏巍《我的老师》等。

抒情散文:以抒发感情为主的散文,它主要是借助事与物抒发作者对现实生活的感受。抒情散文的"情"不是虚的空的,而是有所依据的。依托一定的人物、事件或景物作为抒写的对象,通过对它们的记叙或描写,达到托物言志、寓情于物的目的。如《白杨礼赞》《斑羚飞渡》等,这类散文通过对具体的"事与物"的描述而表达一定的思想意义,抒发一定的感情。抒发情感是所有散文的共同特征,但与其他散文相比,抒情散文情感更强,想象更丰富,语言更具有诗意。抒情散文主要用象征、比兴、拟人等方法,通过对外在形象的描绘来传达作者的情思,因此借景抒情和托物言志是这类散文最常用的手法。托物言志式散文,即象征性散文。作者将情感融于某个具有象征意义的具体事物,借助象形联想或意蕴联想把主观情感表现出来,如茅盾的《白杨礼赞》。借景抒情的散文,将感情寓于景物之中,赋景物以生命,明写景,暗写情,做到情景交融,情景相生,如朱自清的《荷塘月色》。

议论散文:以议论为主的散文。它往往借助于事例的简述、形象的描绘来完成感情的抒发。它要求观点鲜明、概念准确、说理充分、层次明晰、以理服人。但是,它不需要逻辑推理,严密论证。常见的文学性很强的随笔、杂感等,皆属此类。作者常常借助于对古今故事、花鸟草虫等具体事物的描述来说理,显得妙趣横生并富于感情。从议论散文的具体形态上讲,它主要包括议论文杂文、演讲稿等。它与抒情散文一样注重情感的抒发,不同的是议论散文重于理智,打情散文重于感情。议论散文用事实和逻辑来说理,而主要用文学形象来说话。它既有生动的形象,又有缜密的逻辑;既要以情动人,又要以理服人;融形、情、理于一炉,合政论与文艺于一体。如《过秦论》《拿来主义》等。

(二)散文的分析方法

分析教材是教学的前提之一,教师只有吃透教材,散文教学才会充满情趣。语文学习中的散文教学又不同于日常的散文欣赏,散文教学的目的是明确的,在教师的引导下实现目标的达成。日常散文欣赏是自由散漫状态下的鉴赏,因此往往没有明确目的和学习方法。许多教师由于对散文文章理解不透彻,使得课堂教学失去了生机。因此掌握分析散文的方法是语文教师的最基本要求。

1.提纲挈领法

"个性化"是散文的突出特点,因此抓住文章情感的纲也就能够理清作者的写作思路，从而顺藤摸瓜地完成对文章情感以及语言特色等的体味。通常作者为了表达自己的思想情感，会精心选取、组织材料，在表达上更是精益求精，特别注意词语在表达上的顺序、层次和分寸感。因此理清文章脉络，把握写作顺序是分析散文的一个重点。

（1）理清线索

线索是作者选择材料的准绳，是作者组织材料的依据，犹如项链的链子，材料则如珍珠，我们形象称之为线索，是作者选择材料或描写、记叙、议论的脉络。由此可以将不同材料组成一个整体。例如：《回忆我的母亲》以“母亲勤劳”为线索；《藤野先生》以“我与藤野先生交往的过程”和“我的爱国思想感情”为线索等。

（2）剖析结构

就散文的外部结构来看，其包括句、自然段和部分三个方面。前两者是出于文字表达上的需要，起着停顿与间歇的作用，均属于自然的形式单位，而且也有明显的外部标志，容易掌握。部分则是作者出于内容表达上的需要，集中某个方面的内容为突出主题服务的段落。一篇散文总是由若干个意义段构成，一个意义段也就是一个个部分，它通常包括几个自然段。所谓的分段，就是分析一篇散文由几个意义段组成，以便于深入了解其结构在开合、断续、抑扬上的特点等等。

对文章结构的分析必须要看各自然段的关系，剖析段与段之间的联系，看其是如何保持完整、严谨和自然的。所谓完整，是指散文结构有头有尾、有中段，部分与部分、部分与整体有机联系；所谓严谨，是指散文的各部分安排得非常妥帖紧凑，以至无法做任何增删改动，任何挪动都会使整体构架脱节；所谓自然，是指散文结构要浑然天成，不见斧凿痕迹，“当行于所当行，当止于不可不止”。

剖析散文的结构，从大的方面而言，不外乎两条途径：由整体到部分，或由部分到整体。分析散文结构就是要根据文章的线索和材料安排的顺序，弄清文章的段落层次、开头结尾、过渡照应等问题。具体说就是划分文章的结构层次，它有三个方面的要求：能够分析段内的结构层次；能够分析全篇的结构层次；能够在把握结构层次的基础上，根据要求进行归纳整理。

分析散文的结构，把握文章思路，可以从以下几方面入手：

首先分析段内的表达方式。有的语段，语言表达方式较单一，有的语段则兼用多种表达方式。对这种语段，可根据不同表达方式划分层次。

其次根据句意归纳。一个语段由多个句子组成，要准确把握句子间的意义关系，就要将几个句子分别归于几个意义点中，根据聚集联结的紧密程度，从意义疏松处断开。

如欧阳修《醉翁亭记》和曾巩《墨池记》,都是“记”体。按照“记”体的格式,一般要求记叙何时何地何事、当事人、事情经过、作记缘由等等。它们都是先记地点,次写景物或传说,再写事情,然后写功用或影响,最后说明作记缘由。文体的格式要求会在作品的结构形式上体现出来,因此分析古代散文结构之前应看清题目,辨明文体,了解它的文体结构。大多数作者按照自己确定的主题思想,即所谓“立意”来写散文,这就要在弄懂字句、疏通章节之后,再进行抽象的逻辑分析,以便把握全篇思想内容。比较而言,叙事文、说理文的结构容易分析和把握,写景文、抒情文则要困难一些。因为前者直接表现为逻辑结构,而后者则往往以具体形象或形象性手法来表达思想,并且常常具有抒情的特点,即形象的跳跃性和逻辑省略,如寓情于景、用典喻理、比兴寄托等,这就必须分析具体形象的含义,把握它们之间的逻辑联系。

散文的结构是作者依据主题思想的需要进行选材、剪裁和安排而完成的。分析一篇散文的艺术形式结构,实质是具体分析它的选材、剪裁和安排。凡所选材,都作详略曲直的适当处理,以置于恰当位置,结合成思想清楚、重点突出的层次段落,最后形成整体结构。

2. 穿针引线法

穿针引线法又叫文眼突破法。该方法就是抓住散文中的重点词句或段落,以此为阅读突破点,层层深入,条分缕析。文眼是透露文章感情、思想或者写作主旨的词语或句子,是指那些特别精炼的词句,即散文主题的凝聚点。找到文眼就能够整体把握文章。如有位教师在处理《绿》一文时,画了一个平面直角坐标系来分析作品的内容,以横坐标表示立足点的变化,以纵坐标表示作者感情的变化。呈现在读者面前的就是一条富有弹性的曲线图,从而给人一种流动、幽雅的曲线美的感觉。阅读过程中师生共同分析:在山边的时候,对梅雨潭的“绿”只是感到“惊诧”;到梅雨亭边时,就变得“心动神往”了;到潭边时,作家的心中就没有瀑布了,他的一切情思都开始为“绿”而醉;最后发展到把“绿”比作小姑娘,抱着她,吻着她时,作家对“绿”的狂喜热爱之情达到了顶点。这样的分析使学生感受到作家内心深处那条波浪式推进的感情线,而推进这条感情线不断前进的原动力就是“绿”。再如《荷塘月色》开头——“这几天心里颇不宁静”就是全文的文眼,它让我们知道文章的整体情感是“哀愁中的淡淡喜悦”。刘熙载在《文概》中说:“余谓眼乃神光所聚,故有通体之眼;有数句之眼,前前后后,无不待眼光照映。”所谓“神光”,即散文的主题;所谓“照映”,即主题对散文的统摄作用。如柳宗元《捕蛇者说》中的“苛政猛于虎”,杜牧《阿房宫赋》中的“后人哀之而不鉴之，亦使后人而复哀后人也”等。透过这些语句就可以了解全文。文眼突破主要从以下途径入手。

(1)分析文段的中心句

根据文段的中心句来明确文段的意思，根据文段中心句之间的关联判断来把握文章的思路。文段的中心句往往在开头，作段首概括，或在文段的结尾作段末归纳。如《记念刘和珍君》一文中应抓住“沉默啊，沉默！不在沉默中爆发，就在沉默中灭亡”，《故都的秋》则要抓住“来得清，来得静，来得悲凉”等文眼，从而进一步理解课文。

(2)分析标志性的语句

利用一些标志性的词语可以加快对文章的理解。如：既、又、并且、第一、一方面、原因之一、进一步说、总之、因此、所以等。这些词语对分析句群，把握段意，从而明确文章的结构和思路很有帮助。如《囚绿记》中要抓住如“绿色是多宝贵的呀!”诸如此类的文章在高中语文教材中很多，需要我们细心归纳。

3.咬文嚼字法

优美的散文语言是优秀散文的立足点，因此阅读散文的一个重要任务就是分析散文的语言，使学生受到语言的感染熏陶。散文的一大特色是语言美。好的散文语言凝练、优美，又自由灵活，接近口语。优美的散文，更是富于哲理与诗情画意。杰出的散文家的语言又各具不同的语言风格：鲁迅的散文语言精练深邃，茅盾的散文语言细腻深刻，郭沫若的散文语言气势磅礴，巴金的散文语言朴素优美，朱自清的散文语言清新隽永，冰心的散文语言委婉明丽，孙犁的散文语言质朴，刘白羽的散文语言奔放，杨朔的散文语言精巧。一些散文大家的语言，又常常因内容而异。如鲁迅《记念刘和珍君》的语言，锋利如匕首；《好的故事》的语言，绚丽如云锦；《风筝》的语言，凝重如深潭。体味散文的语言风格，就可以对散文的内容理解得更加深刻。入选中学课本的散文许多都是字字珠玑、声情并茂的美文，字里行间蕴含着丰富的美感。如朱自清的《绿》通过运用比喻、通感、拟人等修辞手法，烘托、比较、联想等表现手法和作家遣词造句的高超技巧，使得文章语言细腻滑润，值得教师仔细品味，同时带领学生品味，力求让他们受到语言美的陶冶。此外像其他散文《荷塘月色》《胡同文化》等都可以用来对学生进行语言艺术的熏陶和教育。高尔基说过：“语言使我们的一切印象、感情和思想固定下来。”富有表现力的语言使散文在反映生活和表现情感上更自由更生动，也使散文作品充溢着特殊的魅力。分析散文语言，让学生感受语言艺术美尤显必要。

在散文教学中把握情感线索来分析作品，不仅能让学生深刻认识到作品的思想内容，更重要的是能让学生受到作品内容本身所蕴含的艺术美感的教育。只要是一篇文质兼美的散文都能通过这种方式对学生进行艺术美感教育，因为任何一篇优美散文都是客观现实与作家审美理想的统一体，都包含着作家浓郁的情感，是灵魂、情感与语言的综合。优美的散文本身的思想内容、结构、语言都是美的，都是按美的法则营造的。而这些情感的获得均需要通过对语言的细嚼慢咽才能领悟。分析散文语言应当注意到语言的时代特点，从而了解和掌握作品语言的时代风格。每一位优秀作家的散文作品都有自己独特的语言风格，这也是分析语言艺术时应当注意到的。咬文嚼字要从这几方面来实施：①解释词语（在语境中）的含义。②理解词语的表达作用。要结合语境或主题思想来回答，要答该词语对表达作者思想感情或主题思想的作用，有时也可以考虑词语对景物描写、意境的作用或人物性格等方面的作用。③体现词语的准确性或生动性。④理解散文中富有哲理性语句的深层含义。

4.见微知著法

艺术是对生活的提炼、浓缩，因此散文中的艺术形象往往具有典型意义，以小见大、选材琐事是散文写作的常见手法，季羡林于新时期所作的《世界散文精华序》中，专门谈到"身边琐事"问题："在中国文学史上，一直到近现代，最能感动人的散文往往写的都是身边琐事。即以本书而论，入选的中国散文中有《陈情表》《兰亭集序》《桃花源记》《别赋》《三峡》《春夜宴诸从弟桃李园序》《祭十二郎文》《陋室铭》《醉翁亭记》《秋声赋》《赤壁赋》《黄州快哉亭记》等宋以前的散文名篇，哪一篇不是真挚动人、感人肺腑？又哪一篇写的不是身边琐事或个人的一点即兴的感触？我们只能得到这样一个结论：只有真实地写真实的身边琐事，才能真正拨动千千万万平常人的心弦，才能净化他们的灵魂……在这一点上，外国的散文也同中国一样。"从这段论述中，我们可以看到以小见大、见微知著是散文的写作艺术，因此分析散文时自然要把握这一点。

对散文形象的分析和体会要借助解释、扩散、想象等手段来完成，从而提升作品意义。对散文的理解需要了解背景，透视创作历程。作品是社会的折射，有不少散文的创作，往往受环境的影响。因此，了解文章的相关背景，是鉴赏散文的一把钥匙。如鲁迅的《风筝》取材于作者的零星感受，描写了生活激流中一朵小小的浪花——有关风筝的一段记忆，写出了自己亲手虐杀了小兄弟爱玩的天性，而这件事在作者心底留下了很深的负罪感。长大后，作者想得到兄弟的宽容，但是由于种种原因，未能如愿。这篇文章的故事情节虽简单，但作者透过现象，于平凡处窥察到精深，揭示出自己的行动实质是对儿童的一次精神虐杀。因此，作者认识到了自己的过错，毫无保留地披露了自己的心灵。鲁迅的自我反思就是对社会的一种批判与思考。《风筝》的结尾说："我倒不如躲到肃杀的严冬中去罢，——但是，四面又明明是严冬，正给我非常的寒威和冷气。"这不是点明了当时的社会环境吗？作者用高度凝练的一笔，把具体事件放进特定时代背景里面，使自我解剖和当时的社会紧密相连。由此可见，作者取材的内容虽然是生活中的点点滴滴，但由于独到的见解，所以文章以小见大，意蕴深远，一个独特的事件，反映了带有普遍性的问题。作者的深思熟虑，可见一斑。由此可知，分析散文必须深入理解写作背景，从而才能深入理解课文，使得散文反映生活的功能得以实现。

5.通情达理法

散文的艺术形象的实质是作者按照自己的认识，用形象化手法表现的客观事物。因此，散文中的艺术形象是由作品所写客观事物形象和作者在作品中表现出来的自我形象交融而成的。凡优秀的散文作品，不但客观形象生动，而且作者的自我形象鲜明，跃然欲出。因而具体分析一篇散文的艺术形象，其实就是要求回答：是什么样的形象？表现或流露出作者怎样的思想感情和倾向？无论抒情散文还是说理散文均需要读者对散文的情理予以梳理，任何一篇散文不可能脱离情与理的渗透，因此对二者的通畅是读者吸取散文精华的必经之路。这就要求读者对全篇的具体题材一一进行分析，然后加以综合归纳，确切地了解、把握全篇主题和作者的自我形象，从而认识这一作品的艺术特点。

具体来说，分析说理文的形象性，就是分析其中例证的特点和表述；分析叙事文的形象性，就是分析其细节的特点和描述；分析抒情文的形象性，就是分析借以抒情的具体事物的特点和表现。例如韩愈的《原毁》是说理文，其客观形象就是文中用形象化方式表述的例证。它的正面例证是那种见贤思齐的人物类型，思想明确；它的反面例证便是几种妒贤嫉能、党同伐异的人物，特征鲜明，丑态毕露。正反对照，反复比较，从而具体生动地说明了诽谤的缘由和丑恶。抒情文多用比兴手法，比较不容易把握。如阅读王羲之的《兰亭集序》就必须先抓住景象的特点，从"茂林修竹""天朗气清"的山中景象中分析对比衬托的表现技巧，动中见静、象外有神的表现手法，以及由远而近的层次结构，融情于景的艺术表现手法，从而理解"快然自足"的乐趣。同时分析情理又自然地带上了读者的烙印。读者感觉和了解到的作者的自我形象，其实是读者以自己的理解，用自己的生活经验加以充实和想象来完成的。因此，分析散文的自我形象，实际上是在分析题材形象的同时取得的。所以同一作者的不同作品中所表现的自我形象可能颇不相似。例如欧阳修的《与高司谏书》和《醉翁亭记》两文所表现的作者自我形象几乎是两个人。《与高司谏书》中的自我形象显得尖锐激烈，斩钉截铁；而《醉翁亭记》中的自我形象则是那样忠厚坦荡，自乐乐人。《与高司谏书》是抨击不正直的、丑恶的东西，所以是非分明，针锋相对；《醉翁亭记》是赞美与民同乐的善举，所以情畅意悦，徐徐说来。可见分析散文作品的自我形象，实际上是分析作者对所写主题的是非爱憎、好恶的思想感情和倾向。

6.特色归纳法

优秀的散文作品具有鲜明特色，包括从内容到形式，从情感到遣词造句，因此分析散文、归纳文章特色就是对散文深入学习的过程。鉴赏散文，如不辨其法，自然只能得其皮毛，始终只能停留在字面上做些浅尝辄止的欣赏。当今诸多课堂打着新课程的名义忽略了这些对散文精髓概括的学习过程，这是散文教学的一大硬伤。高尔基说："必须知道创作技巧。懂得一件工作的技巧，也就是懂得这一工作本身"，"技巧是文化成长的一个基本力量，是文化全部过程的一种主导力量"（高尔基《谈谈〈诗人丛书〉》）。散文技法的归纳主要有以下几个方面：

（1）表达方式的作用

一篇文章或一个文段，一般会以一种表达方式为主，出于表达主题的需要，往往几种表达方式综合运用，不同的表达手法，其作用意义各不相同，因此教学中要对不同的表达方式做较细致的分析。

①描写的作用。散文中的描写可分两大类：一是人物描写，包括肖像描写、语言描写、动作描写、心理描写、神态描写、细节描写等，以此突出人物的性格特征；一是环境描写，包括社会环境和自然环境的描写。有正面描写也有侧面描写，描写有的结合各种修辞手法作生动、形象的描写以突出强调描写的对象，有的则是运用白描，文字朴实、简练、干脆。景物描写对表达作者或人物思想感情具有重要作用。要严格区分小说景物描写与散文景物描写的不同（小说景物描写的作用是渲染气氛或交代时令，衬托人物；散文景物描写的作用是直接表达作者的思想情感或主题）；人物描写主要是对外貌、神态、动作、心理的描写，主要目的是突出人物的思想性格。

②议论的作用。散文中的议论，大多是在叙述描写的基础上引出作者的感想、认识，直接抒发对所写的人物事件的感受及主观评价。作者犹如一个讲解员随时随地就所讲述的人和事发表评论。叙是议的基础，议是叙的深化。高尔基在散文名篇《海燕》中就这样满腔热情地写道：这是勇敢的海燕，在怒吼的大海上，在闪电中间，高傲地飞翔；这是胜利的预言家在叫喊：——让暴风雨来得更猛烈些吧！

这段文字以议论的笔法强化了海燕作为“信使”的极度兴奋喜悦之情，预示着黑暗的沙皇统治即将崩溃，一场人民革命即将到来，表现出无产阶级革命者对时代剧变的敏锐的预见性，表达了一种自信豪迈的战斗情怀和高昂的革命乐观主义精神，起到了画龙点睛、发人深省的作用。

散文中议论的位置和作用一般有：用在文章的开头，起开宗明义、提挈全篇的作用，能使文章条理分明、层次清楚，揭示事物所蕴含的道理和意义；用在文章的结尾，起画龙点睛、深化主题的作用，点明和加深所叙事物的意义；用在文章的中间，起穿针引线、承上启下的作用，使事与事之间紧密地连接起来，使文章结构严谨。

③抒情的作用。抒情是借助具体的艺术形象表达作者思想感情的一种方式，具有点燃读者情绪的重要作用。散文阅读中，领会作者思想情感是重要任务，尤其鉴赏散文更是如此。因此在散文的学习过程中，应该对抒情的表达予以细致的体会。记叙文中的抒情有直接抒情，有间接抒情。直接抒情是在记叙的基础上直接抒发自己对事物的思想感情。间接抒情包括借景抒情，寄情于人、事、物，在字里行间自然渗透作者的感情。在阅读散文的过程中，教师必须把艺术形象所寓含的作者之情、读者之情解析出来，从而引导学生在写作和阅读过程中，学会运用这种表达方式。

(2)表现的手法

表现手法泛指写作上的方法，它必须是一段文字或一篇文章写作的方法。常见的表现手法有：

①寓情于景类——借景抒情、寓情于景、情景交融、移情于景。

②咏物类——托物言志。

③怀古类——借景抒情、即事抒情。

④咏史类——借古讽今、借题发挥。

⑤送别类——即事抒情、即景抒情。

还有如衬托、对比、侧面描写、象征、卒章显志、讽喻、动静结合(以动衬静、以静衬动、动静结合)、虚实结合(以实写虚、寓虚于实、虚实相生)手法等。如记叙文阅读，可以第一遍略读浏览，整体感知内容；第二遍，细读精读，品味深层含义。这里包括理清文章结构、归纳文章中心、体味文章情感、理解重要词句等；第三遍选择文章中的亮点，如语言美、内容美、结构美、形象美、手法美等，进行欣赏分析，归纳文章特色。

三、散文教学的设计

（一）散文教学的目标设计

教学目标是课程目标的进一步具体化，是指导和评价教学的基本依据，是具体的教学过程和学生行为的准则，也是学科课程目标与具体教学内容的结合与具体化。教学目标在每个单元或每节课的教学过程中都有体现。教学目标首先具有导向功能，即把教学活动导向一定的方向。其次具有激励功能。按照维果茨基的“最近发展区”理论，教学目标要适度超出学生的现有发展水平，这样最容易激励学生的学习活动，维持学生持久的学习动力。教学目标还具有标准功能，即为教学评价提供标准。教学效果评价，最重要的就是要评判教学活动是否达到了预期的教学目标，在多大程度上达到了预期的教学目标。教师授课质量评价、课程评价等，教学目标也是评价标准之一。

设计散文教学目标必须充分考虑学生的需求，因为散文教学要解决学生情感需求和语言的驾驭能力问题，这是“以人为本”理念的体现，也是教学目标设计的出发点和归宿。因此散文教学目标设计需要从以下几个维度考量：

1.在散文鉴赏中陶冶学生性情，凸现语文的人文性

一篇好的散文总能写出一种独有的“情致”来。所谓情致，也就是情趣（性情、志趣）。它和所写的内容自然有关，但它并非内容本身，而是透过全部内容所散发出的那种气韵、味道或笔致。这当然和作家的气质性情即风格有关。从某种意义上也可以说：散文就是一种“情趣”的艺术。巴金在总结他自己写散文的经验时说道，我自己有一种看法，那就是我的任何一篇散文里都有我自己。因此散文，是一种最适于抒写作者主观情感和心灵的文学形式。欣赏散文要看到它是种虚实结合的艺术：虚，不离实（外物）的铺垫；实，有待虚（精神）的上升。有实无虚，缺乏精神的含金量；而有虚无实，缺少心灵寄植的根基。散文是一种“自我”的文学、“个性”的文学。如鲁迅《从百草园到三味书屋》与《阿长与山海经》、朱自清《背影》与《荷塘月色》等，就是以“我”为主的散文名篇。在这些作品中，作者真实的个性，特别是其思想感情、内心波动、情绪变化、心理体验等，都被表现得形象而生动，使“我”成为全文的主角。因此散文教学需要引导学生在散文的涵泳体味中反省自身，净化心灵，感受宁静、幸福、崇高等心境。

2. 在散文的思辨中完成明理的价值观，提升学生推理等思维能力

不同类型散文其教学价值不同。其中哲理散文富有的思辨活力，给学生提供了良好的明理机会。鉴赏散文这种独特的哲思美，需要开放性地理解散文的哲思。观照世界，无论作者或读者都不能不基于一定的角度，受制于一定的时空，因而，其寄寓或所感受到的哲思都逃脱不了注定的死角。但历史社会文明的复杂性却时时提醒人们不可以用一种模式来诠释世界，无限纷繁的世界、各式各样的感悟，需要以多元的精神为导引，开放性地接纳、理解，由此而拓展自己的认识空间，从而更好地提高审美品位。比如，归有光的《项脊轩志》借项脊轩的兴废，写与之有关的家庭琐事和人事变迁，表达了人亡物在、三世变迁的感慨以及对祖母、母亲和妻子的深切怀念，真切感人。讲授这篇文章，重点就不应放在对物——项脊轩的记述上，而应从作者的情感入手——“多可喜，亦多可悲”。只有从作者笔下那些生活琐事中体会到作者或喜或悲的真切情感，才能挖掘出此文“事细而情深”的一大特色，才能感受其巨大的艺术魅力。

对于不同类别的散文，教学中也应区别对待。如抒情性散文的教学就要突出其以情感人的育化功能；叙事散文则重点放在文章如何取舍材料突出文章的主题，其主题对学生的启示等上；而说理性散文则要重点放在论证的严密性与论点的深刻性上，培养其分析现象的能力与议论表达能力。如《高中语文课程标准》对议论文的目标定位为：“发展学生的独立阅读能力，使学生能够从整体上把握文本内容，理清思路，概括要点，理解文本所表达的思想、观点和感情，并能够根据语境揣摩语句含义，体会语言表达效果，还能够对阅读材料作出自己的分析判断，努力从不同的角度和层面进行阐发评价和质疑阅读文本中作者的观点；能够充分调动自己的生活经验和知识积累，在主动积极的思维和情感活动中，通过探究性阅读和创造性阅读发展学生的思辨能力和批判能力等；从议论文文本中既要学习观点鲜明、材料充分地表达自己观点的方法，又要习得语言生动、富有个性、言简意赅，具有一定的说服力和感染力的讲话艺术；学会直率、清晰而得体地陈述个人的看法并能够敏捷而恰当地应对和辩驳对方观点的技巧和能力。”

3. 掌握散文“托物言志”与“以小见大”等多种写作手法

散文是一种见微知著的艺术，因此托物言志与以小见大的写作手法是散文的惯用手法。这些手法在日常的生活中广泛运用，因此需要掌握。

散文的内容涉及自然万物、各色人等。古今中外、政事私情可以说是无所不包、无所不有。可以写国内外和社会上的矛盾、斗争，写经济建设，写文艺论争，写伦理道德，也可

以写文艺随笔、读书笔记、日记书简;既可以是风土游记和偶感录,也可以是知识小品、文坛轶事;它能够谈天说地,更可以抒情写趣。但无论是风花雪月还是水木金石,均为表达情感的符号。因此托物言志是散文写作最重要的形式。

散文写作,题材广泛,宇宙之大、苍蝇之微,皆可入文。但从写作实际来看,多数篇章均具有“以小见大”的特点。郁达夫说:“一粒沙里见世界,半瓣花上说人情,就是现代散文的特征之一。”很明显,在这里,“一粒沙”“半瓣花”,都确实小得不能再小了;但写了这“小”,却能从中“见世界”“说人情”,看出“大”来,这不是地道的“以小见大”吗?这种写法也是日常语言表达的艺术体现,因此对于学生能力的培养有着重要的意义。

4.品语言、理结构

散文在各种文体中,偏于“阳春白雪”类,是一种高雅而精粹的“表现”艺术。精美细腻的语言与巧妙的结构是散文的重要特点。一般说,它篇幅不长,但立意深、多见识、有真情、富趣味,特别是其文字表现,有个性、富文采,是民族语言中最为隽永的部分。因此品味语言与梳理文章的结构成为语文教学的重要目标。

散文的语言优美洗练,质朴自然。散文教学应引导学生咬文嚼字,揣摩散文语言的准确性、生动性和其中蕴含的情韵。言为心声,文如其人,不同的作者,写出来的文章会形成不同的风格特点。语言表达的特色,就是这种风格特点的一个重要标志。例如,现代散文中,鲁迅的深沉洗练,茅盾的沉稳劲健,梁实秋的温静典雅,丰子恺的质朴练达,孙犁、老舍的清新明快,林清玄的闲适从容,钱锺书的幽默旷达,徐志摩的秾丽华美,风格各异,异彩纷呈。阅读中辨析文章语言表达的特点,揣摩不同的语言风格,品味其中的意蕴,那是一种美的享受。在形式上,教学要善于抓住文章的文眼,辨明重要文句。文章中的有些句子,如领起句、总起句、过渡句、前呼后应句(包括文中反复出现的文句),往往能体现文章思路,为我们分析文章结构提供重要参考。另外,散文教学还要注意审辨标志性词语。有些文章,为了表达的清晰,往往用一些标志性的词语来表明前后上下内容间的关系。找出这些词语并仔细区别其代表的意思,有助于我们对文章结构的分析。无论是哪一种散文均体现了这些特点,因此其教学也必须抓住这些特点。

四、散文重点与难点设计

(一)字里行间“涵泳”,品“情性”

散文作为文学体裁,情感表达是它的生命与灵魂。因此品味作者情性,陶冶读者情性成为语文教学的重要任务。但是由于学生的生活经验较少,缺少文学积累,因此在文章的情理品味中往往缺少感觉,这一点也成为散文教学的难点。像《背影》写父子亲情:事很少,话不多,只以儿子的“视角”三写父亲“背影”在自己内心所激起的波澜,味之潸然,自有一番动人心弦的情致;而《阿长与山海经》,开篇即出以谐谑的文笔,继之则庄谐并作,而最后竟变为谦恭而肃敬,这种诙谐而多变的笔墨,反映了作者对阿长自浅而深的认识过程,别有一种情致;《我儿子一家》以角色置换的新奇,造成了一种“童趣可掬”的情致美;《紫藤萝瀑布》颂赞生命的蓬勃向上,感情上表现为热烈奔放。这些情感对于没有如此的生活经历或缺乏此情境熏陶的学生来说是很难感受到的。因此教师需要拓展课堂内容,使学生对课文有更深刻的理解和体验。

(二)散文的选材、组材方法

“形散神聚”是散文选材和组材的特点,也是阅读与写作教学培养的重要技能。散文的取材,可谓“杂乱”有章,思路开阔,包容量大。秦牧说写散文最不能丢的是“思想的红线”。即用一个醒目深刻的思想,把看似散乱的大堆材料,贯穿成文。因此散文教学需要培养学生对散文的这些写作方法的把握,同时为学生的演讲与写作打好基础。要实现对这一技能的掌握,就需要教师在教学中分析例文的选材与组材方法,使学生掌握作者驾驭材料的方法和规律。为了提高学生的写作能力,教师在散文教学中需要让学生了解散文的以下选材、组材方法:

1.散文时间取舍法

散文不受时间限制,前可以远涉古代,后可跨及未来,又可覆盖今天。写散文时可以根据散文的这一特点,扩大时间跨度,多充实一些有关事件,插入多组镜头,来增加散文的内容和色彩,使文章多姿多彩。

2.空间转换法

散文既不受时间限制,也不受空间限制,天南海北,空间宇宙,无不可以包容其中。

如鲁迅的回忆性散文《藤野先生》，空间跨度从中国到日本，再从东京到仙台，又从仙台回到北京，接着又来到厦门，空间跨度之大与空间转换之多让人目不暇接，但写得层次分明，详略得当。把复杂的人和事放在每个空间里，有的随意点染，有的泼墨描绘，错落有致，色彩斑斓。如果我们在写散文时注意到这个特点，就不大会犯单薄贫乏的毛病。

3.事件剪辑法

写散文，多数离不开事件，尤其是叙事散文，事件是散文的"硬件"。许多好的散文有一个中心事件，以及一些与之有关的其他事件。如袁鹰的散文《井冈翠竹》，写井冈山的竹子做过武器杀伤敌人，做过竹筒盛粥，做过红军的扁担挑着中国革命从井冈山走到延安，走到北京。新中国成立后，竹子又被派上了建设社会主义的新用途……

4.表达方式综合法

散文常用记叙、说明、抒情、议论等表达方式。茅盾名篇《白杨礼赞》，综合地运用了多种表达方式，如文章开头记叙和描写了汽车在黄土高原上奔驰时"我"看到的黄土高原的面貌，用抒情和议论点明了白杨树的象征意义。这些方式的运用，有力地表达了主题，使文章气势浩大，摄人心魄。我们在写散文时，要特别注意综合地运用多种表达方式，使文章富有波澜。

（三）散文教学方法

散文是语言与情感的完美结合，因此一篇优美的散文应既有优美的语言，又有令人产生共鸣的情感。在散文教学中，教师首先应该让学生在阅读中品味多情的语言；以自主阅读为指导思想，充分尊重学生的阅读体验与创造。师生以文本为载体，主动探索，共同发展自我。

1.诵读法

散文不仅美在情思，还美在语言。美文需要读，正确的朗读是视觉、听觉与情感、思维的全方位投入。它容易使学生从优美的韵味和流动的气脉中产生妙不可言的感觉。一篇文章读好了，鉴赏的目的也就基本达到了。如果文章的基调是明快的、乐观的，要读出明快、跳荡的节奏来。对文中倾注了作者情感的句子，朗读时要加重语气，要读出语言的神韵，读出作者的情感。对于语言优美、感情含蓄的句子，语调应轻柔、舒缓；对于慷慨悲壮的句子，要读出深沉肃穆、沉痛的感觉。

欣赏散文的第一步就是要让学生去读，朗读是初步感知散文语言之美的最好方法，它能将学生的情感与作品的情感积极交融，产生强烈而深厚的情感反应，进而使学生深入体味文章丰富的内涵。读时离不开联想和想象。学生只有调动自己的情感，在接受语言信息时展开联想和想象，才能深入领悟语言的神韵。

2.拓展比较法

散文学习重在以点带面，可以以情为点，也可以语言为点。阅读中辨析文章语言表达的特点，揣摩不同的语言风格，品味其中的意蕴等需要在比较学习中完成。散文的特色是在比较中才能见分晓的。没有比较就没有特色，因此散文的教学无论是分析语言还是分析内容，均需要比较。可比较同一作家的不同作品，如《春》《荷塘月色》的思想感情的比较；比较不同作家的不同作品，如《济南的冬天》与《春》中的写作技法的比较；比较不同作家相同题材的作品，如把《生命生命》（杏林子）与《生命生命》（克伦沃森）就思想内容进行比较，从而深入理解和把握文章的美点。除了原文中证明论点的论据（包括分论点）以外，再举出新的论据（或补充出新的分论点）来佐证。韩愈的《师说》，证明中心论点“古之学者必有师”，人“应该从师学习”的依据有四：①师道不传已久；②古之圣贤从师而“圣益圣”，今之众人耻于师而“愚益愚”；③爱子择师而教，于身则耻于师；④巫医等人不耻相师，士大夫之族群聚而笑“曰师曰弟子云者”，导致士大夫之智反而不及巫医乐师等人。从论据角度拓展，就可以补充许多具体论据，例如大圣孔子师从郯子、苌弘、师襄、老聃，分别向他们学习各类知识等事例就可以作为拓展比较的论据。在拓展比较中加深学生对文章的理解。

3.讨论法

散文教学需要尊重学生的自主性。“一千个读者，就有一千个哈姆雷特”同样适用于审美空间巨大的散文。散文鉴赏应由学生自己完成，教师不可越俎代庖。学生通过讨论，可以加深理解，澄清认识，激发起学习探究的兴趣，培养创新意识和合作的精神。如教学《济南的冬天》时，第一步：先让学生自由朗读，注意语速（缓）、语调（柔和）、语气（亲切），体会表达的感情（喜欢、热爱）。然后自选最喜欢、最感兴趣的语段、语句阅读、背诵。第二步：比较阅读老舍的《济南的秋天》，小组合作讨论其异同。第三步：对于济南，你知道多少？收集信息，展开交流。第四步：假如你是一位导游，冬季带领游客来到济南追随老舍的足迹，请你设计一下导游词。第五步：领悟作者的写景方法并试用这种方法描写校园四季和家乡四季。

4. 体悟法

散文中处处充盈着先哲与时贤的精神，可以影响和规范学生的心理结构。新课程语文学习特别强调语文教材研究与教学设计。特别强调“体验”这一心理过程。体悟主要采用以下三个步骤来完成：

第一，文本研读。认真细致地研读课本，理清作者情感的脉络。

第二，融情于景。把自己的感情与作者的感情通过散文的内容沟通起来，且尽可能地与作者达成共识，产生共鸣。若抛开作者所寄予的情感去琢磨作品中的景，那景就显得苍白无力了。只有借助于作者的情感脉络，才有可能透视出其所描绘的景的灵气。因为散文笔下的景非自然本身，而是艺术化了的客观自然物。景是情的载体，同样的景在不同的作者笔下反映出来的情是完全不同的。同样是“草尖上的水珠”，作者可以将之写成“绿枝上的珍珠”，也可写成“情人的眼泪”或“碧天里的星星”。因此，若要入境，非了解景中真味不可。

第三，想象与联想的运用。入境还要借助于读者的想象与联想。作品中表现出来的物象，读者只有通过视觉感知，通过大脑的艺术加工、分析、评判、总结，才能在脑海中形成生动的、带有灵性的景观。作品中的叙述与描写在读者的脑中经过过滤，与读者的生活经验、素质、涵养等结合起来，借助于想象与联想，再造艺术形象，这个新的艺术形象可能不够准确、不够完整，但这个新的形象，毕竟是读者自己的情感体验，它不同于老师上课硬塞给他的知识，而是通过自己的感悟获得的。老师此时若能适当地引导，让学生比较自己头脑中创造的新形象与老师所讲的艺术形象是否一致，则可以使学生取长补短，在比较中获得新的知识。

5. 破眼法

破眼法就是抓住文章的关键词眼来突破，由点连线，由线带面的一种教学方法。散文中通常有一两句最能表达作者思想情感的语句。如在古代散文中，《捕蛇者说》的文眼是“苛政猛于虎”。《石钟山记》的文眼是：“事不目见耳闻，而臆断其有无，可乎？”在现代散文中，郁达夫《故都的秋》的文眼是：“北国的秋，却特别来得清，来得净，来得悲凉。”这些文章都是按这些文眼谋篇布局的。《荷塘月色》一文中就有“这几天心里颇不宁静”的关键句。因此利用这个进行散文教学，往往能起到“四两拨千斤”的效果。

通读课文抓“文眼”，是把握散文最基本的一步。通过通读，让学生在文章里寻找该课文中最能反映写作目的或主要内容的句子。文眼是一篇课文的窗户，像眼睛是心灵的窗户一样，抓到并打开这扇窗户，便能窥见全篇，居高临下，整体把握。如《六国论》教学中，抓住“六国破灭，弊在赂秦”一句来层层分析六国灭亡的原因，就可以把课文梳理清楚了。也可以选读重点段落找“文眼”，在通读的基础上找出文眼。这些文眼往往就是文章艺术构思的凝聚点，也是作品外景内情的交融点，它在结构上起着牵动、制约全篇的作用。因此，在语文教学中，抓住了文眼，就等于抓住了理解和把握文章的钥匙。例如茅盾先生的名篇《风景谈》中，“自然是伟大的，然而人类更伟大”便是它的文眼，是全篇的“通体之眼”，找到并抓住它，便可牵一发而动全身，治繁从简，治杂从约。

“破眼”教学，教师的作用体现在一个“导”字上，以教师为主导，以学生为主体，着眼于提高课堂教学效率，引导和启发学生思维，培养自学能力，最后达到“不需要教”的目的。“文眼导读法”是教法和学法的统一，能把教师的“指点”与学生的“独创”有机地结合起来，充分调动学生的积极性，赋予语文教学以生命力。

第二节　小说阅读教学设计

一、小说的内涵

小说是在情节的编织、环境的描写与人物形象的塑造中反映现实生活，表现对人生理解与认识的一种虚构性叙事文体。

小说最早的源头是神话，我国的《山海经》、西方的古希腊神话都是小说的源头。小说的早期形式是故事。因此，在国外中小学的文学课程中，常常把神话、故事与小说的教学放在一类，在低年段倾向于寓言、童话的教学，在高年段倾向于小说教学。

根据不同的划分标准，小说可分为不同的种类。根据篇幅长短可分为长篇、短篇、中篇、微型小说等；根据创作方法可分为现实主义、浪漫主义、现代主义、后现代主义小说等。中国古代小说根据题材的不同，又可分为历史小说，如《三国演义》；英雄小说，如《水浒传》；神魔小说，如《西游记》；志怪小说，如《聊斋志异》；世情小说，如《金瓶梅》《红楼梦》；讽刺小说，如《儒林外史》；谴责小说，如《官场现形记》《二十年目睹之怪现状》《孽海花》《老残游记》等。另外，根据体式的不同，还可把中国小说分为笔记小说、传奇小说、话本小说、章回小说等。

二、小说的特点及分析方法

(一)小说的特点

第一,典型的人物形象。小说以塑造人物形象为主要手段来反映社会生活,表现作者的写作意图。塑造典型的人物形象是小说创作的命脉和首要任务。失去了对人物及其人与人之间的关系的描写,就无法反映具体生动的社会生活图画。塑造典型的人物形象的方法有两种:一种是广泛集中同类人物性格,另一种是"杂取种种,合成一个"。

第二,完整的故事情节。情节是人物活动的整个过程,是人物性格发展的历史,是一定时期矛盾斗争生活在作品中的艺术反映。情节的生动性、丰富性是使作品产生艺术感染力的重要因素。情节的作用在于展示人物性格,表现主题思想。小说的故事情节有一定的完整性,一般包括开端、发展、高潮、结局四个部分,有时还有序幕和尾声。

第三,具体的环境描写。环境是人物活动的背景或者场所,包括社会环境和自然环境。反映社会生活离不开环境描写,刻画人物也同样离不开环境描写。成功的环境描写,对于表现时代风貌,展现风土人情形成和发展人物的性格,深化主题都有重要作用,同时还可以渲染气氛,感染读者增强作品的美感。

(二)小说的分析方法

1.分析小说主题

小说的主题是小说的灵魂,是作者写作的目的所在,也是作品的价值所在。主题的深浅往往决定着作品价值的高低,因此,分析小说应从主题入手。小说主题的表现主要体现在人物形象的塑造和故事情节的展开上。

(1)分析人物形象

人物形象的塑造是小说反映社会生活的主要手段,小说主要通过鲜明而独特的人物形象来反映深刻的主题。人物形象的分析应从以下几方面进行:

①分析人物性格。分析人物形象,要重点分析其性格特征。

第一,通过分析人物的外貌动作、语言、心理活动及细节的描写,可以多角度地把握人物的性格特征。分析时可以从人物的身份、地位、经历、教养和气质等方面入手,因为这些内容的描写直接决定着人物的言谈举止,决定着人物的性格。

第二，通过分析描写人物形象的方法，可以多方面地把握人物形象的特征。每种描写人物的方法都有其独特的作用和分析要点。如分析肖像描写，应分析人物的外貌变化和那些富有特征的细节描写，从而揭示人物的内心世界；分析动作描写，应分析人物在激烈的矛盾冲突中的表现，因为人物的性格主要通过人物的行动来表现；分析人物的语言，要分析那些最能表现人物个性的语言；分析人物的心理，要注意分析心理描写对揭示人物思想和表达主题的作用。

②分析矛盾冲突。小说中的人物不是孤立存在的，他总是要同一定的人物或环境相联系。因此人物与人物之间、人物与环境之间的矛盾冲突对人物形象的分析起着重要的指示作用，人物的性格会在矛盾冲突中得到体现。如《故乡》中的杨二嫂，在去老屋要东西的过程中，与小说的主人公发生了一些矛盾冲突，她的自私、尖酸、泼辣、贪婪的性格也因此得到具体的体现，通过对杨二嫂人物形象变化的描写，深刻地揭露了在帝国主义和封建主义的双重压迫下中国社会的巨大变化以及民不聊生的生活现实，这些矛盾冲突使主题更加鲜明、深刻。

③分析思想意义。分析人物形象蕴含的思想意义是挖掘作品主题的最好途径。作品来源于生活又高于生活，作品中的人物形象代表社会上的某一类人，而这类人的故事又是某种社会生活的折射。因此，分析人物形象蕴含的思想意义对于挖掘作品的主题有着极其重要的作用。例如《故乡》中的闰土由原来活泼、刚健、聪明、热情、见多识广、讲起农村见闻来滔滔不绝的农村少年变成了一个虽勤劳质朴，却生活困苦、麻木迟钝、愚昧落后的“木偶人”，这一形象具有深刻的思想意义：闰土的变化反映了辛亥革命后在帝国主义和封建主义的双重压迫下，广大农村日趋破产、农民生活日益艰难困苦的现实，同时表明社会意义上的革命，必须从闰土这一类人身上进行。从这一角度来分析，闰土的形象具有典型意义，因此，分析主题，应分析人物形象蕴含的思想意义。

(2)分析故事情节

情节是塑造人物的手段。情节由人物之间、人物与环境之间以及人物自身的矛盾冲突构成。因此分析情节首先要分析人物之间的关系，其次要分析情节展开的过程，接着要分析情节组成的部分场面。分析情节要与分析人物性格结合起来，因为小说的任何一个情节都是为塑造人物和表现主题（中心思想）服务的。分析情节展开的过程要重点把握情节发展的连贯性和完整性，从开端、发展、高潮、结局的全过程来全面地理解作品的思想内容，同时在分析时不能对情节发展的各个阶段平均用力，应当把主要精力放在分析情节的发展和高潮部分；分析场面主要是指：细致地研究每个场面中人物的关系以及事件过程，研究场面之间的关系，以及每一个场面在完整情节中的地位和作用。

2. 分析语言特点

小说的语言分为两大部分，一是作者的叙述性语言，一是小说中个性化的人物语言。我们分析小说的语言，也要从这两方面入手。一方面分析作者的语言风格，另一方面分析作品中的人物语言。

每个作者的语言风格都是不同的，笔下的人物语言也各具特色。比如有的小说语言是机智幽默的，充满着机敏智慧，如钱锺书的小说；有的小说语言是明丽清新的，如沈从文的小说；有的小说语言是通俗化、口语化的，如老舍的小说；有的小说语言充满讽刺；有的小说语言比较冷峻……在分析作品语言风格的时候，可以采用比较、联想、诵读等方法。比较法通常是指在同一语言环境中，选用不同的词语，从各个不同角度进行比较分析，在这种具体分析中体会作者用词的匠心，从而理解作品的语言特色；联想法是针对小说细腻生动的语言特色进行的分析，可以结合小说设计一些问题，通过对问题的分析讨论，促使学生对文字所展示的生活图景或形象展开联想，通过联想再现小说中的场景，从而更深刻地体会小说的语言特色；诵读法就是通过分角色朗读的方法再现小说中人物的个性化语言，从而更深刻地体会小说中人物的语言特色，这种分析语言的方法主要是通过语音的强弱高低、语调的平直升降、速度的急缓、停顿的长短等方面来进行，因为这种方法能产生强烈的语感，而语感又是我们分析作品语言特色最重要的途径。

3. 分析环境描写的作用

小说中的人物总是生活在具体的环境当中，因此分析小说要注意分析环境描写，以便更好地理解人物性格和作品的思想意义。环境描写是用来交代背景、衬托人物、渲染气氛、推动情节发展的，包括自然环境描写和社会环境描写。

自然环境描写是指作品中对人物活动的地点、季节、天气、时间及自然景物等的描写，对表现人物身份、地位、行动，表达人物心情，渲染气氛起着很大的作用。分析小说中自然环境描写的作用，主要从以下几个方面进行：

①分析故事发生的时间地点、季节、气候等因素。

②分析人物身份及人物心境。

③分析对气氛的渲染。

例如，《我的叔叔于勒》中有两处自然环境描写：

①菲利普一家人出发到哲尔赛岛旅行时，轮船是“在一片平静的好似绿色大理石桌

面的海上驶向远处”。

②返回途中，人们望见“天边远处仿佛一片紫色的阴影从海里钻出来”。景色从明丽到阴郁，正揭示了主人公菲利普夫妇见到于勒前轻松、欢快，见到于勒后沮丧沉重的心境，两种迥然不同的心境正突出了他们虚伪冷酷、自私的性格特征。

“中秋过后，秋风一天凉比一天，看看将近初冬……”（鲁迅《孔乙己》）寥寥十数字，为孔乙己的最后一次出场渲染了一种阴冷、悲凉的气氛，也让读者自然而然地联想到社会的冷漠，从而暗示了孔乙己悲剧结局的必然性，激起人们对当时社会的憎恶和对孔乙己的深切同情。

社会环境是人物活动的历史背景、社会情态、阶级关系等因素的总和，分析社会环境有助于深入理解小说的主题思想。例如《最后一课》中写人们看布告牌，写普鲁士士兵的操练，目的在于交代背景，便于读者理解小说表现爱国主义精神的主题。

三、小说教学设计

（一）小说教学目标设计

1.小说教学目标

（1）知识与能力目标

①认识文学。在现今社会，小说可以说是最通俗，最受不同层次读者喜爱的文学样式了。小说教学应使学生在阅读鉴赏中，了解小说文学体裁的基本特征及主要表现手法，了解作品所涉及的重要作家知识及其他文学知识，既达到知人论世地分析作品，加深自己对作品的理解，又达到培养文学素养、提高艺术品位的效果。

②形成能力。小说阅读首先是发展独立阅读能力，使学生能够从整体上把握文本内容，理清思路，概括要点，理解文本所表达的思想观点和感情；并根据语境揣摩语句含义，体会语言表达效果；能够对阅读材料作出自己的分析判断，可以从不同的角度和层面进行阐发、评价和质疑。其次是培养和形成个性化的阅读能力，使学生能够充分调动自己的生活经验和知识积累，在主动积极的思维和情感活动中，获得独特的感受、体验和理解；在老师引领下积极开展探究性阅读和创造性阅读，发展想象能力、思辨能力和审读批判能力。再次是形成根据不同的阅读目的、针对不同的阅读材料，灵活运用精读略读、浏

览速读等各种不同阅读方法的能力，并提高阅读效率和效果。最后是既可以独立地灵活地使用常用语文工具书，利用多种媒体搜集和处理信息，又养成合作学习、互相切磋的习惯，乐于与他人交流自己的阅读鉴赏心得，展示自己的读书成果。

(2)过程与方法目标

①在独立阅读和相互交流中鉴赏作品，感受形象、品味语言，领悟作品内涵，享受审美体验，受到感染和启迪。

②应自觉运用普通话流畅地朗读经典小说，用合适的语气语调表达出文中人物的情感、作者的态度和自己的阅读感受。

③通过运用多种方法学习和鉴赏必修课程和选修课程中的小说作品，掌握小说鉴赏的目标步骤、重点和难点。

(3)情感态度与价值观目标

①完善人格。课标明确要求，在阅读与鉴赏活动中，要不断地充实学生的精神生活，完善学生人格，提升学生的人生境界，加深学生对个人与社会、自然、国家关系的思考与认识。

②涵养心灵。新课标要求教师要通过对优秀作品的品读和鉴赏，培养学生积极乐观、严美求是的鉴赏态度，既注重审美体验，又重视涵养心灵，在高雅文学的鉴赏中养成高尚的审美理想和高雅的艺术趣味。

③培养兴趣。通过鉴赏文学作品，感受文学形象，品味文学语言，领悟文学作品的丰富魅力，使学生养成审视、鉴赏和评价作品的习惯，并努力探索作品中蕴含的民族心理、时代精神、价值观念，既借助阅读丰富自己的社会生活和情感世界，又养成正确自主、广泛多样的阅读兴趣，努力扩大自己的阅读视野，增长自己的人生智慧。

④积淀底蕴。认同中国古代优秀文学传统，体会其基本精神和丰富内涵，是阅读和鉴赏中国小说的重要目标。积淀民族文化底蕴，汲取民族智慧，还可以使学生学会既能运用历史的观点理解和评价古代文学，又能用现代眼光审视古代作品的思想倾向，评价其积极意义与局限。

2.三对关系的处理

在预设小说教学目标时应处理好以下三对关系：

①重点突破与全面开花的关系。

小说包括人物、情节、环境三要素，任何一部经典小说的内涵都是很广的，“知识与能力”“过程与方法”“情感态度与价值观”的三维目标要在一堂课上解决几乎是不可能的，这里就需要“重点突破”，不要也不能“全面开花”。如果面面俱到，很容易蜻蜓点水、流于形式；若能抓住重点，通过一个主问题带起连串问题进行深入的思考、研究和交流，让学生以同样的方法理解该小说中的其他人物甚至是其他同类型的小说，教学就会收到更好的效果。

鉴于小说教学中程式化、面面俱到的问题，小说教学只有先实现三维目标的人性化、线索化、现实化，才能真正实现教学过程的以点带面和举一反三。

首先，人性化。小说教学，应该以人为本，无论是文学作品中的人物还是现实中的人物都是丰富多彩的，所以说，小说教学最忌讳的是教师按照经典品评结论，给小说人物贴上“标签”，这样会使学生反感，不能引发他们深入学习的积极性，而应该从更人性化的情感价值观的角度出发，给予小说中的人物形象以实事求是的、更加符合作品历史背景的客观评判。

如对《项链》中的玛蒂尔德的评价，不应只因其“虚荣心”而简单地将其一棒子打死，在她的身上我们依然可以看到诸如善良、诚信、执着等难能可贵的品质。《杜十娘怒沉百宝箱》中，也不能因为杜十娘的妓女身份而先入为主地标签式评价这个“妓女”，她也是一个聪慧而充满理想、追求爱情和家庭幸福的美丽女子，也不应将其悲剧简单甚至死板地归为“封建礼教”，可以说杜十娘的问题是至今没有解决的问题，即使现在杜十娘的悲剧依然存在，可能还不在少数。

“人性化”地评价小说中的人物形象，对于学生更好地理解和把握小说的情感态度和作者的价值取向能起到良好的指导作用，对于培养学生小说阅读的兴趣有着很好的促进作用。

其次，线索化。小说的体裁特点决定了其涉及的知识面广。课堂的教和学带来诸多困难。如何化繁为简，提高课堂效率，优化教学结构，是一个亟待研讨的问题。“线索法”让原本复杂烦琐的文本变得“条分缕析”，一下子“纲举目张”了。

如在《药》中，小说既以“药”为标题，又以“药”为线索，全文体现“华”家不幸的明线脉络可以用“买药”—“吃药”—“谈药”—“药效”（上坟）联系起来，与之对应的体现“夏”家悲剧的暗线脉络可以用“被杀”（药源）—“被吃”（血成药）—“狱中斗争”（成药原因）—夏母羞祭“叛儿”（华妈悲伤亡子）联系起来。只要明白了这两条线索，并找出两条线索之间的关系，以及交织在两条线索上的两个家庭成员，即“华”“夏”家的矛盾之后，其他都能迎刃而解。在《杜十娘怒沉百宝箱》中，教师引导学生找线索：杜十娘为什么“怒”？“怒”的过程是怎样的？“怒”的结果又如何？让学生在问题串中不断地思考和探究杜十娘悲剧的真正原因。

“线索化”是紧紧抓住全文关键之处来展开教学活动的，有利于全面调动学生的积极性，引导学生独立阅读、独立思考，实现三维目标；有利于提高课堂效率和优化教学结构。

再次，现实化。优秀的文学作品，尤其是小说，都应该是具有永恒的文学和社会价值的，应该也能够给历代的读者以全新的阅读感受。因此，在小说教学目标的确立中，要注意现实性，联系现实更能提升学生对于文本的理解。

如在《鸿门宴》的学习中，可以让学生探讨关于“英雄”的话题，在新的时代，我们可以结合时代人物，重新判定在新的时代背景下，怎样的人才是英雄。在《家庭女教师》中，从两个女孩子对家庭女教师和对父母感情的不同及转变，联系自身成长经历，探究成长问题；从《孔雀东南飞》中刘兰芝和焦仲卿的爱情悲剧看爱情问题、女性问题、人权问题和婆媳关系问题；在《狂人日记》中探讨先行者的悲剧问题……

一篇小说展现的其实就是一个社会种种的现实问题、社会问题都会在其中以各种方式呈现出来，学生需要学习的是揭开罩在小说外表下的神秘面纱，探究其深层的时代内涵和社会内涵，所以教师在设定教学目标时应尤为注意目标的现实性。

(2)理顺知识与情感的关系

长期以来在小说教学中出现了两种比较突出的现象：一方面，学生对小说喜“看”而恶“学”；另一方面，教师对小说“析”多而“品”少。这导致在课后，学生多会饶有兴致地将文章看完，但是在课堂上，却经常出现教师唱“独角戏”的尴尬情形。

这其中一个重要原因是教师没有解决好“情”与“知”的关系，学生更易接受的是小说中的情感体验，而教师却拼命地要将所谓“经典”的“门道”授予学生，对知识和能力发展关注过度，生硬地把小说肢解为“人物”“情节”“环境”等小块，忽略了通过更合适的过程和方法启迪学生，忽略了将“知识与技能、方法”的学习有机地融入“情感、态度与价值观”的“品味”过程之中。小说教学应让学生既能看“热闹”，更能看清“门道”。以下的教学设计方法则着眼“因情悟道”“因道体情”，努力使小说实现知识与情感的融合。

首先是情境代入法。如小说《荷花淀》中简简单单的几句话生动地将女人们不同的性格特征刻画出来，作者的情感态度也可见一斑，“听说他们还在这里没走。我不拖尾巴，可是忘下了一件衣裳”描述的是一个机智伶俐的妇女；“我有句要紧的话，得和他说说”更是一个直率可爱女子的真实写照。可以让学生采用代入法自己品读，更可以几个女生甚至男生反串朗读，让学生在语言的运用和语气的把握中解读不同人物的性格，从而明晰作者的价值评判，形成自己更为全新而深刻的理解，把握小说主题。在此过程中，学生既明白语言描写在刻画人物性格和表达主题中的作用，同时也对根据地军民的纯洁和坚持有了更深的了解。如此必能使学生的“情”之陶冶与“知”之掌握和习得的目的均得以落实。

其次为想象联想法。如鲁迅《药》中有一段描写：“一个浑身黑色的人，站在老栓面前，眼光正像两把刀，刺得老栓缩小了一半。”让学生思考：“老栓为什么缩小了一半？”对于有一定挑战意味的题目学生都是比较喜欢的，可以启发他们联系现实进行想象和联想。在现实世界中，一个人是不可能缩成一半的，这分明违反了现实逻辑。然而，在小说所创造的艺术世界中，它又符合逻辑，作者运用夸张的写法，把刽子手贪婪、凶狠的形象展现在读者面前，从而表达了作者对刽子手的憎恨，对华老栓的同情。在此，学生明晰了“艺术源于生活但又高于生活”的道理。

(3)注意兴趣扩展与知识积累的关系

通常学生对小说的故事情节很感兴趣。但是，任何的语文学习都需要提升学生的素养。课堂再热闹，如果仅仅限于满足学生的好奇心，不能转化为学生的积累，那也是失败的，是低效甚至无效的课堂。因此，将兴趣和积累结合起来就显得尤为重要。

在《热爱生命》中，学生深深地为杰克·伦敦所创造的生命之歌所感染，他们为主人公的勇敢、坚强、执着所打动，为主人公和狼身上所体现出来的生命的力量所震撼。这个时候，教师可以适当地加以拓展和巩固，介绍其他相关的人物例子，如“文王拘而演《周易》；仲尼厄而作《春秋》；左丘失明，厥有《国语》；孙子膑脚，《兵法》修列……”，可以让学生进行记录并背诵，从文内扩展到文外；也可以联系当代身残志坚的人物，如史铁生、霍金、桑兰等，使学生在受到生命触动的同时，加深对生命意识的理解。在此过程中，学生的兴趣得到了维持和提升，知识也得到了积累。

（二）小说教学重点与难点的设计

1.小说重点的设计

(1)引导学生熟悉故事，了解文章结构特点

小说创作中，作者的重要任务是塑造典型人物。典型人物性格的形成、发展是通过人物间的矛盾所产生的一系列生活事件中显露出来的，也就是通过情节表现出来的。因此，小说教学必须重视分析故事情节。教读《鲁提辖拳打镇关西》，板书课题后，先由学生补充介绍选文前段的内容，然后老师问道“有朋自远方来……”，学生齐接“不亦乐乎”，老师随后把“乐”字写在了黑板上，并用箭头指向课题的“打”字。“为什么由乐而打呢？”学生

有了疑问,便产生了阅读课文的欲望,在教师的指导下理出了故事的情节,把握了事件发展的脉络。从"把碟儿,盏儿都丢在楼板上"到"向店里掇条凳子,坐了两个时辰"的情节发展变化中,学生们理解了鲁提辖"粗中有细"的多重性格;从激怒郑屠到三拳打死郑屠,学生们又理解了鲁提辖有勇有谋的性格侧面,而这两个性格侧面的形成又是鲁提辖富有正义感的思想性格发展的必然结果。再从鲁提辖的结局"提了一条齐眉短棒,奔出南门,一道烟走了",可见社会黑暗,恶人横行,好人遭殃。顺着跌宕起伏的情节分析,作者的创作意图、中心思想也就跃然纸上了:小说表达了被压迫人民伸张正义的强烈愿望。这样从分析情节入手,学生易于掌握小说中人物性格特征,教学就起到了事半功倍之效果。

(2)引导学生准确把握小说主要人物的性格特征

人物形象塑造成功与否很大程度上取决于性格的展示,而性格又是由环境所决定的,因此对教学中形象的性格分析可谓"牵一发而动全身"。情节本身也是一定性格的人物间发生不同关系的必然结果,不同性格的人物之间会造成不同的必然结果。在情节显现人物性格的同时,人物性格也决定着情节的发展。因此在小说教学中也应引导学生分析主要人物的性格,从而把握好小说的创作意图。

(3)深入探究环境描写的作用

环境是人物活动和故事发生发展的场所。特定的人物总是在特定的环境中成长起来的,所以对小说环境描写的分析,也是理解人物形象的一个重要方面。小说中社会环境和自然环境的描写,其深刻意义在于回忆历史、反思现实。成功的环境描写最能展现作者的语言运用能力。因此对环境的描写分析和把握是小说的重点。同时,由于它不直接反映人物特点,因此往往被学生忽视,有时甚至误解,因此它也是小说教学的难点。

以自然环境对人物性格发展的作用为例,《七根火柴》一课的主要人物——无名战士的崇高品质就不仅仅是情节发展的结果。从情节来看,文章安排为:无名战士保存了七根火柴,并托付卢进勇将其转交给部队——无名战士牺牲——卢进勇追上部队,火柴给部队带去了温暖。单从情节分析平淡无味,而真正能打动人心的是细致的环境描写。草地气候瞬息万变,此时风雨交加,气候寒冷,写卢进勇又冷又饿,突出了过草地时大部队对火的需求,写卢进勇全身湿透,说明保存火柴的艰难。在同样恶劣的环境中,有一位比卢进勇伤情更重,饿得、冻得奄奄一息的无名战士却等待着"托付"。无名战士的崇高形象就是在作者描写的恶劣环境中高大起来的,学生在反复体味中理解了作者的创作意图:表现二万五千里长征中,红军战士一心想着革命,一心想夺取全国胜利的共产主义精神。如果该小说没有细致的环境描写,人物形象就不可能打动读者。

生动的人物形象、完整的故事情节，典型而具体的环境是小说创作不可缺少的三要素，教学时既要兼顾，又要敢于取舍，避免平均用力。其实，除了情节、人物和环境三要素可以作为小说教学的重点以外，凡是小说课文独具特色的思想感情或艺术手法，教师在教学中都可以将它作为教学重点。例如教读鲁迅的《药》，既可以将明暗两条线索的梳理作为重点，也可以将对小说标题“药”的多层意蕴的把握作为重点；教学孙犁的《荷花淀》既可以将小说的环境描写作为重点，也可以将小说的人物性格分析作为重点。

总而言之，小说情节的安排、环境的描写总是为塑造生动的人物形象服务的，人物性格的刻画又是为揭示作品主题服务的。每篇小说安排情节、描写环境、塑造人物和揭示主题的手法都是不一样的，教师在设置教学重点时需要设计出符合学生认知心理的教学过程。

2.关于小说教学难点的设计

小说教学难点设计涉及两方面的因素：一方面是阅读对象，即阅读文本自身的因素；另一方面是阅读主体即教育对象的因素。执教者在设计教案的时候，为了准确预设符合学生阅读实际的教学难点，就必须做到两个熟悉：一个是熟悉文本，熟悉文本教学待挖掘的因素；另一个是熟悉学生，熟悉学生的已有知识、能力。在此基础上，教师可从以下几个方面确定教学难点：

(1)注意在作品中的思想和艺术要素的联系点上确定难点

情节是展示人物性格的历史，在情节和人物两个要素之间找教学难点，就会生发出许多颇有价值的问题；如同样是表现人物的愚昧和麻木，《故乡》与《药》为什么情节及其情节设置是那么的不同？同样是设置了情节的尾声，《装在套子里的人》的尾声和《项链》的尾声为什么作用很不相同？鲁迅的《药》和叶圣陶的《夜》都有明暗两条线索，而且都是暗线表现革命者的慷慨就义，那两篇小说的主人公是否都是暗线人物，即革命者夏瑜和革命者映川夫妇？这些问题恐怕不是轻易能够得出明确答案的。

(2)注意从人物言行背后的动机入手来确定教学难点

小说以塑造人物为核心，通过塑造人物来表现主题思想。而表现人物性格的主要途径是依靠人物自身的言语和行动，人物的言行是靠心灵指挥的，所谓言为心声是也。如何依据人物言语行动来准确判断人物本质和个性呢？那就要准确判断人物言行的真假，判断人物言行背后的动机。《林黛玉进贾府》中，同样是赞美黛玉之美，“众人见黛玉年貌虽小，其举止言谈不俗，身体面庞虽怯弱不胜，却有一段自然的风流态度，便知他有不足之症。因问：‘常服何药，如何不急为疗治？’众人这一问是真心关切地问。王熙凤携着黛玉的手，上下细细打量了一回，仍送至贾母身边坐下，因笑道：‘天下真有这样标致的人物，我今儿才算见了！况且这通身的气派，竟不像老祖宗的外孙女儿，竟是个嫡亲的孙女，怨不得老祖宗天天口头心头一时不忘。只可怜我这妹妹这样命苦，怎么姑妈偏就去世了！’说着，便用帕拭泪。”这“一携手”“一打量”“一笑”“一夸”，最后“一叹”“一哭”，则完全是为了讨好贾母，至于林黛玉的“美丽”与“疾病”都只是她向贾母表演的由头而已，其言行与内心世界完全不一致。只有对这些形象的言行进行细致分析才能揭示人物的行为动机，进而分析人物性格，培养分析与归纳能力。认识和挖掘人物言行背后的动机，不仅是小说教学的难点，在现实生活中也是认识人、研究人的难点。

(3)从细节描写中找教学难点

细节是形象的生命，人物形象的许多性格是通过细节表现出来的，而关于细节的意义内涵也常常是众说纷纭，因此也往往是教学难点所在。比如在《药》的开头，有一段细节描写：

“华大妈在枕头底下掏了半天，掏出一包洋钱，交给老栓，老栓接了，抖抖的装入衣袋，又在外面按了两下，便点上灯笼，吹熄灯盏，走向里屋子去了。”

这里一个“掏”，并且是“掏了半天”的“掏”，和老栓“抖抖的装入衣袋”的“抖抖”，还有“又在外面按了两下”的一个“按”字，把老栓一家人攒钱之艰难和艰辛非常形象地描写了出来，也说明这钱已经积攒了多时，是专为小栓治病用的，并且小心地包起来，藏在枕头下，取时需“掏”。而老栓接了却“抖抖”地装入衣袋，还在外面“按了两下”，是怕装入衣袋时有什么闪失的非常小心谨慎的心理表现，说明老栓夫妇积攒这点钱真的不容易，现在舍得拿出来，完全是为了救儿子的命。教学中教师必须善于发现常人未所见的细节。

细节最能反映人物心理，细节之中见精神，但细节中的内涵和意义却是要有一定的艺术眼光和审美能力才能发掘的，这也是认识作品、评价人物的难点之一。细节决定作品的命运，同样教学中能否抓住细节进行学习、能否从细节突破直接决定着小说教学水平的高低。

(4)从环境对于人物性格形成的价值和作用上确定教学难点

环境是人物活动的场面、故事演变的空间。人物性格的形成首先受环境影响，所以，在环境之中寻找人物性格形成的原因是分析小说主题思想的基本途径。如何从环境因素中寻找人物个性的差异，以及差异对于揭示作品主题有何价值等，均成为教学的难点。如沈从文的《边城》一开头有两段环境描写：

“由四川过湖南去，靠东有一条官路。这官路将近湘西边境，到了一个名为‘茶峒’的小山城时，有一小溪，溪边有座白色小塔，塔下住了一户单独的人家。这人家，只一个老人，一个女孩子，一只黄狗。

小溪流下去，绕山岨流，约三里便汇入茶峒大河……小溪宽约廿丈，河床为大片石头作成。静静的河水即或深到一篙不能落底，却依然清澈透明，河中游鱼来去皆可以计数……”

这两段寥寥数笔的环境描写，勾勒出一幅明丽清新的画卷。既为故事提供了纯净美好的自然环境，又暗示了人物心灵的清澈、淳朴和美好，但同时以环境的“边远”和“偏僻”暗示了人物生存环境的封闭。如此美好清澈、如诗如画的环境，如此淳朴厚道、从内心到外表都美丽的人物，因为什么而使爱情演变成了一幕悲剧？这个悲剧的价值和意义究竟是什么？要证明什么呢？这些环境描写所蕴含的情感往往是学生不能感受到的，因此需要教师引导体会。

（三）小说教学方法

小说以它故事情节曲折跌宕、人物形象具体生动、环境描写多姿多彩吸引着学生的兴趣，这也是小说的优势。生动的内容决定了小说教法的丰富多彩。

1.问题牵引，合作探讨

学生可以通过座谈的形式提出自己学习中尚不理解的问题，相互探讨。可以采取由下而上，先分散后集中的方式。如学习《故乡》时，教师可以先引导学生围绕中心段质疑：闰土心里有哪些稀奇事？这些事反映了什么？“我”为什么对这些事感到新鲜？“我”和“我”往常的朋友为什么不知道这些事？“他们都和我一样……”是什么意思，说明了什么？学生提出难以理解的问题后，引导学生分小组讨论，自由发言与小组协商结合。在整个讨论过程中，老师既要“到位”，又要“不越位”。即在学生思维出现停滞的时候，一定要加以点拨和引导；而当学生自主进入作品境界进行独立感悟，可以自主交流独到见解的时候，老师一定要给学生充分发言的机会，尊重学生的第一感悟，决不能把老师的见解强加于学生，或暗示现成答案，束缚学生的多元思考。

2.以读带写，以写促读

小说教学过程中，可以把读写结合起来，以读带写，以写促读。这里所说的“写”不是指学习小说创作。我们所说的“写”是指对于篇幅较长的小说，可编写故事梗概、故事提纲。如学生喜爱雨来、闰土、孙悟空等人物，教师就可以引导学生采用读写结合的方法，让学生试着写一些人物分析或者人物评论。可以仿写某些篇章的精彩片段,以提高学生的写作与阅读能力。采用这种教学方法,既可以通过写作深化学生对作品的思想和艺术价值的认知,又有利于促使学生将自己对作品的认知结果诉诸文字,提高阅读能力和写作水平。

3.制造冲突,辨析辩论

教师事先将人们对教材中的某一关键的问题的几个不同观点介绍给学生,形成学生的认知冲突,然后要求学生在认真钻研课文的基础上,通过辨析,选择一种观点,结合课文内容进行辩论。例如教学《将相和》时,有位教师首先提出:“在渑池之会上,赵王和秦王究竟谁战胜了谁?有的说战成了平局,有的说秦王战胜了赵王,有的说赵王战胜了秦王。你认为呢”?然后学生认真钻研课文,根据自己的理解选择一种观点,各方展开唇舌之战,各自阐明自己的观点和立论的根据。最后,教师根据各方辩论的情况予以公正的评判。这种教学方法,不仅能促使学生深入钻研课文,也有利于辨析能力、表达能力得到锻炼和提高。执教《项链》,可以围绕主人公马蒂尔德的性格评价进行讨论甚至辩论,如正方观点确定为“马蒂尔德是一个虚荣的、贪图安逸的人”,反方观点可以确定为“马蒂尔德是一个诚实守信、吃苦耐劳的人”,经过辩论自然明了人物性格、作品主题。执教《我的叔叔于勒》,就可以围绕作品主题展开辩论,如正方观点可以确定为“揭露资本主义社会人与人之间赤裸裸的金钱关系;反方观点可以确定为“反映了资本主义社会普通人生活的艰难”,经过辩论,学生对于作品的主旨思想就可以获得更加深刻的认知。至于辩论双方采取何种观点,既可以由教师确定,也可在学生自主阅读鉴赏基础上由学生在理解碰撞和多元感悟中自然产生。辩论使学生真正成为学习的主人,但课堂的任何辩论都要建立在深入阅读和认知文本的基础上,否则,就是没有独立思考和主见的形式主义辩论。

4.拓展探究,创造想象

小说是充满想象力的文学样式,因此小说教学应充分利用这一点。这种教学方法是引导学生通过自己丰富的想象,改动小说中的某些情节,或续写小说,进行一种再创作的思维训练。如《孔乙己》一文,可以假设孔乙己没有死,让学生再给它写个续篇;执教《边城》,可以只要求以喜剧形式重写结尾,启发学生按照自己艺术理想和表现意图来构思作品的结局,使学生明白艺术结局与人物性格发展、生活逻辑之间的关系,这种创造性的改编或续写虽然极具挑战性,却是极能深化学生思维和培养学生能力的。

5.注重体悟，求活求变

学生与小说中的人物形象往往可以产生情感共鸣，从而使自己的思绪情感得以延续，小说教学应该很好利用这一点。针对人物形象丰满的课文，如《将相和》《变色龙》等，教师可引导学生先将课文改编成课本剧，然后组织学生排练表演。这是课内与课外结合的语文的读、写、听实践活动，既能进一步巩固第一课堂的教学成果，又能丰富课余活动，使学生说、做等多种语文能力得到锻炼和提高。同时，也能使学生受到美的熏陶和启迪。

第三节　诗歌教学设计

一、诗歌的含义

诗是一种语词凝练、结构跳跃、富有节奏和韵律、高度集中地反映社会生活和表达思想情感的文学体裁。

诗歌有多种类型，按时代可分为古代诗词和现代诗歌；按表述方式可分为抒情诗和叙事诗；按题材可分为英雄史诗、爱情诗、山水诗、田园诗、边塞诗、怀古诗等；按体式可分为乐府诗、古体诗、近体诗（律诗与绝句）和自由体新诗、词、散曲、十四行诗等。

二、诗歌的特点及分析方法

（一）诗歌的特点

诗歌在表现方式上以象尽意，在结构上富有跳跃性，在语言上具有简练性与音乐性，这些特点共同构成了诗歌含蓄凝练、言已尽而意无穷的总体特征。

1.以象尽意

言不尽意，立象以尽意。诗歌最大的特点便是不以言说，以“象”说，以“境”说。意象是诗歌抒情言志的基本元素。诗歌的意象不同于一般的景象，它是能够传达丰富意义的意象。例如，《雨巷》中，丁香、雨巷、姑娘的意象，皆是诗人惆怅、哀怨情感的寄托，作者正是通过悠长的雨巷和丁香般的姑娘来抒发自己的孤寂与怅惘之情，来述说自己理想的失落与渺茫的。又如，《乡愁》中小小的邮票、窄窄的船票、矮矮的坟墓，这些意象正是诗人一生浓浓思乡之愁的表现；《江雪》中独钓寒江雪的老翁是诗人孤高独蹈品性的象征；《错误》中，以“小小的寂寞的城”象征封闭、寂寞的江南女子的心，“莲花的开落”既象征时间的流逝，等待时间之长久，又暗示女子对容颜衰老的担忧。正是由于“意象”比直白的语言更具有包容性、模糊性与多义性，更能表达丰富的、微妙的、细腻的情感，因而能使诗歌表现出凝练、含蓄的特点，具有言有尽而意无穷的韵味。

2.结构的跳跃性

结构的跳跃性主要表现在诗句之间在时空上具有较大的跨度。例如，在时间上，从过去到现在甚至到未来进行大幅度的跨越，不拘日夜、季节，不拘古今；在空间上，从东到西、从南到北，天上地下、天马行空，不拘一格。

(1)时间上的跳跃。如《乡愁》，虽然只有短短四节，却写出了诗人从孩童到青年，再到中年，对故乡一生的思念与绵绵无尽的乡愁。又如《念奴娇·赤壁怀古》，从写眼前景物开始，一转追忆古代英雄周瑜的雄姿英发，再转而感叹现实中自己的壮志难酬，时间跨度和情绪跨度都很大。

(2)空间上的跳跃。如《天净沙·秋思》，从“枯藤老树昏鸦”的现实境遇，到“小桥流水人家”的理想家园，再到“古道西风瘦马”的现实场景，三组画面在空间上有很大的跨越，从现实到想象、理想之境，再转回到现实之境，从沉重到温馨再到沉重，近景与远景交叉，实景与虚景重叠。

李白的《蜀道难》神奇瑰丽，其原因之一便在于其结构的跳跃性。诗人以鬼神莫测的笔法纵横驰骋。时间上，从四万八千年之前的混沌初开至战国而至中唐；空间上从长安跨越数座大山而至成都，从上可摩天的山巅到激流回旋奔腾的深壑；另外，从行人至鸟兽，从神话传说至当今世道，腾挪跌宕，惊心动魄，把蜀道之难渲染得淋漓尽致，给人以瑰丽奇绝之感。结构上的跳跃性是诗歌不同于散文、小说等文学体裁的一个最基本的特征，正是由于这种结构上的跳跃性，使得诗歌具有了很大的想象空间，具有了言有尽而意无穷的魅力。

3.语言简洁凝练

诗歌不像散文、小说、戏剧那样注重细节的描写与情节的铺陈，而是强调用尽可能少而精的语言去表达尽可能多的思想情感，言简意丰是诗歌语言的重要特点。诗歌语言精粹凝练，正是这一特点决定了诗歌语言具有更大的弹性。例如，“大漠孤烟直”，仅五个字，便为我们勾画出了一幅荒凉、死寂的大漠景象，一个“直”字，把唯一的一束烽烟凝聚成一幅雕像，与空寂的大漠一起言说着大漠的荒凉与死寂。又如，“红杏枝头春意闹”，仅七个字，却把整个春天的热闹、繁盛表现得淋漓尽致，一个“闹”字，既是红杏花儿开得热闹，也是红杏枝头的鸟儿唱得热闹，更是春天万物萌动时的热闹。一字多义，一词多义，这正是诗歌语言的特点。

4.音乐美

诗歌是文学中的音乐，音乐性是诗歌不同于其他文学体裁的又一显著特点。诗歌的音乐性主要表现在诗歌的节奏与韵律方面。诗句中语词的停顿，语音的长短、轻重与强弱构成了诗歌的不同节奏。诗歌的韵律主要指相同韵母的字在相同位置上有秩序地重复出现，从而使诗歌朗朗上口。诗歌语言突出的节奏感与韵律感构成了诗歌的音乐美。

（二）诗歌的分析方法

对于中学生学习诗歌而言，最重要的是学会分析诗歌的方法，为终身学习和进一步学习诗歌打下基础。诗歌与其他文体相比具有更强烈的艺术色彩，因此分析手段更加丰富。本节主要从诗歌的分析角度和分析对象来谈分析方法。

1.分析作者背景

(1)分析作者的生活背景

“诗言志”，诗人的生活背景会影响诗人的思想感情，而诗人的思想感情必然会在他的诗作中直接或间接地流露出来，诗人的创作风格也会在他的诗作中反映出来。所以了解诗人的生活背景、思想倾向及其创作风格有助于我们分析理解诗歌。如要理解余光中的《乡愁》，首先看看作者的生平：余光中，生于南京，1950年去台湾，由于政治原因，大陆和台湾长期阻隔，而诗人又经常流浪于海外，游子思乡之情不免经常流露出来。正如《乡愁》中所写的“乡愁是一湾浅浅的海峡/我在这头/大陆在那头”。可见，了解作者生平，联系作者的生活经历，是理解诗歌主题的捷径。

(2)分析作者所处的时代背景

一个时代有一个时代的特点，一个时代有一个时代的文学，适当了解某个时代的风貌，同样有助于准确把握这个时代的文学作品。比如唐代国力强盛，投笔从戎的知识分子大多精神昂扬、情感豪迈，他们的诗，尤其是边塞诗，虽有对恶劣的塞外环境的描写，也有对故乡、亲人深切思念的描写，但更多反映的是同仇敌忾、保家卫国的决心，因而唐诗格调高亢、情绪激荡。而宋代则大不相同，积贫积弱、国力衰微的大宋，已没有了大唐的气势，在知识分子的笔下，豪迈之气少了，悲凉之气多了，雄伟气魄少了，家国之愁多了，在宋词里就有了婉约派与豪放派之分。因此，一个时代的作品里虽有作家的个性，但是同样集中反映了当时的整个文风。

(3)分析创作背景

了解诗歌的创作背景对于解读诗歌是必要的，如冰心的《纸船——寄母亲》是1923年冰心赴美留学途中，在驶向大洋彼岸的邮轮上，想到背井离乡的离别之苦，想到长途跋涉的艰难，而写下的充满别离之苦的细致真切凄美的篇章。诗人将怀念母亲的心情寄于童心复归的天真行为之中：她叠成许多小小的纸船，抛到海里，有的被天风吹卷到舟中，有的被海浪打湿，站在船头，但她还是乐此不疲地折叠丢抛。“母亲，倘若你梦中看见一只很小的白船儿/不要惊讶它无端入梦/这是你至爱的女儿含着泪叠的/万水千山，求它载着她的爱和悲哀归去！”了解了创作背景再理解该诗就不会感觉困难了。另外许多诗词的前面都有一个不长的“序”，有的交代了创作的年代，有的交代了创作的缘由，有的交代了创作的经过，有的交代了创作的背景，有的则为整个作品奠定了情感基调。如《孔雀东南飞》和《琵琶行》中的小序，它对理解作品的思想内容是至关重要的，因而分析时应重点把握。

2.分析诗歌意境

“意”是诗人在诗中抒发的思想感情；“境”是诗中所描绘的事物或画面。所谓意境，就是诗中“意”与“境”两个因素的和谐统一。把握诗歌的意境，有助于了解作家的风格。诗歌常借助意象来创造意境，如余光中的《乡愁》，“愁”本来是一种非常抽象的情感，但诗人却物化了这种情感，借助具体可感的四个意象——邮票、船票、坟墓和海峡来表达这种情感，这样诗人的乡愁就不至于无所依附，而是投射到具体的对象上，“愁”“思”的意境就产生了。又如王维的《山居秋暝》描绘出一幅秋日雨后山村晚景图，使读者感受到诗人幽静恬淡的心情；如陶渊明的《饮酒》诗：“采菊东篱下，悠然见南山”描绘出清新自然、静谧美好而令人神往的农村生活图景，使人感到作者淡泊宁静的高洁品格。因此，分析诗歌意境可以通过分析诗歌中的情感和描绘的景象来进行，也可以通过分析诗歌的意象来完成。鉴赏具体作品的时候，不仅要着眼于它们所描写的客观物象，还应透过它们的外表，看到其中注入的意念和感情，注意主客观两方面融合的程度。只有抓住作品的意象，以及意象所包含的旨趣，意象所体现的情调，意象的社会意义和感染作用，才能真正鉴赏古代的诗词作品，体会到作品所创设的意境。总之，体味意境才能把握诗歌主旨，才能准确、快速地理解诗歌。

3.分析诗歌语言

诗歌的语言是高度凝练的，而且跳跃性强，所以在分析诗歌时，必须弄清每一个字词的含义。同时，因为诗歌形式的一些特点，有时候字词的运用涉及上下文之间的对应，比如对仗；还有，诗人经常会利用一些熟悉的意象来表达相对固定的意思，比如诗中常出现的草木花果、鸟兽虫鱼以及月露风云等这些都是分析诗歌时应该把握的。语言分析一般从遣词造句、语句含义、韵律格式、语体色彩等角度入手，分析其风格是否深沉、热烈、含蓄、凝练，语言是否具有跳动性、节奏性、音乐性，是否用典等。要特别注意对诗词中"诗眼"的分析和典故的理解。

分析语言应多角度地利用诗歌鉴赏中的一些常用的术语。如：

表达方式：叙述、描写、抒情、议论等；

修辞手法：比喻、比拟、夸张、对偶、排比、反复等；

表现手法：象征、衬托、对比、想象、联想、照应、借景抒情、寓情于景、托物言志等；

表达的感情：迷恋、忧愁、惆怅、寂寞、伤感、孤独、烦闷、恬淡、闲适、欢乐、仰慕、坚守节操、忧国忧民等；

表达的作用：深化意境、深化主旨、意境深远、意境优美、意味深长、耐人寻味、言近旨远等。

4.品味诗歌细节

诗词一般篇幅短小精悍，不像叙事性作品那样有过多的细节描写。但是，即使是短小的五言绝句，也同样不能忽视其中的细节描写。这一点特别需要加以注意。鲜明的形象和细节描写是分不开的。常言道：一滴水能反映出太阳的光辉，一片枯叶能显现肃杀的秋天。文学作品中生动的细节描写，往往能获得这种"见微而知著"的效果。

在古典诗歌中，细节描写同样有着奇妙的作用。细节在作品中不是孤立的，也不是机械拼凑的。细节再奇妙，也不能为细节而细节。判断细节的价值，一要看它是否有益于主题思想的阐明；二要从作品的整体来考察，看它是否是作品的有机组成部分。不表现思想的、游离的细节，无论怎么生动，也是没有意义的。同样，给作品随便拼凑、硬贴上去的装饰细节，也是多余的，正如一块漂亮的丝绸，硬缀在破麻袋上，并不能使破麻袋生辉，反因不协调而破坏了艺术的完整性。然而，像杜甫《北征》诗中，描写"小儿女"身上的补丁："天吴及紫凤，颠倒在短褐"，运用这个细节来表现杜甫家人艰难的生活，就很有力。破衣服补上这块颠三倒四的绸子补丁，说明其家人穷得连一块合适的补丁也没有，在"恸哭松声回，悲泉共幽咽"的气氛烘托下，又与小儿女"垢腻脚不袜"的形象有机地联系在一起，显示了细节的艺术生命力，耐人寻味。

5.分析作者的思维逻辑

人们鉴赏诗歌一般能注意到其中的形象思维，并对此加以充分的分析，而忽视了对作品进行必要的逻辑思维的分析理解，从而在某些时候不能全面客观地鉴赏出作品的真正意蕴。分析形象思维不能排斥逻辑思维，而且必须以逻辑思维为基础。客观的现实生活是艺术形象的来源，为了使笔下的艺术形象符合生活的真实，诗人必须经历一个认识、酝酿的过程，即进行逻辑思维的过程。在众多的素材面前，经过取舍、概括，最后才构成艺术形象。因此，在探讨作品中具有的形象思维的特点的同时，不能忽视逻辑思维。如果我们把握了诗人在作品中的逻辑思路，又弄清楚了词和词、句和句的逻辑联系，那么就能透彻地理解作品的思想内容及其表现手法。比如张继的《枫桥夜泊》是一首写景诗，诗人表面上写景，实际上寓情于景。因果联系是自然界或人类社会普遍存在的一种必然联系。我们可以拿这个观点去分析这首诗。诗人夜泊枫桥，时已夜深，不能成眠，因而能从视觉和听觉出发，看到各种景物，听到各种声音，这是一。各种景物、各种声音又都紧紧围绕着"夜泊枫桥"这一特定的环境，这是二。诗人先从远处望，后向近处看，反映了由远到近的观察过程。"月落""乌啼""霜满天"是远处望到和听到的；"江枫""渔火""寒山寺""钟声""客船"是近处看到和听到的。由这些景物和声音构成了一幅深秋季节凄凉冷落的夜景。这幅夜景，必然勾起诗人漂泊他乡的孤愁情怀，这是三。各种景物和声音的描写，不是胡乱地堆砌，而是按一定的因果关系来写的。"月落"点明夜深，在深夜里，听到了乌鸦的啼叫，看到浓重的霜露；因为是深夜，所以有"渔火"，并在"渔火"的映照下，看到"江枫"；寺里和尚有夜半敲钟的习俗，所以诗人很自然地写到了"寒山寺"，并由此引出了"钟声"，再由钟声引出了"客船"，这是四。可见诗人是抓住了事物间的因果联系来进行思维活动的。因此分析诗歌时应该注意分析其逻辑思维。

6.分析诗歌典故

用典，是古诗词中常用的一种表现方法，其在增强了作品意蕴的同时，也给我们阅读造成了一定的影响。有些时候若不能正确理解其中典故的含义就会直接影响对整个作品的鉴赏。所以必须对作品中的"典故"有个初步的理解，透过典故进而理解用典后所表达出的新的含义。一般而言，古诗词中的用典包括以下几种情形：

（1）点化前人语句

点化不同于直接引用，而是将前人语句消化后用自己的话写出。有的诗句经点化后，比前人说得更具体、更生动形象，如《孟子》中的“狗彘食人食而不知检，涂有饿殍而不知发”，为杜甫点化并在《自京赴奉先县咏怀五百字》中写出：“朱门酒肉臭，路有冻死骨。”有的经点化后，艺术风格不同了，如杜甫《羌村三首》第一首中的“夜阑更秉烛，相对如梦寐”，写战乱之中的夫妻相逢，风格是沉郁的，被晏几道点化，在《鹧鸪天》中以“今宵剩把银釭照，犹恐相逢是梦中”来表现女子相思，风格是婉约的。有的经点化后，思想内容上不同了，如韩愈《听颖师弹琴》中的“昵昵儿女语，恩怨相尔汝”，是用来形容琴声的，张元干在《贺新郎》中进行了化用：“肯儿曹恩怨相尔汝。”说明了离别时的不舍。

（2）引用神话故事

如李贺的《李凭箜篌引》，有“江娥啼竹素女愁，李凭中国弹空篌”的诗句，用湘妃和素女这样的神女为乐声感动来形容李凭的箜篌弹得好。还有以“女娲炼石补天处，石破天惊逗秋雨”来形容李凭的箜篌弹得好。引用神话传说，能增强诗词的艺术表现力，构成奇特的艺术境界。

（3）引用历史故事

在引用历史故事时，明白地指出是何人何事，这是明用。白居易《放言五首》第三首中的“周公恐惧流言日，王莽谦恭未篡时”，明白地指出是借周公和王莽之事来喻今的。

（4）暗用历史故事

暗用比明用隐蔽，因为没有明白地指出是什么，所以难以一眼看出。如果知道所用的历史故事，便能读懂语词；反之，便要大伤脑筋了。如杜甫《前出塞》第三首中的“功名图麒麟”，暗用了汉宣帝（刘洵）把霍光等十一个功臣的画像藏于麒麟阁的故事，如不知道这一故事，语句就颇为费解了。

（5）反用历史故事

明用和暗用历史故事，都是正用其意，反用历史故事，则是反用其意。比如，汉文帝（刘恒）爱贾谊之才，将他从长沙召回，在宣室接见，而李商隐写《贾生》，却用“可怜夜半虚前席，不问苍生问鬼神”的诗句，讽刺汉文帝不能真正重用贾谊，这是对汉文帝接见贾谊的反用。通过反用，实则慨叹自己的怀才不遇。

理解诗中典故是分析中国古代诗歌的基础，因此在教学中必须注意语文教材中所选篇目的用典情况，并加以分析，从而加深学生对诗歌的理解。

三、诗歌的教学设计

（一）诗歌的教学目标

诗歌的教学目标为：引导和帮助学生欣赏优秀诗歌，激发其对诗歌的兴趣，培养其欣赏诗歌的能力，使其努力做到爱读诗，会诵诗，能品诗，会写诗；学习诗歌运用精练语言描绘形象、创造意境、表达主题的方法，提高运用多种表达方法的能力和驾驭语言文字的能力；怡情养性，净化、美化心灵，提高诗歌审美能力。

（二）诗歌教学设计的重点和难点

诗歌教学的重点和难点完全可能因篇目因人而异，可以是对诗句诗意的理解，可以是对艺术形式的鉴赏，也可以是对思想内容的评价，总的看来主要集中在以下几个方面：

1.品味语言

揣摩语言的深层含义和情味，体会其精妙之处和独特风格，学习运用语言的艺术。诗歌的语言准确鲜明、生动、富于形象性，有很强的表现力和感染力，代表了语言艺术所追求的最高境界，是语言学习的最佳范例。同时由于诗歌的语言高度凝练，常常具有跳跃性，往往在理解上造成一定的困难，尤其是我国的古代诗歌（比如《诗经·氓》《离骚》等），除了在语言形式上包含特殊的语法现象，更因为其反映的社会生活、人生经验以及文化背景跟学生有很大的距离（比如农村生活和城市生活、农业文明和工业文明、传统文化和娱乐文化之间的巨大差异），无疑增加了学生理解的难度。诗歌教学一定要在语言的品味和学习上下大功夫，要引导学生充分关注和感知语言，在准确理解的基础上切实体会到语言运用的高妙之处。

2.感受形象，领会意境

诗歌中的形象我们通常称为意象，可以说，诗歌是关于意象的艺术，它总是选择高度概括的形象反映生活、表现情感。意象就是寄托作者情思的形象，既可指叙事诗里的人物形象（包括英雄、名流、亲属、友人等），也可指自然形象，即诗歌中所描写的物或景（包括山川草木、花鸟虫鱼等），还可指抒怀诗中的抒情主人公。诗人通过描写某种或某些事物达到某种艺术境界即意境，把自己的思想感情和生活图景和谐地统一在一起。在诗歌教学中，教师总是要组织和发动学生充分感受意象，认真研究其艺术特征；分析、判断它们所包含的作者的思想感情和社会意义，积极展开联想和想象，真正走进诗歌所创造的艺术境界中，从而实现领悟作品的思想内涵，探索其丰富意蕴的课程目标。

3.理解艺术特点，鉴赏表达技巧，领悟作品的艺术魅力

表达技巧指诗人在塑造形象、创设意境时采用的一切方法、技巧和手段，也叫表现手法。既包括具体的修辞手法，更包括诸如渲染、描写、想象、用典、映衬、象征等各种表现技法。在阅读和鉴赏文学作品时，经常还会碰到另外一个概念叫“表达方式”，学生往往搞不清“表达技巧”“表现手法”和“表达方式”三个概念的区别和联系。一般来讲，表达技巧就是表现手法，如前所述，范畴广大；表达方式通常就是记叙、描写、议论、抒情和说明五种。诗歌教学要发展学生对美的感受力、鉴赏力和创造力，就定要在理解的基础上设法帮助学生认识诗人在构思和表达上的高超技巧，从而充分领悟作品的艺术性，激发出对鉴赏的浓厚兴趣，树立起积极的鉴赏态度，养成健康纯正的审美情趣，并不断提高艺术欣赏的理论修养。这无疑是诗歌教学的难点。

4.用历史眼光和现代观念审视古代诗歌的思想内容和作者的观点态度，并给予恰当的评价

古代诗歌就是诗人用诗化的语言所反映的社会现实生活并由此所表现出来的思想感情、生活态度、个人理想和政治倾向等。对古代诗歌的思想内容和作者的观点态度进行审视和评价，就是理解诗歌所表现的思想内容，把握其感情基调，分析其社会意义，评判其社会价值。其中，评价作品的思想内容包括概括主旨，简析作品的政治意义、思想意义，赏析诗人的生活情趣、审美情趣和艺术风格。评价作者的观点态度则通常表现为正确理解诗人的思想感情，毕竟诗歌是表情的，与说理性的文章不一样。在教学中积极引导学生审视和评价诗歌的思想内容和作者的观点态度，目的不仅是训练学生的鉴赏能力，更旨在培养学生的探究兴趣、探究意识和探究能力，有利于增加学生思维的广度和深度，提高思维的水平和能力。

朗读和背诵是行之有效的语文学习方法。一篇文章，读出声音来，读出抑扬顿挫来，读出语调神情来，比单用眼睛看所得的印象要深刻得多；对于文章的思想感情，领会得要透彻得多，从中受到的感染要强得多。朗读多了，时间久了，优秀作品中经过加工锤炼的语言会跟自己的口头语言联通起来，从而丰富自己的口头语言，提高口头表达的能力。对诗歌的朗读和背诵，各学段的语文课程标准都十分重视，也均有具体明确的要求，九年义务教育阶段更突出，朗读和背诵几乎成为诗歌教学的主要任务。诗歌的体裁特点使诗

歌特别适合吟诵记忆,因此朗读和背诵自然成为诗歌学习的重要手段。实践也证明,就诗歌学习而言,朗读和背诵不仅有助于我们对语言的感知和积累,使人充分感受语言的优美,也有助于激发我们的学习兴趣,丰富想象,唤醒人的情感体验,不断深化我们对诗歌的理解和感悟,最终发展语言能力和思维能力。

(三)诗歌教学方法

人们常说"教无定法"。"圣人抱一,天下为式",在语文教学活动中,"一"就是语文教学的本质属性和内在规律,"式"就是丰富多彩的教学方法。好的"式"应能够充分地体现"一"。诗歌教学也不例外,教学方法丰富多彩,有许多成功的策略值得我们学习借鉴,也有更多好办法等着我们去发现和创造。

1.诵读法

诵读就是以清晰响亮的声音、饱满的感情和恰当的节奏,把作品的意态、语气生动传神地表现出来。课程标准明确指出:"各个学段的阅读教学都要重视诵读,鼓励学生多诵读,在诵读实践中增加积累,发展语感,加深体验与感悟。"诵读法是诗歌教学中最常用的一种方法,因为诗歌是诗人用精练的、富有韵律的语言来承载思想和感情的艺术,这就决定了它比其他文学样式更需要通过诵读来体味其妙处。可以说诵读是诗歌学习的本质要求,因为诵读是对语言的最亲密接触,是培养语感、发展语言最有效的方法。"耳醉其音,心醉其情",读更能使人体会汉语言的音韵之美、形象之美和情感之美。

一般来讲,朗读教学的基本步骤和常规要求是:初读读准字音,能用普通话正确流利地朗读字音;再读读清句读,要对照注释粗略疏通词句意义,在整体感知的基础上把握好节奏;最后读出语气,即调动一切朗读技巧表现出作品的感情基调和作者情感的起伏变化,传达出自己的理解和感受,我们称其为"美读"。诵读的本质要求就是美读,美读除了具有上文所述的强大功能之外,还能激发学生的探究兴趣和意识,有利于形成对文本的多元解读。比如,美读海子的《面朝大海,春暖花开》时,学生往往有两种意见,一种主张读出豁达温暖的感觉,一种认为应表现出深沉的忧郁,双方相持不下,教师可顺势引导他们对诗歌的语言和意蕴进行深度品读。

反复朗读不但深化了学生对文本的理解,而且强化了他们对诗歌的印象,在此基础上,加强文思点拨和识记方法的交流指导,达到随堂背诵的目的往往并不困难。实际上,脱稿之后的诵读我们姑且称之为"美背","美背"往往更能够彰显才情与个性,还能巩固诵读者的记忆。

2. 点拨法

点拨可以是思路的点醒，可以是方法的指引，可以是疑问的解答，可以是对错误的提示，可以是就知识的指点，也可以是对学生表现的评点，点拨的内容可谓丰富多彩。点拨的方法通常有以下几种：一是教师当堂解惑，学生如醍醐灌顶；二是师生互相启发，彼此渐入佳境；三是留有空白，提供想象空间；四是课下查找资料，课上各抒己见；五是问题暂时存放，等待学生理解。

3. 比较法

比较法是阅读欣赏的常见方法之一。所谓有比较才有鉴别，在阅读和欣赏活动中，只有通过比较，才能见出正误优劣，从而对作品产生更为全面深刻的理解。其实，比较法不仅能够衡量优劣，而且还可以明源流、知发展、考得失。

诗歌因为篇幅短小，在教材里的编排相对集中，所以组织教学时更便于展开比较。比较法在诗歌鉴赏领域应用广泛，综观近几年来的高考诗歌鉴赏题，比较阅读的命题形式可谓备受青睐。

教师可以根据教学等因素灵活确定比较的对象和角度，但比较的方法一般不外乎两种：纵比和横比。就纵比而言，可以比较同一诗人在不同时期的创作，如比较李白的《春夜洛城闻笛》和《黄鹤楼闻笛》，柳宗元的《江雪》和《渔翁》，李清照的《醉花阴》和《声声慢》，毛泽东的《沁园春·雪》和《减字木兰花·广昌路上》；也可以对比不同时代的诗作，如(唐)刘禹锡的《乌衣巷》、(金)吴激的《人月圆》和(元)赵善庆的[中吕]《山坡羊·燕子》。就横比而言，我们可以比较作家在同期创作的作品，如苏轼的《定风波》《东坡》《鹧鸪天》和《浣溪沙》，杜甫的《旅夜书怀》《登高》《江汉》和《登岳阳楼》；也可对比同一时代不同作家的作品，如北宋苏轼的《念奴娇·赤壁怀古》和柳永的《雨霖铃》，晚唐高蟾的《金陵晚望》和韦庄的《金陵图》。

4. 换读法

换读法常用来揣摩具体字词，借此引导学生体会诗歌语言的运用之妙。

古人写诗很讲究炼字，所谓“两句三年得，一吟双泪流”，“吟安一个字，拈断数茎须”。那些经过推敲和斟酌的字句，往往异彩焕发，极具功力，但学生未必能够发现或领会。如果只是由教师来讲解、分析，学生在被动接受的过程中很难获得真切立体的感受。教师不妨引导学生将原作中的有关字句进行替换，让学生在替换以后读一读、比一比，学生便能很快发现其中的妙处。例如，在教授《次北固山下》一诗时，可让学生把“风正一帆悬”句的“正”字换成“顺”或其他字，将“海日生残夜”句的“生”字换成“升”或“出”等字，再来品读玩味，学生自然不难品出原字的精妙传神之处。事实上学生在反复换读中，还常常会有许多新的生成和发现，其意义在此不做赘述。

第四节　剧本阅读教学设计

一、戏剧的含义

戏剧是以演员的对话与动作为主要艺术手段来反映生活与人生的综合性舞台艺术。作为文学体裁之一的戏剧是指戏剧演出的脚本——剧本。

戏剧与小说有一个共同的特点，即虚构性和叙事性，不同之处在于叙事的手段不同，矛盾展开的方式不同。小说的叙事方式主要采用叙述，由作者讲述故事，故事中的矛盾在叙述中慢慢展开。而戏剧中，作者隐退，直接由舞台上的角色去叙述，故事的矛盾冲突尖锐、激烈，在人物的行动中迅速展开。同时，戏剧受到舞台演出时空的限制，这也决定了戏剧文学(剧本)的特点。

二、戏剧的特点和分析方法

(一)戏剧的特点

1.矛盾冲突尖锐、激烈

戏剧不像小说，可以通过作者的叙述提示来推动故事的发展，戏剧只能通过戏剧人物自身的行动来推动故事发展，即要靠人物自身或人物之间的矛盾冲突来推动故事向前发展。因此，没有矛盾冲突就没有戏剧，矛盾冲突是戏剧的基本要素之一。同时，戏剧的舞台艺术性也决定了戏剧冲突的尖锐激烈，矛盾的高度集中。有限的时空不允许戏剧像小说一样侃侃而谈,让故事情节慢慢展开,尖锐集中的矛盾冲突可以加速事件的进行,推动情节的快速发展,使人物性格在有限的时空中很快得以展现,同时也能吸引观众注意而不至于“冷场”。

戏剧冲突分为生活冲突与性格冲突。生活冲突包括人与社会、自然及他人的冲突。性格冲突主要指自我性格的冲突,也指我与他人性格的冲突。

2.人物语言富于动作性

亚里士多德把戏剧定位为“使摹仿者用动作来摹仿”的作品。戏剧在古希腊语中,意思就是“动作”,语言和动作是戏剧的两大基本要素。

戏剧语言分为舞台提示与人物语言两种,而以人物语言为主。舞台提示包括时间、地点、道具、布景以及人物的表情、动作、上下场的简单交代说明。人物语言又称台词,包括人物对白、旁白、独白,而以对白为主。戏剧主要依靠人物语言来展现矛盾冲突,推动剧情发展,塑造人物形象。戏剧中的人物语言要求具有动作性,即人物语言要与人物的姿态、表情、动作相结合,有利于人物行动的展现,推动情节的发展。正如别林斯基所说:“戏剧性不在于对话,而在于对话者彼此的生动的动作。”因此,戏剧要“避免冗长的对话,使每句话都从动作中表现出来”。

3.场景高度集中

戏剧的舞台表演性决定了剧本的场景设置必须高度集中。亚里士多德提出了戏剧的“三一律”:“时间一律”(24小时以内),“地点一律”(同一地点),“动作一律”(人物动作围绕一个主题展开)。长时间的跨度与事件地点的转换常用分幕、分场等形式来表现,一幕一场,每一场往往表现某个地点某个时间的情景,如《茶馆》通过三个不同时代的两个上午和一个早晨三个情景来表现北京人几十年的生活变迁,时间跨度很大,但只选取了三个场景,高度集中。

(二)戏剧的分析方法

1.分析戏剧中的矛盾冲突

剧本是通过矛盾冲突的展开来塑造人物形象的,十分讲究情节性。理清了矛盾冲突的线索(如何产生矛盾冲突——产生了何种性质的矛盾冲突——矛盾冲突发展进程如何),就相当于完整地分析了戏剧文学的主要情节。只有分析戏剧情节,才能把握戏剧冲突。戏剧是行动的艺术,要通过演员扮演角色,以剧中人自己的行动和语言来塑造形象,而不是靠剧作者的介绍来刻画人物。因此,人物是否有鲜明而积极的行动,关系到剧本的成败。而要让人物能积极地行动,就必须把人物安排在尖锐强烈的矛盾冲突的环境之中,让他们去应付矛盾、解决矛盾。所以,有人说,“戏剧就是冲突”,“没有冲突就没有戏剧”。创作剧本必须展示冲突,阅读剧本必须把握冲突。戏剧冲突包括人物之间的冲突、人物自身的冲突、人物与环境的冲突几方面。矛盾只有通过对立双方的摩擦、争执等外部形式表现出来才称之为“冲突”。戏剧冲突的实质是性格冲突,剧作者把人物放在尖锐的冲突中来展开故事情节,特别是通过展现人物在世界观、阶级立场、政治观点、道德品质、思想感情、心理素质、兴趣爱好等方面的相互“抵触”、相互“冲突”,来塑造人物形象,表现主题思想。因此,要把握人物的思想性格特征,把握戏剧主题,应从分析冲突入手。其方法是分析剧本一共写了多少冲突,哪些是主要冲突,以及引起各种冲突的原因等。如《窦娥冤》一共写了三方面的冲突,这些冲突的性质是不同的。第一是窦娥与张驴儿的冲突,这个冲突实质上是劳动妇女与社会恶势力的冲突;第二是窦娥与官府的冲突,这个冲突实质上是元代劳动人民与封建统治者的冲突;第三是窦娥对天与地的控诉,这个冲突实质上是对黑暗现实的否定和抗议。在这些冲突中,后两者是主要冲突,引起这些冲突的主要原因是:元代的虐政和冤狱,社会的暗无天日,人民有冤无处申。通过分析,我们就可以掌握该剧的主题:窦娥是一个具有强烈反抗精神的女性,该剧通过揭示她含冤负屈惨遭杀害的悲惨遭遇,暴露了社会的黑暗和混乱,表现了被压迫人民的不屈的斗争。

2.分析剧本语言

戏剧里有两种语言:一是舞台说明,包括人物时间、地点、布景的说明,动作、表情、声调的说明,幕起、幕落的说明;二是人物语言,戏剧上称为台词,包括对白、独白、旁白等。戏剧语言是塑造艺术形象的重要手段,我们探究艺术形象,主要从分析戏剧语言入手。

(1)分析舞台说明

舞台说明是戏剧文学中不可或缺的组成部分,但同人物语言相比,它只起辅助说明的作用。如《雷雨》第二幕开头的舞台说明:“午饭后,天气更阴沉,更郁热。低沉潮湿的空气,使人异常烦躁……”这一段舞台说明,交代了故事发生的时间和舞台氛围,奠定了悲剧气氛,烘托出人物的烦躁郁闷、不安的情绪,也为下文雷雨声中矛盾冲突的总爆发做好了铺垫。

(2)分析人物语言

人物语言是戏剧语言中的重要部分,它是塑造人物、表现主题的基本手段。分析时应从人物语言的个性化、动作化、潜台词三方面入手。

①个性化语言。个性化的语言是指符合人物性格,最能表现人物本质的语言。剧本中人物的语言要求能准确地刻画出人物的性格,人物的台词要适合其身份、地位、年龄、习惯、教养、爱好等。好的戏剧语言,有的是让人物开口就露出自己的本色,闻其声而知其人;有的是在剧情的发展过程中,让剧中人在各种不同的场合说不同的话,逐步展现他的性格。如《雷雨》第二幕,当周朴园认出鲁侍萍时,先是严厉地责问"你来干什么",后又转了语气,"你可以冷静点"。三言两语就勾画了周朴园的个性:凶狠、虚伪。

②动作化语言。我们常说的"行由心指""言为心声",就是说人物的内心世界必定通过言行表达出来,这种表现动作的语言,出自人物内心,因而能展示人物丰富的心理。好的戏剧语言,必须有动作性,不仅有外在形体上的动作,而且包含着内心的动作。人物语言要有动作性,并不是要求用台词来代替人物动作,而是指用台词来表现人物内心复杂细致的思想活动,也就是这种语言要展示性格,表示意向。读者从台词中可以看出人物的神情举止、内心活动。如上例,周朴园发现面前的"下人"是侍萍后,立刻撕去了"怀念旧情""弥补过错"的虚伪面纱,责问"你来干什么",他以自己的心理揣度侍萍,并责问是"谁指使你来的",认为她一定是受人指使来敲诈他的,于是感到害怕、愤怒,暴露了他阴暗卑劣的内心世界。侍萍呢,一句"命,不公平的命指使我来的",展示其思想感情的风暴,痛苦、愤怒的感情充斥内心。人物细腻的思想感情波澜,通过动作化的语言,淋漓尽致地表现了出来。

③潜台词。这是话语字面意思以外的一种深层含义。优秀的潜台词往往意蕴丰富,耐人寻味,给人以深广的想象空间,能起到一石多鸟之效。我们阅读时,要注意揣摩人物语言的"潜台词,借助自己的生活经验,体味话里之因、话中之话、话外之意,补充和丰富台词的内容,从而把握人物微妙的内心世界和性格特点。如《雷雨》第二幕繁漪与四凤有一段对话:繁漪想从四凤嘴里打听周萍的消息,却不便显得过于急切,暴露自己与周萍的暧昧关系;四凤呢,她也生怕繁漪知道她和周萍的关系,于是一问三不知,使繁漪很是不快,因此繁漪"(看了她一眼)嗯!"其潜台词是:"你真的不知道?"四凤小心翼翼,繁漪不达目的,加紧追问,慌忙心虚中露出"天机";最后她"(注视着四凤)嗯!",这一声"嗯"的潜台词是:"你知道了也没关系,我也不掩饰,我就是问大少爷。"抓住这些精炼含蓄的语言,体味其中的潜台词,不难分析出人物(繁漪)复杂微妙的内心世界和性格特点。

3.分析剧中人物

戏剧是通过人物的活动来展开故事情节的。因此,人物的形象在剧本中占有很重要的位置。分析剧本不能不分析人物形象。分析剧中人物形象,应从以下角度入手:

(1)分析人物的性格特征

不同的人物有不同的性格特征,同一个人物的性格表现也是多侧面的。人物的性格可以表现为温婉、柔顺、刚烈、平和、热情、阴暗、狡猾等等,分析人物性格可以从这些角度入手。

(2)分析人物语言

剧本中人物的语言是刻画人物形象的重要手段,是塑造人物形象的最重要载体。因此,人物的语言决定了人物的形象。分析语言,应从人物的个性化语言和动作性语言入手。

(3)分析人物心理

人物的心理在塑造人物的形象方面起着重要作用。分析人物的心理时,要顺着剧情发展的线索,理清人物性格发展变化的过程。人物形象就是在心理活动的过程中逐渐展现的。

三、戏剧教学设计

(一)戏剧的教学目标

1.丰富学生对历史、社会、人生的认识

戏剧集中表现典型的人物性格和典型的人与人之间的关系,以《雷雨》为例,该剧本通过鲁侍萍与周朴园、鲁侍萍与周萍、周朴园与鲁大海、鲁大海与周萍以及四凤与周萍之间的复杂的关系来启迪学生去思索人生,在人生观和伦理道德方面获得启示。戏剧文学反映的社会生活常常是极具本质性的,有利于学生通过舞台的直观表演丰富自己的社会阅历和人生体验,加深对历史、对社会、对人生的认识。

2.培养学生高尚的审美情趣

戏剧作品是剧作家创造性的产物,同时也是人们的审美对象。因此学生欣赏戏剧是一种审美享受,对提高审美能力、培养高尚的审美情趣有着重要的作用。学生对直观形

象的感觉，和由此而激起的感情活动以及想象和联想升华而来的理性思考，构成了完整的审美活动。同时，戏剧结合了多种艺术门类，如绘画、音乐、舞蹈，这使学生在轻松、快乐的氛围中感受语言美、舞台造型美、音乐美、作品的内容美、作品的形式美等，对培养学生高尚的审美情趣有很重要的意义。

3.继承戏剧文化传统，提升学生的艺术素养

戏剧文学对继承传统的戏剧文化有重要意义，同时通过对戏剧这种综合性艺术形式的学习，也有利于学生艺术素养的提升。以京剧为例，京剧吸收了各地方戏曲的精粹和民族舞蹈、武术、杂技的长处和技巧，在服饰、道具、人物造型、脸谱方面借鉴和吸收了我国民族绘画、书法、刺绣等的特长；内容上又弘扬了中华民族的传统美德，诸如惩恶扬善、褒勤贬懒、精忠报国等民族精神。好的剧本深含优秀传统文化，学生通过对戏剧课文的学习，可以培养提升艺术素养，并受到良好的道德的教育与熏陶。

（二）戏剧教学的重点与难点

戏剧教学的重点与难点表现在如下几个方面：

第一，掌握戏剧艺术的特点。戏剧艺术的独特性是其他文学样式所不具备的，因此需要让学生在教学过程中感知其艺术特色。在戏剧作品中，语言占主体地位，课文是戏剧表演间接的语言叙述，是死的语言。而戏剧表演，演员的一词一句都是充满感情的，是活的语言。因此对戏剧艺术的特点进行整体把握的主要方式是读，并且要将读视为戏剧教学的基础环节之一。教师在引导学生阅读戏剧课文时，应该让学生努力将死的语言变为活的语言，变为有血有肉有情感的语言。言为心声，通过读把握好语言的语速、语调、感情，也就把握住了人物本身的心理、性格。

戏剧课文的阅读一般可以分为初读、析读两个阶段。初读是对课文的情节梗概、人物特点作一个初步的把握。析读建立在初读的基础上，表现为更加理性地把握情节发展，关注人物情感变化过程中的语言。这时的要求不再是自己简单地阅读，而是要有感情地朗读，在朗读过程中注意剧中人物的语速、语调，以及人物的心理。如《雷雨》一课，鲁侍萍与周朴园在情节发展的不同阶段有着不同的情感与内心世界，这不同的情感与内心世界渗透于人物的语言之中，教师可以让学生分角色朗读，尝试着读出人物的特点来，这能为更好地分析课文打下基础。

第二，全面了解全剧的故事梗概。在共同研读课文之前，教师要向学生介绍全剧的

故事梗概，包括戏剧情节的前因、发展以及结束。因为课文选择的几乎都是全剧的高潮部分，戏剧情节的发展已经完全展开，矛盾冲突上升到白热化。如果在学课文之前不能将故事的来龙去脉很好地进行介绍，那么研读起来就如同盲人摸象，抓不到头绪，找不到情节发展中矛盾冲突的主次与切入点，也谈不上对人物的心理发展、性格特点有真正准确的把握。如《雷雨》一课，鲁侍萍与周朴园、鲁侍萍与周萍、周朴园与鲁大海、鲁大海与周萍以及四凤与周萍他们之间的矛盾、情感纠葛都达到了一个高潮，但是如果在此之前对鲁侍萍与周朴园的几十年的恩怨情仇，对于这些人物之间错综复杂的关系不能加以明晰地介绍，那么也就无从理解他们为何产生矛盾冲突。

第三，将矛盾冲突作为教学的核心，在戏剧的冲突中分析人物性格与社会矛盾。矛盾冲突是戏剧的生命，矛盾冲突也就是戏剧教学的核心。戏剧教学应起于戏剧冲突，收于戏剧冲突，无论是人物思想性格的把握还是情节结构特点的分析，或是舞台背景、环境的理解，都不能脱离开戏剧冲突。否则，就失去了戏剧分析的真正价值，戏剧的独有特色也就无从体现了。如《屈原》一课，全剧的核心矛盾是屈原所代表的光明、正义与楚国统治阶级所代表的黑暗、邪恶的尖锐冲突。在这个大矛盾的前提下，课文中最直接的矛盾对立则是郑詹尹与屈原的对立，基于这样一个由大矛盾分化出来的小冲突展开分析，到郑詹尹背后恶势力的黑暗与婵娟和卫士乙的正义的对比，到东皇太一庙作为楚国黑暗社会的象征，再到神话中的众神的对照，这样一来，整部剧的分析就比单纯分析屈原人物形象及《雷电颂》一段深刻、全面得多了。

（三）戏剧教学方法

戏剧作为一种叙事性文学，有着完整的故事情节、性格鲜明的人物形象、尖锐激烈的戏剧冲突。由于自身的特点，其受着“三一律”的限制，故事情节不允许像小说那样慢慢展开，人物塑造也只能依靠人物对白（包括独白、旁白）来进行，人物之间的矛盾冲突推动着戏剧情节向前发展。下面针对戏剧课文相关教学方法作探析。

1.研究式戏剧教学法

随着语文教学内容的丰富，戏剧教学的力度必将增大，它将作为一份精神大餐奉送给学生。人们将越来越认识到戏剧的恢宏与深刻。雨果曾感慨地说：“戏剧具有无底的深渊和凶猛的风暴。”戏剧熔多种艺术于一炉，显示了它博大的胸怀，同时，这也为解读戏剧增加了难度。从某种意义上说，戏剧教学为学生打开了一扇通向世界、通向心灵的窗口，引导学生探寻、领略西方的文学艺术与哲学精髓，为民族文化的积淀注入新鲜的血液。在戏剧教学中进行研究性学习的探索，必将是充满希望的有意义的尝试。它会给我们带来意想不到的收获，也许将是走出戏剧教学困境的一条理想之路。

（1）课题确立

研究性戏剧教学的实施的首要问题是课题的确立，而课题的确立应从语文学习实际入手，有效地利用教材资源、课堂教学资源来完成。教材资源是指课本中的戏剧选文，教师可以利用单篇课文学习确立课题，也可以用单元篇目组合的形式确立课题。单篇课文学习，比如学习《雷雨》，就可以对作者及其作品进行研究，确立“曹禺及其作品”这一课题。利用课堂教学资源是指教师在教学中鼓励学生质疑，向权威挑战，引导学生发现问题，视问题为一种资源，由此培养学生独立发现问题、解决问题的能力。

（2）标题拟定

确立课题之后，学生可以据此拟定“研究报告”或“论文”的标题。比如，针对“曹禺及其作品研究”这一课题，可以拟定若干标题：“曹禺戏剧艺术表现手法探微”“伟大的作家，悲情的晚年”等。“周朴园形象研究”这一课题，可拟出“为周朴园鸣不平”“我看周朴园”“作为资本家的周朴园”“作为父亲的周朴园”等等。再如，学习戏剧《屈原》，课题确立为“《屈原》主题研究”“《屈原》表现手法研究”，据此可拟标题“评屈原人物形象”“屈原，黑暗中的一道光”“《屈原》的现实意义”等。标题的拟定，有利于学生以书面形式展示研究成果，它是课题确定到成果总结的过程中不可或缺的环节。

（3）过程研究

这是指围绕课题查阅资料，获得大量的信息，然后比较分析，得出结论的过程。比如研究屈原，可以查阅郭沫若的《屈原》《天狗》，屈原的《离骚》《涉江》，将查阅的资料组合起来，对比分析，归纳异同，得出对屈原形象的评价。

（4）成果展示

展示方式，可以是采访，也可是辩论、答辩等。辩论在学生中是比较受欢迎的一种成果交流方式。比如，辩论双方可就周朴园形象的解读进行辩论。以人性的角度分析为正方观点，以阶级性的角度分析为反方观点，双方观点的碰撞，会产生共振的效果，绝非简单的一个结论可比，会使学生的认识更加清晰、更加深刻。答辩是研究性学习中经常使用的成果交流方式，像大学生毕业论文答辩一样，由教师提出问题，学生就自己研究的内容予以回答，或者某一个学生介绍自己的研究成果，其余同学提问、质疑。

2. 表演式戏剧教学法

读者或观众要理解艺术作品，就不能不以艺术的方式去把握它，把握艺术家所感受到的生活，否则，读者或观众就会与艺术及其创造者产生隔阂。戏剧文学的表现手法是多种多样的，因而教学方法也应该是多种多样的，只有选择适合学生特点的教学方法，才能收到最佳效果。戏剧是时空综合艺术，离不开表演，戏剧教学的一个突出特点就是表演性。通过表演精彩片段，结合生活体验自编自演，来激活凝固的语言，让学生进入语言营造的情境中，感受其中的人物性格、精神和情怀。

(1)将教室改为剧场

为了让学生尽可能地全面欣赏戏剧，感悟戏剧的艺术魅力，可以将课本节选的剧本搬上舞台，因为戏剧是舞台表演艺术，离开舞台便黯然失色。通过看演出，师生共同完成教学任务。平常的讲台变成舞台，学生自己就是导演、演员。有学生在作文中这样描写老师所布置的戏剧场景——中央是张课桌，不，应该叫茶桌，上面还铺着剧本中提示的浅绿色的桌布，一把精致的棕色茶壶和四个相配套的小茶杯，早已摆放几张课凳权充作剧中的“藤椅”。再看黑板上，左侧贴着一张用毛笔书写的“莫谈国事”条幅，右侧那个用红色粉笔很艺术地写着的大的“茶”字，一下子营造出了浓浓的茶馆氛围。这种教法，学生有了强烈的参与感，兴趣陡增。

(2)变观摩为学生参与

在戏剧教学中，要改变传统教学以教师的活动为主的状态，因为把学生当作被动接受知识的“容器”，很难引起其兴趣，也很难令其集中注意力。

例如有位教师在讲《茶馆》时，就很注意学生兴趣和能力的培养。他考虑到《茶馆》第二幕出场人物近三十个，基本占该班学生总数的一半，为了让更多的同学有参与表演的机会，预习时教师给他们分配了角色。要演好这些角色，必须了解全剧的剧情，揣摩每个人物的语言，把握人物性格，进而体会话剧特点。学生接受任务后，积极主动地去图书馆查阅资料，自己找道具、自己准备服装，有位同学还饶有兴致地根据自己的想象，让康顺子的儿子康大力手中拿串冰糖葫芦上场。演出开始后，看到自己的同学在舞台上成了“夫妻”(王利发与王淑芬)、“母子”(康顺子与康大力)、“把兄弟”(老陈与老林)以及“特务”“巡警”“大兵”，甚至“难民”“人贩子”，“台”下的同学都兴奋地哈哈大笑，报以热烈的掌声。“台”上有些“演员”由于紧张偶尔忘了台词，“观众”偶尔也会宽容地提个醒。同学们看得很投入，演得也很投入，投入便容易产生共鸣，对戏剧的人物、语言、环境也就有了深刻的领悟。

实践证明，戏剧教学“以演代讲”的教法是可行的，它既可以培养学生学习语文的浓厚兴趣，调动他们的积极性，又可以使学生在表演中体味作者的场所安排，掌握人物个性，领悟文艺作品思想性与艺术性的高度统一，从而达到叶圣陶先生倡导的“教就是为了不教”这一目的。

第五节　实用文阅读教学设计

一、实用文的含义

实用文也叫应用文，是人类在长期的社会实践活动中形成的一种文体，是人们传递信息、处理事务、交流感情的工具，有的还用来作为凭证和依据。随着社会的发展，人们在工作和生活中的交往越来越频繁，事情也越来越复杂，因此应用文的功能也就越来越多。它包含的具体样式有新闻（含消息、通讯、新闻调查、人物访谈）、传记、回忆录、报告文学、演讲稿、通知、启事、决议、调查报告、请示、留言、申请书等。

二、实用文的特点

与文学类文本侧重于陶冶情操、唤醒心灵不同，实用文是人们在日常工作学习、生活中常用的，具有实用价值并有一定文章体式规定的文字信息载体。尽管从写作过程来说，实用文与文学类文本都有一个调查研究搜集资料、提炼主旨、构思立意、布局谋篇、遣词造句的过程，都需要运用记叙、议论、说明等写作方法来表达思想观点和内容，但实用文又有自身的规律和特点。因而在进行实用文教学设计时，只有认识和掌握了它的特点，才能真正做到有的放矢，从而实现教学目标。实用文主要有以下几个特点：

（一）实用性

从文本写作的目的来看，实用文是为了处理解决实际问题而进行的写作，例如一篇新闻、一个专访、一份通知、一则留言，对我们的工作和生活都产生直接或间接的效用。

身处现代信息社会，人们每天都要与实用文打交道：开会的通知、寻物的启事、促销的广告、远方的来信……总之，实用文作为交流思想、传递信息的重要工具，已经渗透到社会生活的各个领域。不难想象，实用文的缺失，将会给社会带来怎样的障碍和不便。正如叶圣陶先生所说的，学生不一定要学会写小说、诗歌，但是一定要学会写工作和生活中的实用文章，而且非写得通顺扎实不可。

（二）基础性

实用文的实用性决定了它的使用范围不是局限于某个团体或者个人，而是广泛运用于国家各级行政机关、企事业单位、群众团体直至个人，因此实用文的另一特点就是它的基础性，即力求将要表达的内容用所有人都能理解的语言和形式表达出来。比如新闻就要求“不带一个让14岁智力的人感到困惑的句子”。这一特征为人们通过实用文获取信息提供了最大的便利，什么人在什么地方发生什么事情，结果怎样，直接简要地说明事情本身，不像文学类文本那样做铺垫、埋伏笔，而是通俗易懂，给人一目了然之感。

（三）规范性

与文学类文本相比，实用文在长期的实践中具有了相对固定的格式和程式化的语言，形成了比较鲜明的文体特征。这些规范的形成，有的是法定的，有的是约定俗成的，都是为了实用的方便，以提高工作效率。比如一则消息，它的结构通常分为标题、电头、导语、主体、背景、结尾等部分，每一部分都有各自的作用：标题是概括新闻内容、揭示新闻主旨的；电头是交代新闻从何时、何地传来、由哪个新闻机构提供的；导语是概括消息的核心意思、增强新闻的吸引力和关注度的；主体则对新闻内容作进一步叙述或说明；背景叙述与所报道事件相关的历史、周围环境等；结尾要对所报道事件作一个结语，可以发出号召，也可以发表评论，或者展望未来。了解了这些就能更加快速而准确地把握文本内容。

（四）审美性

这是中学语文教材中的实用文独有的特征，《普通高中语文课程标准（实验）》在“教科书编写建议”中要求“教科书选文要具有时代性和典范性，富于文化内涵，文质兼美”，因此编入教材的实用文往往是打破常规的优秀作品，还有的是名家名篇。阅读这些具有审美意蕴的作品与平常对报纸的浏览性阅读不同，要上升到佳作鉴赏的高度，需要学生鉴别揣摩一些含义深刻的语句，赏析思考文中独特的笔法。比如人教版高中新课标实验教科书必修一中就选用了罗森塔尔的名作《奥斯维辛没有什么新闻》，这篇文章一反新闻“客观报道”“零度写作”的条条框框，从细节入手，以冷峻的视角给读者展现了今天的奥斯维辛集中营纪念馆。作者尽量用客观的语言描述了恐怖与快乐、战争与和平、历史与现实的反差，形成一股张力，唤起人们对于灾难的记忆、对于生命的思考、对于人性的自省，作者的感情无处不在，充分显示了一个新闻记者的责任感和使命感，深深地震撼着每一位读者的心灵，不愧为新闻史上不朽的名篇。

三、实用文教学设计

（一）实用文的教学目标

1.了解文体基本特征和主要表现手法

实用文涉及的内容比较丰富，新闻、访谈、调查报告、传记、演讲稿等等，每一类文本都有自己的特征和主要的表达方式。因此在教学实用文时，首先要让学生学会鉴别各种文体，掌握所学的文体具有哪些特点，有什么社会功用，在什么情况下使用，有什么样的基本格式，适宜用什么样的方式去表达。如教学《别了，“不列颠尼亚”》时，知识目标可以设计为“了解特写与一般消息的异同”；教学《包身工》时，知识目标就可以设计为“了解报告文学的一般特征和结构方式，培养阅读报告文学作品的能力”。

2.准确解读文本，筛选、整合信息

《普通高中语文课程标准（实验）》在“阅读与鉴赏的评价”部分明确指出：实用文阅读的评价，着重考查学生对文本内容的准确解读，以及对文本信息的筛选和处理能力。因此指导学生阅读实用文时应让他们准确解读文本，理解文中重要的词语句子。如《奥斯维辛没有什么新闻》的最后一段写道：“在奥斯维辛，没有新鲜东西可供报道。”在众多报道奥斯维辛集中营的新闻报道中，这篇没有报道新鲜东西的报道却脱颖而出，成了新闻史上的名作，教学中可以以此为突破口，通过思考、揣摩这句话的内涵而把握全文。

此外，还要引导学生学会迅速、准确地捕捉基本信息，进行筛选、整合。筛选信息，就是根据一定的阅读目的，从语言文字材料中准确而迅速地挑选出所需的信息。对实用

文，没必要也不可能巨细无遗地吸收所有的信息，这就要求进行信息的辨析选择提取时，做到有取有舍。所以，筛选信息既是提取有用信息的过程，也是舍弃无用信息和干扰信息的过程。整合信息则是对所筛选的信息作进一步处理的过程。如《飞向太空的航程》不仅报道了神舟五号发射成功的具体情形，还讲述了飞天路上中国航天人近半个世纪的辛苦历程，需要学生把这些信息分别提炼出来；《包身工》中，既有新闻事实又有背景材料，还有作者的主观评价，学生要把不同的信息作系统的整合。

3.了解实用文的创作过程，尝试实用文的写作

新课改强调高中语文课程的应用性，加强语文课程与社会发展的联系，要求学生关心国内外大事及社会生活，将"大语文"的观念贯彻到教学实际中。因此，学习新闻、传记、访谈等文章时，要求学生了解作者的采写过程，把握作者的立场、观点，同时还要学习他们的敬业精神。在写作中应引导学生运用调查、访问、讨论、查找资料等多种方式获取素材，既要广泛搜集第一手资料，又要通过文献、报刊、书籍等获取间接资料，尽可能全面地、真实地反映客观实际，并学会根据表达需要和体裁要求对搜集来的素材进行选择和处理，通过淘汰、筛选，确定既典型又有深度的材料。执笔成文时则要指导学生根据写作要求，正确选择文体，注意文体的格式，尝试着写出观点正确、内容丰富、语言生动的文稿。

4.明确实用文的价值取向和实用效果

同样一个事件，不同的人站在不同的立场，从不同的角度出发就会写出价值取向不同的作品，也就会产生不同的实用效果。中学语文教材里选编的实用文，出于育人的目的，更是体现出鲜明的人生价值取向和强烈的时代精神。尽管在有些文本里，作者没有直接站出来表述自己的观点，但这并不意味着作者没有观点，而是将他的观点渗透在事件的叙述过程中，通过叙述的角度、背景的交代、叙述的详略、叙述语言的选择等等体现出来。在教学这类文本时，一定要引导学生仔细辨析，弄清作者的立场、写作的角度以及文本的价值取向与实用效果。如在教学《我有一个梦想》时，就可以这样设计教学目标：自由、民主、平等是人类追求的一个永恒主题，理解马丁·路德·金为之献身的这种事业的崇高意义，体会他不屈的奋斗精神。在教学《包身工》时，教学目标可以设计成这样：引导学生关注社会、关心时事，培养学生经世济民的胸襟和悲天悯人的情怀，明确自己的社会责任和历史使命。

（二）实用文教学的重点与难点

1.实用文教学的重点

（1）抓住实用文体现的文体特征及其行文特点

尽管实用文风格多样，教学重点也不尽相同，但我们认为，在教学实用文时，应该将实用文体现的文体特征及其行文特点作为重点。这是具有理论依据的。从现代科学信息论和系统论的观点来看，知识系统是一个网络状的立体结构，教学重点则是处在学科知识系统各个有机部分的结合点上，它往往起着承上启下、沟通左右的作用。因此，从系统论的角度说，重点是客观存在的，是具有确定性的；从信息论的角度来说，由于重点处在知识系统网络状结合点的特殊位置上，所以它所存储的信息，一般具有容量大、多方向传导的特点。也就是说，教学重点就文本来说，是"牵一发而动全身"的词句、段；就学生来说，抓住这个关键点，就能把分散的、零碎的知识串起来，收到举一反三的效果。如《别了，"不列颠尼亚"》是篇特写，通过描写英国皇家游轮"不列颠尼亚"号驶离维多利亚港湾这一特殊场景来摄取香港回归这一历史性重大事件，这篇特写的成功之处在于描述现实场景的同时兼顾历史的回顾，从而增加了作品的厚重感，因此它的教学重点应该是学习特写的表达技巧和赏析文本现场描写与历史背景相结合的叙事特色。

（2）体会文本的情感倾向或价值取向

对教科书中的实用文而言，育人是其重要功能：除了提高学生的语文素养之外，还必须为他们形成健康美好的思想情感和奋发向上的人生态度奠定基础。如《在马克思墓前的讲话》，这是一篇悼词，符合悼词的一般结构：开头、主体、结尾。开头介绍死者逝世的时间、地点、原因、身份和职务等事实情况；主体部分概述死者生前的功绩及对其功绩的评价；结尾表达对死者的悼念，寄托生者的哀思。但这又不是一篇普通人的悼词，而是一位革命家对另一位革命家的悼念。恩格斯与马克思是挚友，两人并肩战斗近40年，面对好友的逝世，恩格斯的沉痛悲伤可想而知，然而作为志同道合的无产阶级革命战友，他并没有把这种悼念局限于私人情感领域，而是代表整个无产阶级表达对马克思的悼念，希望通过对马克思的思想和事业的赞颂来鼓舞无产阶级和广大人民群众继续英勇战斗。因此，这篇悼词以准确而生动的语言表达了含蓄深沉的情感，有悲伤沉痛却不令读者感到消沉压抑，在寄托哀思的同时鼓舞人、激励人，因此，这篇课文的教学重点应该是引导学生通过对文章结构的把握和语言的品味，了解马克思的卓越贡献，感受他的伟大精神。

2. 实用文教学难点

(1)把握实用文的人文内涵

从现代科学信息论和系统论的观点来看,在知识的网络结构中,教学难点并不一定是处在网络状结合点的位置上,因而难点具有不确定性,并且它所存储的信息可辨性低。这就需要教师对学生有一定的了解,了解他们的知识水平和理解能力,以及平时的爱好、关注的焦点等等,再加以妥善的指导。就实用文来说,由于涉及的内容宽泛、视野开阔,离学生的学习生活比较遥远,在人文内涵的挖掘上需要教师适时地点拨。如做马丁·路德·金的演讲词《我有一个梦想》的教学设计时,将难点确定为"结合背景材料深刻理解文中反映的黑人生活的悲惨现实",原因是大部分学生对西方的生活还是很陌生的,不了解美国的社会制度和历史渊源,对美国的种族歧视隔离政策也没有什么感受,难以理解作者反映的严酷事实。作者在演讲中倾注了真切情感,表明了对实现梦想的坚定信念,而这一点恰恰有助于理解他话语中蕴含的深远意义。

(2)指导学生尝试实用文的写作

《普通高中语文课程标准(实验)》中要求:"在写作教学中,教师应鼓励学生积极参与生活、体验人生,关注社会热点,激发写作欲望。引导学生表达真情实感,不说假话、空话、套话,避免为文造情。"但由于时间、场地、经费等客观原因,如何指导学生尝试实用文的写作从而体会到写作的实用性,培养学生学以致用的能力是我们教学中的一个难点。解决这类问题的有效途径是将教学要求与生活需求结合起来,设置特定的情境激发学生的表达欲望。下面是一位教师做"人物访谈的写作指导"的具体步骤:首先用课件展示写好访谈的相关注意事项,比如采访目的、采访态度、问题设计、采访技巧等等;然后给学生发一篇阅读文稿,要求学生根据文章提供的信息设计采访提纲,并确定采访对象;接着以小组为单位接受采访任务;进行现场采访,并写好访谈记录;最后交流哪些问题提得好,为什么;哪些问题提得不好,怎样改等等,并将修改后的访谈稿上交。这套指导学生实用文写作的程序有效又可行,值得借鉴。

四、实用文教学方法

教学方法是教师为完成教学任务而采取的一种具体手段,是整个教学过程中事关成败的重要环节。因此,选择和运用合适的教学方法有利于提高教学效率。然而教无定法,著名教育家叶圣陶先生在他的《语文教学二十韵》中写道:"教亦多术矣,运用在乎人,孰善孰寡效，贵能验诸身。”也就是说，教学方法是多种多样的，但是，教师要根据具体的教学情况有选择地应用。到底采用什么方法效果最好，这要用自己的教学实践去进行验证。吕叔湘先生也曾说：“教学法允许不同，可以是教法不同而效果都好。戏法人人会变，各有巧妙不同。”强调根据个人实际和教学实际选择适合自己的教学方法。在这里，我们列举几种适合于实用文教学的方法。

(一)朗读体验法

朗读是口头语言艺术，需要创造性地还原语气，将无声的书面语言转化为有声的口头表达，它具有唤起形象、表达感情、加强理解、训练思维等多种作用。与文学类文本的朗读强调“读出蕴味，读出感情”不同，实用文由于其独特的文体特征，朗读时也有不同的要求，可以通过引导学生朗读来亲身感受和体验实用文的特点。如新闻可以理解为用最短的时间、最简洁的语言、最快的速度把真实的信息传播出去，所以在朗读时必须注意以下几点：首先要读得准确无误——时间、地点、人物、事件、原因、结果都不许出现事实上的差错；其次要注意层次清楚——新闻由导语、主体、结尾构成，层次之间要留出停顿的时间，以避免读成一片；还要做到节奏明快，什么样的稿子就有什么样的形式，读的是新闻，就得像新闻，句子与句子之间紧凑，句段之间明白晓畅；最后要朴实大气。新闻一般以第三人称叙述事件，朗读时就不能有任何夸张、渲染。朗读新闻不是念稿子，字里行间渗透着读者对新闻的理解，朗读就是把这种理解、感受真切地传达给听众，学生虽然不是新闻播报员，但如果他们能将所学的新闻读得有模有样，那也就能更好地理解新闻的文体特征了。

(二)选点突破法

一般来说，实用文的教学目标比较明确，用选点突破法教学可以着眼于整合和优化课文内容，从文本特点和教学重点出发，选取合适的突破点，从而达到“一课一得”的效果。这种方法适用于教读课，更适合于自读课，因为在自读课上，教师能安排大量的时间让学生自学。如在做《在马克思墓前的讲话》的教学设计时，为了突破本课的一个重点：体会语言的准确、深刻、严密。我们可以选择几个问题作为突破点：

①“这个人的逝世，对于欧美战斗着的无产阶级，对于历史科学，都是不可估量的损失。”为什么限于“欧美”，不说“全世界”？“历史科学”跟通常说的历史学是否相同？

②为什么在“物质生活资料的生产”前面又加上“直接”这个定语？

③为什么前面提到“政治、科学、艺术、宗教”四项，后面提“国家制度、法的现点、艺术以致宗教观点”“科学”不见了？

④“他可能有过许多敌人，但未必有一个私敌。”“私敌”和“敌人”有何不同？

将这几个问题作为突破口，一方面使学生明确这些难句的内容，另一方面也教会学生从科学缜密的语句中挖掘出深刻的含义。

(三)即时演练法

学习实用文不仅仅是学习文本内容，还要学会实用文的运用和写作，因此实战演练是学习实用文的重要方法。如《谈中国诗》是钱锺书对美国人做的学术演讲，我们可以通过活动的方式学习这篇演讲词的特点和内容：

①活动：假设你是准备着这篇演讲词的钱锺书，你要考虑两个问题：

a.听众分析；

b.希望达到的演讲效果。

②活动：假设你是旁听者，正在通过同声翻译听钱锺书的演讲，你要做的是：

a.边听课文朗读的录音(或老师的朗读)，边做要点笔记；

b.请说出演讲的要点是什么？你印象深刻的地方在哪里？你觉得什么地方最有趣？

c.依你想象，钱锺书在演讲时是怎样的神态？

另外，对一些常见的应用文，我们也可以寻找契机进行实战训练。如便条是我们日常生活中必不可少的交际工具。有教师在教冰心的《小橘灯》时找到了突破口：《小橘灯》中的“我”，离开了小姑娘家，为什么还要提着朦胧光亮的小橘灯重返乡公所？原因在于朋友留下了一张小小的便条。要求学生根据上下文情节的发展，重现这张完整的便条，这张便条有几个小问题要注意：便条为什么留在外屋而不留在内屋？“临时有事外出”中“临时”两字可以删去吗？决定“我”重返而不至于扑空的是哪几个字？以上，通过一个小插曲，让学生自己写，就把实用文教得很好玩了。

第六节　文言文阅读教学设计

一、文言文的含义

文言，一般指以先秦语言为规范的古代书面语言。文言文，就是用文言写成的文章。

文言相对白话而言，文言文相对白话文而言。古代白话是接近口语的古代汉语的又一种书面语言。白话文就是用白话写成的文章。唐代的变文，宋元明清的话本和小说以及其他通俗文学作品都是用古白话写的，不属于文言文。

人们常说的文言文也泛指一切文言诗文；文言文教学则泛指所有文言诗文的教学。文言诗文中的“诗”指的是一般意义上的“古诗”，既包括诗、词、曲、赋等在内的各类韵文，也专指古代诗歌，包括不重格律的古体诗和讲究平仄对仗的近体诗。

文言诗文教学在中小学语文教学中占有相当重要的位置。中小学语文教科书中选编了相当数量的传记、游记、杂记、小说、诗、词、曲、辞赋、杂剧等多种文言诗文。上至春秋战国，下迄辛亥革命，文言文纵横几千年历史长河，是我国优秀民族文化的突出代表，也是中小学生阅读学习的典范材料。文言诗文在中小学语文课本中所占比重甚大，一般来说，小学占10%左右，初中约占20%，高中约占30%~40%。

二、文言文阅读教学的作用

1.认识作用

学习文言文可以了解我国固有的文化。中华民族有着悠久的历史和光辉灿烂的文化，这笔优秀的历史遗产是以文言文为载体保留、传承下来的。指导学生阅读文言文，可使他们从中了解古代的制度、风土人情、文化教育、文学艺术、科学发明，了解古代与现代之间的继承与发展关系，对培养学生的历史唯物主义观点是必不可少的。

2.借鉴作用

现在的语文教材中所选的古代作品，都是经过历史的筛选、素有定评的名篇。这些作品不仅语言简练明快、准确生动，而且立意深远、结构严谨。指导学生阅读一定的文言文，可使学生从中吸收有生命力的语言，学习古人遣词造句、布局谋篇的技巧，对提高学生的阅读和写作能力是有很大帮助的。1930年朱自清就在《中学生》杂志上发表文章说："我主张大家都用白话文写作，但文言文必须读；词汇与成语，风格与技巧，白话都有借助于文言文的地方。"他的主张实际上代表了许多学者、教育家的主张。

3.思想教育作用

中学语文教材中的文言文，在内容上有描绘祖国大好河山的，有反映当时社会现实的，有介绍古代科学成就的，有阐述当时进步思想的，有鞭挞邪恶势力的，有抒写伟大胸怀、抱负的，有赞美杰出英雄人物的。这些内容都可以起到思想教育的作用，可以帮助学生辨别美丑善恶，增强学生的民族自豪感，进而继承和发扬我国传统美德。

三、文言文的教学要点

中学文言诗文教学，从弄清字词句含义，到了解历史知识，到全面学习课文，应当紧扣文言诗文知识内涵，把握其教学要点。

（一）弄清字词句含义，学习古汉语知识

文言诗文教学的起码要求是落实字词句。有的老师甚至提出要做到字字落实，句句清楚。概括起来说，就是要做到以下三点。

第一，认清字形，读准字音。阅读文言诗文的第一步工作是扫除文字障碍，这就要求准确认读课文中的文字符号，特别是注意那些形似字、异体字、繁体字、通假字、古今字、生僻字和异义异读字的音、形、义。形似字，比如博、搏，戊、戍、戌、戉、戎、戒之类，要注意比较辨别，防止写错读错。古今字和通假字，比如女和汝、反和返、莫和暮、亡和无、知和智、蚤和早等，要注意了解并逐步积累。生僻字，要注意正音正字，比如《黔之驴》中的"慭慭然（小心谨慎的样子）"，对这个"慭"（yìn）字，有的教师就生动形象地启发学生正字释义："前面来了一条犬，可要小心谨慎！"异义异读字，比如朝、度、期等，尤其要注意归纳分析。

第二，理解词义，明确词序。读懂文言文的关键在于掌握文言词汇。文言词汇掌握的重点是那些古今异义的文言实词和少数文言虚词。所以有人认为，文言文教学的问题主要是词汇教学的问题。要重点抓住这四个方面：一是一词多义。比如"将"：读jiàng，可作名词（将领）、动词（"上使外将兵"）；读jiāng则作名词（将军）、动词（"出郭相扶将"）、副

词（“将信将疑”）。二是古今异义。比如“去”：可解作距离（“相去甚远”）、离开（“去国离乡”）、除掉（“除残去秽”）、前往等。三是词类活用。比如，名词用作动词（“范增数目项王”“左右欲刃相如”），名词作状语（“人立而蹄”“船载以人”），使动用法（“项伯杀人，臣活之”），意动用法（“登泰山而小天下”），为动用法（“等死，死国可乎”）等。四是词序颠倒。比如，宾语前置（“大王来何操”“时人莫之许也”“唯马首是瞻”），定语后置（“马之千里者”），介词结构作补语（“天将降大任于斯人”），等。

第三，分析句子，掌握句式。要经常引导学生分析一般的文言句子，了解常规的句式结构，牢固掌握判断句和省略句等常规句型。并且，要逐步引导他们掌握一些特殊句式，比如，倒装句（“甚矣，汝之不惠。”），被动句（“取信于民”“为虞人所窘”“徒见欺”）等。此外，还要了解和积累一些习惯句式，比如：“如……何”（“如太行、王屋何？”），“奈……何”（“将奈之何？”），“孰与”（“吾孰与徐公美？”），“何……之有”（“何罪之有？”），等等。

（二）了解社会历史知识，消除时代隔阂

中学生难以读懂文言诗文，时代隔阂也是重要原因之一。解决的办法是在教学中针对具体篇目，帮助学生开阔视野，增长一些有关的社会历史知识。具体的做法是多方面的：

其一，简介时代背景和作者。比如教《李愬雪夜入蔡州》，应当首先交代唐朝中期藩镇割据、社会动乱、民不聊生的情况，以及扫平吴元济对当时巩固唐王朝中央集权、安定社会的进步意义；教《六国论》，应当首先介绍北宋王朝昏庸无能，为契丹、西夏“积威之所劫”，一味纳币输绢以求苟安的背景，了解作者借古非今、论古讽今的创作意图。对于这类课文，都要简明扼要地介绍历史背景，以便学生了解课文内容。至于作者介绍则应注意尽量简要，突出重点。

其二，简介有关史实和典故。比如教《鸿门宴》，不妨简介鸿门宴前后刘项相争的有关历史事实，以及“明修栈道，暗渡陈仓”“破釜沉舟”“四面楚歌”等典故，增强学生对于历史事件和人物的整体感知，促使他们更好地把握课文内容及其人物形象。

其三，简介名物典章制度和社会习俗。这类知识属于古代文化知识，引导学生了解它，不仅可以扫清文言文阅读的障碍，而且可以扩大知识视野。因此，凡是与课文密切相关的兵制、官制、科举制、礼仪、各种名物、社会习俗都要相机进行简要介绍。比如《廉颇蔺相如列传》中的“上卿”“上大夫”“设九宾于廷”“西河外渑池”“击缶”等。

其四，简介古代文体知识。古代文体和现代文体不很相同，有的甚至很不相同。对于古代文体知识，明代吴讷著有《文章辨体序说》、徐师曾著有《文体明辨序说》。教师应

读这类书籍,了解这方面的知识,教学时引导学生学习一些古代文体知识,弄清古今文体的区别,以帮助学生理解课文内容。比如《送东阳马生序》和《指南录后序》的“序”的区别;《订鬼》的“订”、《原君》的“原”作何解释等。

了解社会历史知识,可以引导学生多渠道进行:或者由学生阅读课文注解和预习提示;或者由教师适当补充某些史料或知识;或者启发学生课外查阅有关书籍、资料等。课前、课中、课后都可以做这项工作。

(三)全面学习课文内容,正确评价作品

教学文言诗文,不能仅停留在字词句解读上,而应在掌握字面意义的基础上,理解思想内容,研讨表现形式,使学生从中受到教育熏陶,学到语言表达技巧,提高读写能力。比如教学《廉颇蔺相如列传》,不仅要从字面上读懂全文,还要学习司马迁用完璧归赵、渑池之会、将相交欢三个故事从不同侧面来表现人物性格的方法,效法古人“先国家之急而后私仇”的胸襟。同时,由于时代和阶级的局限,古代作品中难免鱼龙混杂,泥沙俱下。要引导学生坚持批判继承、古为今用的原则,善于运用正确的思想观点,吸收其精华,剔除其封建糟粕。比如,《师说》中确有不少至今可资借鉴的正确观点,但对其中“巫医乐师百工之人,君子不齿”之类轻视劳动群众的错误观点则需指出,给以扬弃。而在评价古人时,尤其要坚持历史唯物主义观点,既不人为拔高,也不故意贬低,既不苛求于古人,也不拜倒在古人的脚下。此外,还要结合课文内容,恰当地联系学生的学习和生活实际,进行必要的思想品德教育。比如:教《扁鹊见蔡桓公》,教育学生要防微杜渐,虚心听取意见,及时克服缺点,纠正错误。教《岳阳楼记》,启发学生学习范仲淹“先天下之忧而忧,后天下之乐而乐”的精神,关心民生疾苦,热爱国家民族,报效党和人民。

四、文言文的教学方法

文言文教学的方法,和语体文相比,既有共性,又有个性。教学文言诗文,一方面,应当采取诵读、串讲、评点、译注和综合练习等方法,加强听说读写训练,以培养学生阅读浅易文言文的能力,培养文言诗文的语感;另一方面,教学中还要采取一系列行之有效的具体方法,进行总结、归纳、对比,使学生所学知识条理化、系统化。

(一)诵读法

诵读法就是通过反复诵读,疏通文字,体会感情,理解内容。诵读是传统的教学方法。诵读涵泳,自古而然。朱熹说:“须要读得字字响亮,不可误一字,不可少一字,不可多一字,不可倒一字,不可牵强暗记,只是要多诵遍数,自然上口,久远不忘。古人云:‘读书千遍,其义自见。’谓读得熟,则不待解说,自晓其义也。”著名古汉语专家王力教授则主张熟读一百篇古文,感性知识丰富了,许多书本上所未讲到的理论知识,都可以由自己领悟得来。这样由感性认识提高到理性认识,才能真正地掌握古代汉语。青少年记忆力强,加强诵读,培养语感,可以加深对课文的理解,同时积累语言材料,有利于对古代语言规律的掌握。文言课文一般都要反复诵读,短文或长文中的精彩段落都要求熟读成诵。诵读要加强指导,注意读准音,断准句,明确句读,不读破句,逐步做到读得流利,读出感情。对初学文言文的学生,不妨由教师领读几遍。个别难点,更要着重指点。

(二)串讲法

串讲法就是依照篇章结构顺序,逐层逐段乃至于逐字逐句讲解,串通文意。运用串讲法可以保证“字字落实”。串讲的步骤一般是:读讲串。读一段(句),讲一段(句),然后贯通文意。运用串讲法,除低年级外,一般不宜逐字逐句讲解,而应当突出重点和难点。重点一般指思想内容或写作技巧方面在全篇中处于关键地位或者是有特色的句段,比如《捕蛇者说》中的“故为之说,以俟夫观人风者得焉”。难点可以是:没有注释而又难于理解的或读了课文注释仍难理解的词语;多种用法的实词、虚词和不易理解的句式;可能有几种不同解释的词句;涉及古代社会历史情况以及名物典章制度的地方等。串讲时,既要落实字词句,又要阐明有关词句在一定语言环境中的语言功能和思想内涵,使讲解与分析相结合。串讲可由师生共同进行;应尽量多安排学生串讲,以培养他们理解文言文的能力。

(三)评点法

评点法指对文言课文的写作方法和思想内容加以评述,指出其突出之点,比如指出炼字遣词的精当,品评修辞表达的巧妙,赞赏立意谋篇的奇特等。同时,也对重点字词或者关键词语作些注解。要求评得中肯,点得准确,要言不烦,一语破的。评点时一般是逐句评点,逐段小结,评点法适用于中高年级,比如《师说》评点:

古之学者必有师。(入手就点出从师的重要性。学者,求学问的人。必字加强语气)师者,所以传道受业解惑也。(从三个方面说明师的作用,极为全面。传道,当时是传授儒家之道;受业,传授学业,受同授;解惑,解决疑难的问题;者,助词,表停顿、提起;也,语气助词,表判断;所以,表示“用来……的”……)

(四)译注法

译注法就是以句段为单位翻译文意,注解字词,直接弄清文章的字面意义,一般不作内容分析和写法品评。译要力求直译,主要着重训诂。这种方法有点类似于串讲法,不同的是,串讲法是先讲后串,即先注解字词,再串通文意;而译注法则是先译后注,即先语译全句,再注解字词。试以“古之学者必有师”一句的不同处理来比较两种方法的区别:

串讲法:古之学者必有师。(之,结构助词,的;学者,求学问的人。指古代求学问的人一定有自己的老师)

译注法:古之学者必有师。(古代求学问的人一定有老师。之,的,结构助词;学者,求学问的人)

(五)综合练习法

综合运用各种教学方法多方面训练学生的技能,指的既是诵读、串讲、评点、译注等多种(至少是两种)教学方法的交错运用,又是各个(至少是两个以上)方面学习技能的综合训练,包括朗读、背诵、试讲、回讲、抄写、诗文默写、断句、标点、注解、翻译等等。

第四章　写作教学设计

学习要点：

1.学习自叙文写作教学设计。

2.学习虚构故事写作教学设计。

3.学习阐释文写作教学设计。

4.学习论辩文写作教学设计。

第一节　自叙文写作教学设计

“自叙文”是记叙自己所经历的真实的事情，写作的体式包含自传、个人简历、讲述亲身经历的散文或故事、日记等。自叙文倾向于“自我表达”，即表达自己所做所见所闻所思所感，其关键特征在于自传性。写作的素材来自作者的真实生活，写作的目的是传达作者的经验包括经历、情感、感悟等。

一、自叙文写作教学设计的要点

(一)设计贴近学生经验的写作任务

教师在设计自叙文写作任务时，要贴近学生的经验，要通过创设情景等方式，激发学生的表达欲望，使学生“动真情，写自己”。例如：

“某份校园文学刊物向你征稿，编辑要求你讲述少年时代做过的一次艰难的决定，篇幅是1页。”

这项写作任务与学生的经验就较为贴近：在成长的各个阶段，总要面临一些艰难的决定。“征稿”“校园”“少年时代”“艰难的决定”等限定词提示了读者身份(校园刊物的读者,大多数是学生),明确了写作的话题(讲述少年时代一次艰难的决定),规定了写作的要求(篇幅是1页)。真实的写作语境,可以激发学生的写作动机和兴趣。

下列题目,指示着真实或拟真的写作语境,因而也能贴近学生的经验:

· 一次不可思议的经历。

· 一条在你生活中得到验证的名言。

· 一件帮助你重新认识自我的事情。

· 说说你的相册中某张照片的故事,这张照片能反映你的某个特征或个性。

· 以“我曾经是……现在是……”思路写一次改变你自己的经历。

(二)指导学生学习生成写作内容的策略

自叙文是传达自己已经具有的生活经验。面对贴近自身经验的写作任务,学生的主要问题不是没东西写,而是不能从生活经验中抽取有价值的写作内容。语文教师可以从三个方向引导学生提炼生活经验,从而生成写作内容:

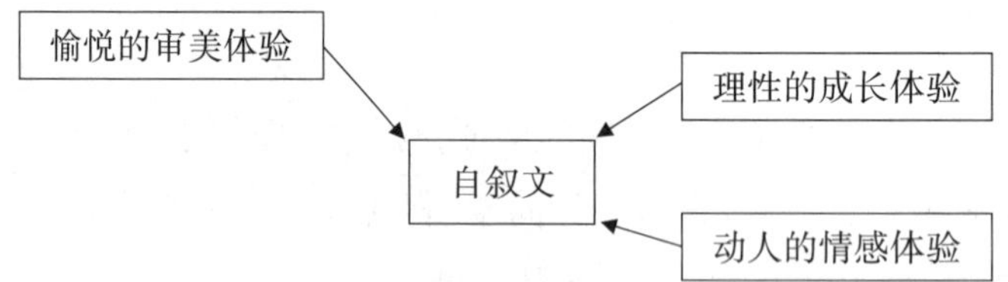

(三)指导学生学习相应的写作技能

自叙文最主要的表达方式是记叙和描写。

1.描写:把感觉具体化

对重要细节和感官印象的描写,能使叙事变得引人入胜,让读者身临其境。细致的描摹能牢牢地吸引住读者,我们可以形象地称之为“慢镜头回放”。对那些重要信息,像电影的慢镜头一样,在时间上予以定格、延宕,通过文字把一个短暂的表情、动作和场景具体化,从而达到“强调”的效果。

2.对话:刻画人物

在叙事中,刻画人物的一个有效方法是对话描写。以对话描写强调作者的发现与思考是叙事中常用的技巧之一。

3.场景:渲染气氛

事件的发生总是和具体的场景关联。高明的叙事者会通过具体场景的描写渲染气氛,表现某种情感或情绪。

(四)提供修改文章的量表

初稿并不意味着写作的结束。从初稿到定稿是一个不断修改的过程。教师应为学生提供可操作的评价量表,促使学生反思自己的写作过程和行为。自叙文的评价主要涉及下面这些项目:

1.目的:你的自叙文向读者提供了怎样的经验?

2.真实:你所叙述的是你自己真实的生活经历吗?

3.细节:你通过哪些细节强调了你的思考与发现?

4.技巧:你运用哪些叙事技巧实现你的表达意图?

5.语言:你是否能够准确使用名词与动词来感染你的读者?

6.反思:在这次自叙文写作中,我学到了些什么?如果让我重写一遍,我应做怎样的改进?

二、自叙文写作教学设计示例——表达自我,感染他人

(一)写作情境与任务

你还能回忆起某一天,某一刻,你的一种“欢喜和悲哀,得意和失意,满足和后悔,希望和绝望”吗?把它写下来吧!把自己内心的情感波动记录下来,表达出来,你会觉得情感获得了释放,会轻松起来;你会更爱自己,更爱你体验到的一切。

(二)构思与技巧

·那是哪一天?当时状况怎么样?还是根本就没有谁惹你,只是你自己不痛快?当时是一个什么情境?

·你意识到自己正处在一种特有的情感状态了吗？你意识到自己是“欢喜还是悲哀，得意还是失意，满足还是后悔，希望还是绝望”了吗？如果没有意识到，现在可以像观察另一个自我那样观察当时的（或现在的）自己。

·你可以选择日记的形式，也可以选择书信的形式，也可以选择抒情小说的形式，还可以选择散文的形式。总之，你觉得可以让你释放情绪就可以了。你可以把情感发生发展、高潮、下降、结束这个过程完整地写下来，也可以只写其中的一个或几个环节。

·如果直接地说“我很欢喜”或“我很悲哀”，这样的句子可能很难真正感染读者，而你的“欢喜”和“悲哀”之情也不会真正得到宣泄。你可以尝试用你学到的一些方法来增加抒情的感染力。

·当你的感情进入到某种状态后，你会发现你说话的语调和语气、用词和句式都会发生变化。在写文章时，不要刻意改变这些语调、语气、用词和句式，就直接用这样的语调、语气，选用这样的词语和句式来表达自己的情感。

·有的人的感情是外向的，有的是内向的，你是哪一种呢？如果是前者，你就需要使用一些节奏比较快的词和句子，一些比较强烈的、刺激性的具体形象；如果是后者，你想内敛地、节制性地表达自己的情感，就需要一些节奏相对比较缓和、平衡的词和句子，一些比较中性的、柔和的画面。

（三）修改、交流与鉴赏

内容略。

第二节　虚构故事写作教学设计

虚构，通常是创作者拟设一个假想的叙述者，叙述或描写他所想象的、又合乎情理的故事。写作的体式包括童话、寓言故事、想象性故事、小说、话剧、小品等。

一、虚构故事写作教学设计的要点

(一)设计有指向性的写作任务

根据不同年龄学生的喜好,设计不同的写作任务。在初中阶段可以布置一些童话、寓言故事、想象性故事的写作任务。

在写作任务的设计中,要明确提示写作的目的和功能。如,学写寓言故事就要指明寓言故事具有讽刺或劝诫的功能。

因为虚构故事的特殊性,一般在布置写作任务时,要有一些先导性的活动。

比如:

(1)先说一个笑话,再让学生据此编写故事;

(2)看图、看演示,而后编写故事;

(3)给一组材料,要求学生添枝加叶编写故事;

(4)根据某一故事情节进行扩写;

(5)根据某一故事的开头进行续写;

(6)摘录有关文字信息,然后由学生进行故事创作。

(二)指导学生学习生成写作内容的策略

虚构故事需要想象。指导虚构故事写作,要帮助学生打开想象的空间。可根据需要选用“头脑风暴”策略或“自由式写作”策略等。下面两种引导虚构故事创作的策略,往往能起到较好的效果。

1.滑栏创作法

滑栏创作法是美国创造教育专家帕内斯提出的,用于故事创造练习。该方法是:

(1)确定故事的要素。如人物、地点、目的、障碍、克服障碍的手段、结局等;

(2)列表,分别填上提示想象的内容。如在任务一栏,分别填上“医生”“厨师”等,在地点一栏,分别填上“商店”“菜市场”等。

(3)用一把尺子放在表格上,上下滑动,滑到哪一格就根据此栏的提示编写故事。如滑到“医生”一栏,就编写一个关于医生的故事;滑到“商店”一栏,就编写一个发生在商店的故事(见下表)。

表4-1　滑栏创作法

人物	地点	目的	障碍	克服障碍的手段	结局
医生	商店				
厨师					
……	菜市场				
		博得欢心			
			停电		

2.希尔里奇“故事开端”法

“故事开端”法是美国作文教学法专家希尔里奇设计的练习，旨在为中小学生虚构故事、发挥想象力提供思路：

(1)设想你正在一家商店(或展览馆、玩具工厂等)，用五要素(何人、何为、何时、何地、何故)讲述你的故事。

(2)从另外的角度看待世界：一条鱼会怎样看待渔夫？外星人怎样看待你的活动？一只老鼠怎样看待盆中的乳酪？

(3)假设你是“超级神童(男孩或女孩)”，你将做什么？你的感觉会怎样？为什么？

(4)做一个报告者，与家长谈话，与兄弟姐妹谈话，或与动物园的老虎谈话等，把内容写成作文。

(5)如果让你做一天校长(或教师、父母、总统等等)，你将做什么？

(6)如果你能让世界(或者你的城市、学校)发生三种变化，它将变得怎样？为什么你认为这样做是必要的？

(7)创造并描述一种混合型动物。例如，这是一头奶水牛(它由奶牛和水牛相结合而成)，那么什么是虎鼠(老虎和老鼠相结合)，什么是兔象(兔子和大象相结合)，等等。

(三)指导学生学习相应的写作技能

1.要素与结构安排

在学生进行虚构故事写作时，教师可以以故事图模板或类似的形式，为学生在故事要素的完备和安排方面提供帮助(见下表)。

表4-2　故事图模版

故事图模版	
重要人物	
场景(包括故事发生的时间、地点)	
故事中人物所遇到的问题(障碍)	
主要事件(你的人物试图怎样解决问题？)	
解决办法(问题是怎样解决的？)	

2.叙述视角选择

在学生进行虚构故事写作时，要指导学生把自己假想成某个叙述者。叙述者有一定的叙述视角，可以是“什么都知道”的全知视角，也可以是某一有限视角，比如故事中的某个人物，甚至某个动物的视角。

3.开头设计

虚构故事开头较难。开头既要把事情交代清楚，让人明白，不会莫名其妙；又要三五行字就能吸引住人，不能有过多的背景介绍，让人读了烦躁。因此需要寻找一个切入点，也就是寻找一个线索，通过情节的推进把背景牵搭进去。

4.情节设计

情节就是事件的经过，是矛盾生成、发展、解决的过程。情节要有跌宕，没有矛盾、冲突就没有故事。故事的情节说到底是人物、事件的情节，强调突出情节，并不否定对人物的刻画，但是对人物的刻画描写应是动态的，要“动中见人”。

5.结尾设计

在故事的结尾处，一般要顺理成章地抖出一个读者可能料想不到的结局。

(四)提供修改文章的评价量表

学生完成故事创作后，教师要指导学生依据有关自我修改标准，做自我评改。教师应为学生提供可操作的评价量表。评价量表主要有以下项目：

1.什么是我这篇文章的表达意图？我是否已经将它表达出来了？我是直接在文章中用一两句话点明，还是心里十分清楚但没有明说？

2.我是否把能表达我的意图的事件全部写出？我是否强调了重要的情节？

3.我是否采取了恰当的顺序,是否利用了表示时间的词语进行叙事的巧妙连接和过渡?

4.我是否选择了恰当的视角?第一还是第三人称?如果是第一人称,和例文的第三人称相比,优势是什么?

5.我是否描写了对话?是否生动逼真?

6.我的故事是否合乎情理?故事的荒诞性能否与情感的真实性统一起来?

二、虚构故事写作教学设计示例

(一)写作情境与任务

某天早上上学途中,不知从哪里抛来一顶帽子,掉在了你的头上,你惊喜地发现它同童话故事书中描绘的"如意帽"一模一样,它能实现你的一切愿望。请你为服务于小学生的杂志《故事会》写一个虚构的故事,讲述你用如意帽去达成种种心愿的故事。

(二)写作过程指导

1.前测

(1)第一次写作——作为写作水平前测的尝试。

(2)自测:在写作任务初步完成后,请你对照以下四个方面,想一想,你所遇到的写作困难属于哪一方面的?具体是什么?请用简单的语言描述这些困难。

(3)小组交流:伙伴交换作文,阅读后,就以上自测题的四个方面,对同伴的作文进行初步的评价,评价侧重于发现问题。

表4-3 评价同伴作文的四个方面

对照项目	问题的描述(你的困难主要在哪个方面?是什么?)
内容(写什么?)	
文章体式("故事"怎么写?)	
写作过程知识(从开始到结束,怎么写?)	
语言和修辞(选择哪些词语?)	

2.例文分析——关键知识的把握

阅读一篇文章(文章略),完成文后问题。

(1)和你的同伴再次阅读这篇故事,一起讨论这些问题:

·本文采取了怎样的叙述顺序?

·你喜欢故事的开头和结尾吗?为什么?

·作者为什么要描述×××、×××等人对×××的批评?

·文章的结构如何?

·文章的哪些地方最有感染力,哪些地方引起了你的思考?

·你能否给文章拟一个恰当的标题并扼要说明其含义?

(2)在上述问题讨论的基础上,请你和你的同伴从文章中提取虚构故事写的关键性特征,并填写下表:

表4-4　虚构故事的关键性特征

特征	举例说明
特征1	
特征2	
特征3	
特征4	
……	

(3)以下是叙述性故事写作的一般特征(内容略),和同伴讨论,这些特征是否都在本文中得到了体现?是如何体现的?

(4)以下是虚构故事写作的关键性特征(内容略),和同伴讨论一下,这些特征是否都在本文中得到了体现?是如何体现的?

结合虚构故事的关键性特征,再次阅读例文,和同伴讨论:本故事的虚构,是否达到"无理而妙"的境界?作者是否把虚构故事和表现事件中主角的态度、情感和价值观结合起来?

(5)例文的写作亮点聚焦:故事中的冲突、想象。

3.对比分析——对照与反思

(1)自评:结合第二部分所提供的关于故事叙述和虚构的关键特征,重新回到自己写的第一稿,思考如下问题并提出修改策略。

(2)互评:伙伴交换初稿,也从上述的六个问题出发,将问题中的第一人称改为第三人称,以之对同伴的文章进行批判性阅读并提出修改建议。

(三)修改或重写

1.参考自我评价和伙伴评价的结果与建议,修改初稿或重写,完成第二稿。

2.教师评价并提出建议。

3.挑选修改较为成功的第二稿,并与第一稿同时展出。请文章作者谈谈修改的过程与体会。

4.结合修改分析中学到的知识,再次修改第二稿,完成第三稿。

(四)发表

发表的方式有:朗读、装订成册、推荐发表于报纸杂志等。

第三节　阐释文写作教学设计

阐释文是指对一类事物的状态、结构、性质、功能等加以解说,或对一个抽象概念、一种道理等加以阐明的文章类型,包含产品说明书、字典、辞典里的“释义”或流程说明、调查或实验报告、科研论文、旅游指导手册等。

写作阐释文的核心有两个方面:对“是什么”这样的事实性问题进行妥贴的解答;将自己的解答向别人进行系统而明白的阐述。

一、阐释文写作教学设计的要点

(一)设计有阐释必要的写作任务

教师在设计阐释文的写作任务时,要选择学生感兴趣的问题,充分调动学生的写作兴趣。要设计具体的写作任务情境,写作任务在当下有阐释的必要,并让学生理解写作的目的和功能,明确读者对象和形式要求等。比如为明天召开的班级联欢会写一个游戏活动说明等。

(二)指导学生学习生成写作内容的策略

阐释文的写作任务往往与学生所具有的生活经验有一定的差异。需要用写作来阐释的问题,一般都是需要作进一步探究的问题。寻求对问题的解答,寻求对现象的合理解释,其实是一个学习、思考和研究的过程。教师要指导学生通过科学观察、实验、调查、梳理和运用资料、思考和分析等途径获得对问题的解答。资料是与所研究的问题相关的书籍、文章、数据等。运用资料进行思考和写作是阐释的基本特点。资料的梳理和运用包括资料的提炼、分析、联系、比照、比较、综合等。

问题探究的过程与写作过程是相辅相成的。从根本上说,阐释就是向读者展示你解答问题或解释现象的过程。以说清楚为目的,阐释性文章的内容的产生和组织,需要采用适当的方法。下面几种方法较为常见:

1.分类:分类是获得新知识的一种方法,也是组织知识的一种基本方式。

2.分解:分解是把物体、过程或概念等分解为组成部分的方法,使之成为一可分别观察或分析的结构。

3.比较:比较必须在属于同一范畴的两个以上成分之间进行,揭示其相同点或差异点。

4.联系:将不同来源的资料联系起来,形成对问题的解释。

5.比照:参考、对照与问题相关的种种资料,对问题进行不同角度的分析。

6.对比:比较各种资料中对问题的不同解释,加以分析和择取。

(三)指导学生学习相应的写作技能

阐释性文章往往涉及一些知识术语,有时整篇文章就是在阐释一个关键术语。学生需要学习术语阐释的一些方法。如:下定义,提供理解这一术语的背景材料,列举该术语的各种成分,用否定的方式辨析“它不是什么”,与相关术语做比较,引用权威说法并加以解说等。

阐释性的文章是把自己认识到的事理向不明事理的读者作解说,因此必须指导学生“从读者出发”来考虑写作。这有一系列的写作策略和技能,如:

(1)列举和图表的方法,有助于达到说清楚的目的。

(2)举例和比喻的方法,有助于达到“容易被读者理解”的目的。

(3)比较的方法。比较既是阐释的方法,也是阐释性文章一种常见的结构。在采用比较的结构时,可以考虑以下几种方案。①先把第一项充分提出,然后再把第二项充分提出,其间不断地论及相比较或对比的地方。②先提出第一项的相应部分,然后提出第二项相应的部分,依次类推。③先充分地提出第一项,然后在提出第二项时,一部分一部分地与第一项进行比较或对比。

(4)编辑的方法。利用这种方法,可使文章更容易被读者理解。比如:①给文章分列几个小标题;②在一些段或句子前加上表达次序的数量词或关联词语;③较长的引用材料,单独列为一段,并在段的前后各缩进2格;④重点词语采用不同的字体;⑤如果文稿采用电脑打印,注意字号、行距等。

(四)提供文章修改的量表

当学生初稿完成后,组织学生对内容、结构、语言等进行修改。为了使修改有效,教师应该给学生提供修改清单,最好以问题的方式,提醒学生对阐释文关键知识和技能的使用情况进行反思和自我评估。

二、阐释文写作教学设计示例

(一)写作情境与任务

我国的独生子女政策是一项关系到国计民生的重要战略决策。这项政策与世界上许多国家的人口政策有很大的不同。我国的这一人口政策是由特定的历史条件和具体国情决定的,然而在国际上有不少人对这项政策有种种误解。

请以“中国独生子女政策”为题,写一篇1000字左右的文章。

·要写好这篇文章,你需要查阅相关资料,了解我国独生子女政策的具体内容,并掌握一些执行这一政策的具体的材料。

·“中国的独生子女政策”这个题目比较大,你需要选择一个角度,并明确你要阐释的主要问题。

·这个题目带有很大的研究的成分,你应该以研究的态度来思考和分析相关的资料,并对材料作一些概括。

·最好组成写作小组,大家分头搜集资料,然后将搜集到的资料进行交流。在共享资料的基础上，大家各自列出详细的写作提纲。就提纲与同学交流，相互启发，最后独立完成自己的作文。

(二)写作过程指导

1.构思

中国的独生子女政策是在怎样的历史背景和社会条件下制定的？这样的历史背景和社会条件有怎样的特殊性？

·中国为什么要实施独生子女政策，其必要性何在？如果不实施独生子女政策，中国社会经济政治将会发生怎样的变化？

·中国的独生子女政策的主要内容是什么？它由哪些具体条文构成？其中最核心的内容是什么？为什么它会成为最核心的内容？

·中国独生子女政策的执行情况如何？取得了怎样的成效？

·关于中国独生子女政策有哪些争论？这些争论的主要观点是什么？

·中国独生子女政策给中国社会带来了怎样的影响？

·中国的独生子女政策的发展方向是什么？在当今有了怎样的变化？

2.技巧

·你的这篇文章是写给谁看的？是写给外国人看的，这是你首先要考虑的。

·你应该明确读者的心理和阅读需求。他们为什么要了解中国的独生子女政策？他们想了解一些什么内容？他们对哪方面特别感兴趣？比如：有人特别了解中国独生子女政策的执行情况；有人则对为什么一对夫妇只能生一个孩子这样的问题感兴趣，为什么不可以生两个呢？

·要针对特定读者群的具体情况，确定你的内容重点，考虑文章的结构和语表达的风格。

·这篇文章写作的关键是要阐释清楚中国独生子女政策各个方面的相互联系，而不是罗列关于独生子女政策的有关条款，或堆砌一些具体的材料。

·你的写作目的是要让人们了解我国的独生子女政策，理解其中的道理。

(三)修改与交流

1.文章初稿完成后，建议你把自己想象成你心目中的读者，以读者的心态来看你这篇文章，想象他们看了你的文章后是否达到了了解、理解中国独生子女政策的目的。

·他们会在你的文章中获得他们想要获得的信息吗？

·还有什么是他们想要知道，但你却写得不够详细和充分的地方？

·什么地方可能并不是他们特别想了解的，而你却在文章中花费了很多笔墨？

2.三五个同学组成一个小组，交流各自对初稿的意见，并互相提出修改的建议。

3.修改初稿，调整内容及表达，并誊写，或校订后打印。

第四节　论辩文写作教学设计

论辩文是以说服读者为目的而对一个存在争议的问题表明态度，并通过论证支撑自己的态度或立场的文章类型。如辩论稿、项目论证书、说服别人采取行动的建议信、某些新闻评论、社科论文等。

论辩文的写作侧重于“论辩”——表明立场、捍卫立场、驳斥反面论点。有说服力的作者会利用可靠的论据、推理，以及感情或理智去影响读者、说服读者。

一、论辩文写作教学设计的要点

(一)设计具有可辩性的写作任务

论辩文的辩题应当具有可辩性，必须有辩论的余地和价值。也就是说，必须有人对该论题持有不同意见，并能够用论据支持他们的立场。

在任务设计时，选择一个能充分调动学生辩论热情、可辩性强的话题非常重要。教师可以从报纸杂志、电视、网络等媒介，寻找具有辩论价值的话题，在平时要有意识地积累一些具有论辩价值的话题。

教师还可在小范围内调查学生对辩题的态度，以检测辩题的辩论价值。如果大多数人都持一致意见的话题，就不需要辩论。

(二)指导学生学习内容生成的策略

1.选择立场

指导学生在对辩题进行分析的基础上,做出立场选择。随着写作的深入,特别是随着论据的不断充实,学生的立场会发生动摇和改变。教师应该允许学生在写作过程中作出深思熟虑后的选择或改变。

2.搜寻论据

在立场选择后,教师应鼓励学生通过一定的写作策略,如头脑风暴、同伴互辩、查询资料等方式,搜寻合理的论据。根据来源,论据可分成直接论据和间接论据两类。直接论据包括:自己的经验,别人的指证,自己和别人共信的案例、学说、经典之类。间接论据包括:事前证据、事后证据、例证等。国外有的教科书把论据分成第一手观察所得、专家或权威的判断、个别事例、潜在的事实或原因、事实(能被证实的说法)、统计数据等六类。

3.进行推理

引导学生进行合乎逻辑的推理。论证方法是一个多层次的概念。论证"法式"指的是论辩文的两种推理方式:归纳推理和演绎推理。归纳推理是对特例进行概括的推理,演绎推理是从一般论断推出特殊论断,而例证法、引证法、喻证法或归谬法等则属于具体层面的论证方法。

(三)指导学生学习相应的写作技能

1.明确论辩文的基本结构

(1)结构一:先正后反。先陈述自己的立场选择理由并列出证据,后陈述反方意见并逐条驳斥。

结构一:先正后反
(1)表明自己的立场/态度
理由1:证据
理由2:证据
理由3:证据
(2)陈述反方意见
反方理由1:反驳
反方理由2:反驳

(2) 结构二:先反后正。先陈述反方意见并加以驳斥,后陈述自己的立场及理由,并用论据支撑。

结构二:先反后正
(1)陈述反方意见
反方理由1:反驳
反方理由2:反驳
……
(2)表明自己的立场/态度
理由1:证据
理由2:证据
……

(3) 结构三:正反交错。陈述自己的理由与陈述反方意见并加以反驳交替进行。

结构三:正反交错
表明自己的立场/态度
理由1:证据
反方理由1:反驳
理由2:证据
反方理由2:反驳
理由3:证据
反方理由3:反驳
……

教师可以指导学生根据上述三种基本结构来组织内容,并鼓励学生尝试其他的论证结构。

2.提示学生注意每一类论据的使用的条件例证尽可能多样化。若用自己的个人经验作为证据,会影响结论的推广性。

3.要警惕归纳推理常见的错误,如绝对化、以偏概全、孤证等。

4.指导学生考虑写作语境对论据使用的要求。比如,对于一个观点上完全对立的读者和一个立场摇摆需要争取的读者，所用的论据应当有所区别。

（四）指导文章修改的策略

提供文章修改的清单。主要有以下项目：

1.论点。你的论点是什么？你在哪里陈述你的论点？

2.论据。你提供给读者的有哪些论据？哪些论据可能不准确、无关、不具有代表性、不充分、不具有公信力？有没有断章取义、歪曲论据？有没有错误的引用？

3.推理。你弄明白演绎推理和归纳推理的区别了吗？你能在写作中同时运用它们吗？如果你用了归纳推理，你的论据足够完整、足够典型吗？有没有清晰地陈述论据？连接论据和论断的假定是什么？如果你用了演绎推理，你的前提是否可信？有没有没有陈述出来的前提？

4.考虑反方意见。你回应了反方的哪些论点？有没有隐瞒反方的论据？你成功地驳斥了反方论点吗？

5.读者意识。你分析过你的读者吗？以理服人和以情感人，在你的文章中都有体现吗？

6.结构。段落与观点的过渡自然吗？你是如何巧妙过渡的？你的结构适合读者理解吗？

二、论辩文写作教学设计示例

（一）写作情境与任务

近期你想外出旅游，可你的父母不同意，你该如何说服他们？

（二）写作过程指导

1.准备活动

无论在生活还是学习上，一个人都经常需要与别人进行沟通，把自己的想法告诉别人，并希望对方接受自己的观点。如果你要说服爸爸妈妈同意你外出旅游的计划，你能够举出哪些理由来说服他们？如：

·古人提倡读万卷书,行万里路。

·一张一弛,文武之道,劳逸结合能促进学习。

·饱览祖国大好河山。

·其他同学也有旅游计划,并有获益的先例。

·已经考虑并解决了安全问题。

·不会花费太多钱。

有效的论证能影响他人的判断。你父母能否批准你的旅游计划,在很大程度上将取决于你对旅游意义的论证。你觉得上述理由充足吗?你还能说出其他理由吗?

2.重点训练

证据本身并不一定能导出唯一的结论。论据的数量也不一定是多多益善。你的结论是否可信,不仅要看证据的数量和质量,更要看你对论据与结论之间逻辑关系的推理。

(1)认识人类基本的思维逻辑

·归纳推理:从许多个别现象、个别事物中寻找共同点,得出一般结论。

·类比:用一件事做例子来证明另外一件事也具有同样的性质。

(2)如何避免论证中的逻辑错误:

·尽可能考察、了解与命题有关的全部情况。

·证明论据和结论之间确实存在着因果关系。

·说明这种因果关系是必然的而不是偶然的。

·判断该因素对结果是起唯一的作用还是只起部分作用。

·分析其他因素对这种结果产生的影响大小。

·说明该因素对结果发生作用受什么条件影响和制约。

·考虑会有例外的可能并指出其原因。

(三)论证过程反思

由于受知识储备、认识手段、个人立场、当时环境等因素的影响,一个人对某个问题的认识常常有片面之处,而许多事物本身也在不断变化。这就需要对我们的论证进行反思,及时发现问题并加以修正。

1.对论证进行自我反思

以下提示,可以帮助我们反思一项论证是否合理:

·我是否掌握了足够的与命题有关的信息？

·我的观点是一种假设还是客观事实？

·我得出这个观点更多基于个人的主观倾向还是客观依据？

·我的证据是否可靠？

·从我的材料、证据中能必然归纳出观点吗？

·我的推理过程有没有破绽？

·我注意到这个判断结论不能涵盖的特殊例外，并能做出合理解释吗？

·我注意到不利于我的观点的材料以及反对方的意见，并能合理解释吗？

·我的论证在语言表达上是不是简明易懂？

2.借鉴反方观点进行反思

(1)将"交流与写作"活动中持不同观点的小组所列举的理由互相对换，冷静、细心地思考反方陈述的理由，理解对方的意思。

(2)梳理观点分歧及双方论证的逻辑，辨析双方产生分歧的关键。

(3)吸收反方合理因素，修正你的观点，调整你的论证过程，使立论更稳。

(4)对反方有代表性的观点和核心论证进行必要的反驳，指出其论据的不足。这也是从反面来加强自己的论证。

需要注意的是：

·许多分歧并不是非此即彼的关系。

·许多论证的指向不全是唯一结论，而是表达一种个人主张。

·论证是向他人证明自己的观点，希望读者和对方接受。一般来说，论证是一种平等交流，应心平气和地讲道理，避免居高临下，火药味十足。

(四)修改完善习作

重新整理自己的论证思路，修改完善习作。

第五章　高中语文选修课的实施

学习要点：

1. 掌握高中语文选修课教学的特点。

2. 学习高中语文选修课专题设计。

3. 学习高中语文选修课教学设计。

第一节　高中语文选修课教学的特点

一、教学内容重在拓展、提高

选修课与必修课，两者之间既有继承性，也有相对独立性。继承性是指选修课必须重视对必修内容的梳理和巩固。独立性是指必修课强调基础，而选修课注重拓展、强调探究，着眼于发展和提高。高中语文选修课程是在必修课的基础上的拓展与提高。

在五个选修课程系列中“新闻与传记”“语言文字应用”与必修课程在学习内容上有明显互补关系，即便是“诗歌与散文”“小说与戏剧”等与必修课程有一定重叠的选修课程，也不仅仅是必修课的在平面上铺展、在数量上的增加而已。

二、学习方式重在自主、探究

高中语文课程必须体现时代性、基础性和选择性，既要在义务教育的基础上，使学生的语文素养普遍获得进一步的提高，同时也要为具有不同需求的学生提供重大的发展空间。高中语文课程当中设置选修课程模块，就是“满足学生不同需求”“给予学生更大的发展空间”的具体举措。选修课程强调学生的选择性和个性化，鼓励学生有选择地学习，在学习方式上强调学生的自主学习，充分发挥学生的学习主动性。

三、教学多采用“专题”形式来组织

根据高中语文课程标准，选修教材较多地采用“专题”或“课”（单元）的编排方式，以利于教师与学生开展专题教学。比如《外国小说欣赏》教材分别为“叙述”“场景”“主题”“人物”“情节”“结构”“情感”“虚构”八个专题。《先秦诸子选读》编有七个专题单元，分别研读《论语》《孟子》《荀子》《老子》《庄子》《墨子》《韩子》。《语言文字应用》选修教材，整个课程分六课（单元），分别是：走进汉语的世界、千言万语总关“普”、神奇的汉字、词语万花筒、言之有“理”、语言的艺术。

第二节　高中语文选修课专题设计

高中语文选修课的“课程纲要”设计，这里介绍一则材料：“专题学习，个性选择”选修教学模式的设计思路。“专题学习，个性选择”模式是由各实验区的教师，在不同地域结合本地实际、学习需要，针对学生个体的认知差异及教师自我的教学风格，保证学生“差异发展”而创生的一种选修教学模式。

一、组织“专题学习群”

“专题学习，个性选择”模式的中心问题就是教师根据具体的教学情境、学生的学习情况及既定的教材内容，结合阶段教学目标与教学任务，调整散见于各册教科书中的同类学习材料，构建适合教学情境和教学对象的“专题学习群”。

“专题学习群”也由一篇篇独立的文章构成，不同的是这些调整后的单篇学习材料，涵盖了一个与学习者的心理特点、认知结构较吻合的“核心元素”，整个学习过程将围绕这个“核心元素”进行设计和展开。

二、设计案例

北京市顺义一中吴欣歆老师以北京市高中课程改革实验版·语文教科书(简称"京版语文")小说单元为例,阐释"专题学习,个性选择"教学模式的设计思路。

1. 资源情况

"京版语文"教科书必修5本,5个必修模块分别设置了四个小说单元:必修一"小说与故事";必修三"小说与人物";必修四"小说与抒情";必修五小说的叙事手段,小说人物形象的主观性与作家想象的本质联系。选修4本,其中一本是《中国特色小说》。

2. 专题设计

根据上文所列"京版语文"小说单元的学习材料,吴欣歆老师针对北京的特点,决定以"京味"这一文化元素为核心构建"专题学习群",在学习必修内容的同时调整选修学习材料的编排顺序,将"中国特色小说专题"融进"小说与故事""小说与人物"的学习过程。

3. 学习流程的设计

第一课时 自读"泛读导引"《京味小说别开生面》,初步了解"京味小说"。

第二课时 自主阅读专题(四)的篇目,以批注的形式记录阅读体会和在阅读过程中发现的问题。

第三、四课时 自主阅读专题(四)的篇目,自主选择篇目,拟定学习主题,将自己的学习成果写成500字左右的小论文。

第五课时 阅读同学撰写的小论文,交流阅读体会,记录其中有价值的选题。下课前提交自己渴望继续探究的问题,教师根据学生提交的探究题目,将学生分成五个合作学习的小组——人物组、语言组、文化组、"新京味小说"研究组、新旧北京变化研究组。

第六课时 在多媒体合作学习教室分组利用网络查阅资料,边查阅边讨论、整理。整理资料,选择主要内容打印出来,为下节课的交流、讨论做好准备。

第七课时 各组分别交流查阅的资料,继续分析、比较、筛选,讨论确定本组学习成果的呈现方式。如果以论文形式呈现要进一步讨论论文的题目和内容提纲。

第八课时 按照讨论后的内容提纲,各组的组员独立撰写小论文。

第九课时 各组组长组织交流组员的小论文,找出文章中最精彩的部分,整合成本组的学习成果,准备在全班汇报交流。

第十课时 各组汇报学习成果,同学提出学习中的问题,大家共同讨论解决。

第三节　高中语文选修课教学设计

一、《语言文字应用》教学设计案例

《每年一部“新词典”——新词语》教学设计

［设计说明］

本课教学内容是人教版选修教材《语言文字应用》的“第四课词语的万花筒”之“第三节 每年一部新词典——新词语”。这一节的主要内容是“新词语”，包括新词产生的途径和类型如新造词、旧词新义和外来词等）。学本节要使学生认识：词汇是一个动态的系统，旧词语不断消亡，新词语不断产生，新词语产生的最主要原因是社会发展的需要。

表5-1　《每年一部“新词典”——新词语》教学目标与教学重点、教学难点

教学目标		教学重点	教学难点
总述	分述		
了解词语与时代的关系，明确新旧词的变化及其原因，了解新词语的基本特点	(1)了解词语与时代的关系，理解词汇是一个动态的系统		
	(2)明确新旧词语更替的原因	(1)明确新旧词语更替的原因	(1)明确新旧词语更替的原因
	(3)理解新词语的来源、基本特点	(2)理解新词语的来源、基本特点	(2)理解新词语的来源、基本特点
	(4)树立对待新词语的正确态度，宽容又谨慎		

表5-2 《每年一部新词典——新词语》主体环节设计的展开(一课时)

教学环节(落点)	教师的行为	学生的活动
台阶一 落点:梳理各时期的流行词,明确语言与时代变迁的关系。 方法:投影呈现;讨论	(1)教师仔细听读,辨认出学生读音把握有误的字词、破读的句子,部分典型问题可以做板书 (2)提供老舍《茶馆》与当下生活中的"打包""小姐"等实例,引导学生探讨	(1)了解语言反映时代的风貌,语言折射出价值观的变化的事实; (2)从文学作品与实际生活的具体实例中感受词语的变化
台阶二 落点:了解旧词语消失和新词语出现的原因。 方法:投影呈现;讨论	(1)提供第5版《现代汉语词典》的相关数据材料,引导学生进行思考。 (2)引导学生探究旧词语变化的原因,适时提供结论	(1)了解第5版《现代汉语词典》新增词语6000余条,删去陈旧过时词语3000余条的事实; (2)讨论并陈述对旧词消失、新词出现的原因的见解
台阶三 落点:了解新词语产生的途径及其特点。 方法:师生问答;投影呈现	(1)提供新词语实例,引导学生探究其来源。 (2)提供"美轮美奂"等实例引导学生探究	(1)考察"黄金周""克隆"等新词语,归纳其来源;旧词赋新义;方言词成为流行语;新造词;借用外来词; (2)讨论"美轮美奂""空穴来风"等成语的旧词赋新义
台阶四 落点:讨论如何对待词语的新旧变化现象,如何规范使用新词语。 方法:讨论交流	(1)提供实例并引导大家讨论。 (2)引导学生讨论,并归纳相关结论	(1)考察学生作文中滥用"偶班的GGMM酱紫决定去操场上给他+u"等网络词语的现象; (2)讨论并陈述自己对于如何规范使用新词的见解

二、《外国小说欣赏》教学设计案例

《清兵卫与葫芦》教学设计

(浙江省青田中学高级教师王立军)

[设计说明]

《清兵卫与葫芦》是人教版选修教材《外国小说欣赏》第五单元的课文,同单元的另外一篇课文是德国小说家伯尔的《在桥边》。本单元根据小说的"情节"元素选编这两篇文章,中心话题是"情节"。本单元教学主要是借助"情节"这一小说元素来达到欣赏小说的目的。《清兵卫与葫芦》与《在桥边》这两篇小说在情节运行模式上具有一定代表性,特别是在运行技巧上又各有侧重。前者侧重于"摇摆",后者侧重于"出乎意料与情理之中"。另外,在细节的处理上也别具匠心。

在教学预想上:主要借助"细节"与"摇摆"这把知识的钥匙打开欣赏小说之门。本设计从品味细节切入,引出摇摆;然后要求学生寻找摇摆,分析其作用:运用摇摆,续写故事;探究作者的摇摆,领会主题。层层递进,逐步深入,透彻理解"摇摆"这一技巧,并以此带动其他话题知识的学习,从而领悟到小说的美妙之处,获得审美享受。

表5-3 《清兵卫与葫芦》教学目标与教学重点、教学难点

教学目标		教学重点	教学难点
总述	分述		
借助"细节"与"摇摆"这把知识的钥匙打开小说之门。	(1)领会小说的内容与题旨。 (2)了解细节与情节之间的关系,领会细节对刻画人形象的作用。 (3)考察小说情节的运行模式,理解摇摆的特征及其对刻画人物与表现主题的作用	(1)领会细节对刻画人形象的作用。 (2)理解摇摆的特征及其对刻画人物与表现主题的作用	理解摇摆的特征及其对刻画人物与表现主题的作用

《清兵卫与葫芦》主体环节设计(一课时):

台阶一
落点:明确故事的特征。
(1)请同学讲故事。
(2)归纳出一个好故事的特征。
方法:复述:讨论问答。

台阶二
落点:品故事。
(1)品故事细节之美;
(2)品故事摇摆之美。
方法:小组讨论;全班交流;师生问答。

台阶三
落点:评故事。
方法:师生问答;投影呈现。

(一)请你讲故事

1.直接导入

今天我们学习日本作家志贺直哉的小说《清兵卫与葫芦》。作者在小说的开头就说"这是一个叫清兵卫的孩子跟葫芦的故事"。同学们,你们能把这个故事讲给大伙听听吗?请把这个故事展开来讲。

2.在讲故事的基础上总结出一个好故事必备的条件

(1)情节比较完整。情节上前后存在必要的因果关系,保持情节的连贯、流畅。具备小说情节运行的基本模式:发生(清兵卫喜欢葫芦,但父亲并不喜欢他的这个爱好)——发展(清兵卫买到一个十分钟爱的葫芦,爱不释手)——高潮(葫芦在课堂上被教员没收,教员家访后,父亲把其余的葫芦也都砸了)(教员没收的那个葫芦被辗转卖到高价)——结局(清兵卫改换了爱好,开始以绘画作为新的寄托)。

(2)故事有吸引力。故事中有细节。比如,清兵卫在街上走,把一个老头子的秃脑袋,错看成了葫芦。

(3)故事引人深思。有值得回味,但又有一下子想不明白的地方。

(二)请你品故事

(甲)细节之美(略)

(乙)摇摆之美

1.教师幻灯片展示"高潮"部分的一组细节:

①这位外来的教员,对于本地人爱好葫芦的风气心里本来不舒服;他是喜欢武士道的,每次名伶云右卫门来的时候,演四天戏,他倒要去听三天。学生在操场里唱戏,他也不怎么生气。

②在教员身后边的柱子上正挂着许多收拾好了的葫芦。清兵卫心头怦怦地跳着,怕他会注意到。

③教员终于没有注意到葫芦,回去了。清兵卫透了一口大气。

思考:这组细节除了有刻画人物形象的作用之外,还有什么作用?从情节运行示意图来看,这些细节似乎游离于故事之外,可以删掉吗?请从读者阅读心理和情节运行的角度来思考。

这些细节主要介绍了教员的喜好、清兵卫的心理，进一步强化了清兵卫为葫芦而痴狂的性格特征，揭示其恶劣的生存环境。删除这些细节，并不会太影响人物性格的塑造；在情节运行上，也不会出现阻塞、前后矛盾等问题(这部分基本按照“教员生气—教员没收、家访—父亲打骂清兵卫并砸碎其他葫芦”这一因果关系运行)。但是加上这些细节后联系上下文来看，读者的心理会经历“紧张—松弛—极度紧张”的变化，从而增加了阅读的趣味。这些细节组合在一起使小说跌宕起伏、一波三折，即摇摆状态。去掉这些细节后，会显得单调、无趣。“摇摆意味着小说在运行时，不是毅然决然地向前奔突，而是在绝大部分时间里呈出犹疑不定的状态。”(曹文轩语)

幻灯片展示这组细节前后的情节运行示意图。

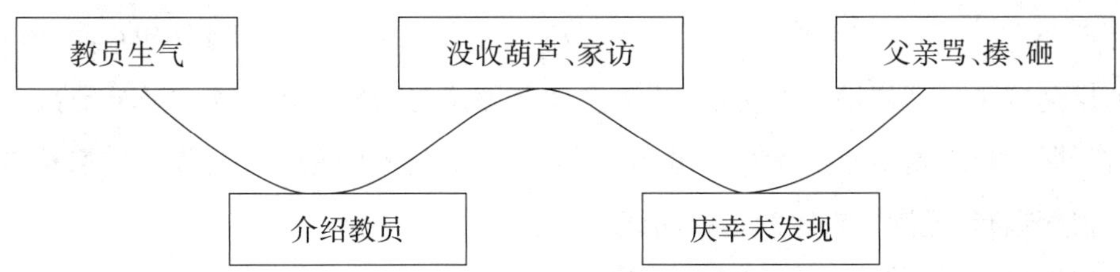

2. 找出文中其他类似的细节，并画出相应情节运行(“摇摆”示意图。如果不看摇摆该怎么写？会有什么样的效果？摇摆了以后有何独特的效果？

[明确]“买葫芦”部分

这部分，集中描写清兴卫买葫芦时的内心状态：“心头发着跳”“喘着气”“急匆匆地说完”“跑回家去”“红着脸，喘着气”。这些细节表现出清兵卫丰富的内心世界(高兴—担心太贵—庆幸不贵—担心被别人买去—买得后的心花怒放)，反映了他对葫芦的痴迷。

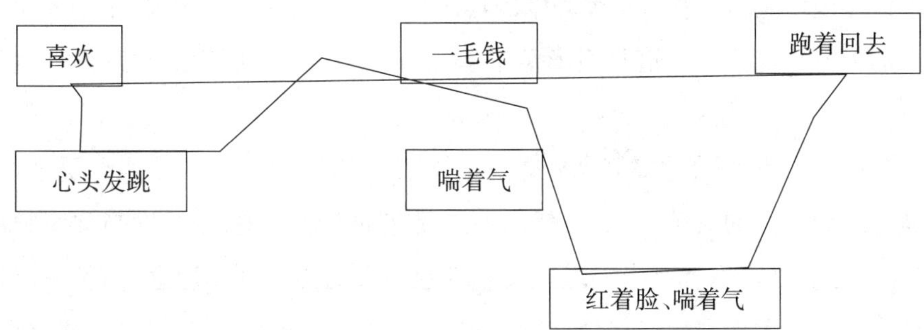

如果删去这些细节，情节成直线运行：喜欢—买来。这样情节就缺乏张力，小说运行平淡，难以调动读者阅读兴趣；另外，一个痴迷于葫芦的清兵卫形象也将大打折扣。

【明确】“卖葫芦”部分：

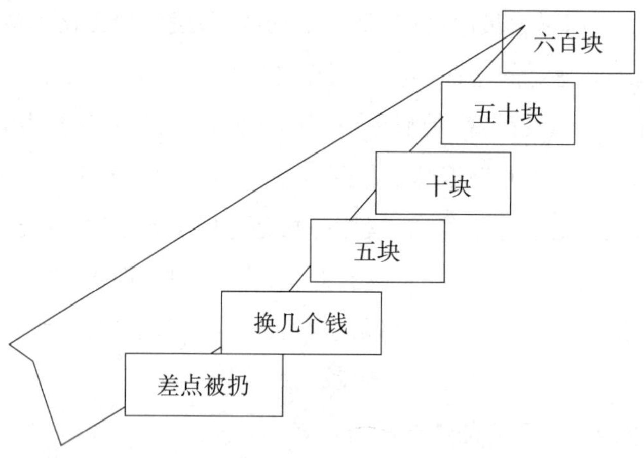

作者在设计“葫芦被高价卖出”这一情节时，并非直线形的，一步到位的，而是运用众多细节层递式地表现出葫芦的价值，让读者处在惊诧的巅峰。在摇摆中凸显清兵卫惊人的鉴赏天赋。这一情节暗示了清兵卫的胜利，这就改变了小说一直在孩子与家长之间的胜败中摇摆运行，充满了未定的运行路线。

3.教师幻灯展示情节运行的基本状态图。引导学生体会整个情节运行的摇摆性。总结本文摇摆的具体表现，让学生把握住摇摆的特征，体会到摇摆的作用。

4.依据前图，发挥想象，续写故事。情节还可以如何摇摆运行？抵达何处？此摇摆有无合理性？

【明确】在点评续写故事摇摆的基础上，概括、总结合理的结局，说明其摇摆运行的可能性与合理性。(1)由暴戾专制、凶狠残暴、自以为是的父亲及教员形象所显现的清兵卫恶劣的生存环境可能预示着另一个悲剧的再次发生。(2)清兵卫的倔强、永不妥协的性格及其过人的天赋可能预示着清兵卫虽经千辛万苦最终能获得胜利。联系作者生平及文学主张：

一、作者是“白桦派”的代表人物，这一派作家肯定积极的人性，主张尊重个性，提倡人道主义与理想主义的文学。二、志贺因不满父亲的专制霸道，曾一度与父亲脱离父子关系，多年后才和好。作者尊崇人道主义和理想主义的文学创作理念，小说一定程度的自传性也决定了作者不会贸然掐掉这微弱的亮色和光明的倾向性。悲剧，抑或喜剧，都有发生的可能性和合理性。

5.教师提问：情节为何运行到父亲“嘀咕”处就戛然而止，而不是像我们所想象的那样？

【明确】

(1)从读者阅读心理的角度来说，小说在此戛然而止，留有一定的审美想象空间，促使读者调动自己的积累参与其中,可以获得阅读趣味。

(2)从小说主题的角度来说戛然而止包孕着更多的可能性,暗示了更多的主题。或许是葫芦故事的重演,这样小说的主题就是在批判扼杀儿童天性的残暴行径,表达对天才儿童成长命运的忧思。或许是个性解放的最终胜利,小说主题就是个性解放不可遏制。戛然而止使得小说主题复杂多义,有效避开了主题鲜明的“陷阱”。

(3)从更本质的角度来说,正如曹文轩所言:“正是无限的可作无穷解释的存在决定了小说无论是在语言还是在情节、人物和主题方面,都必然是摇摆状态。”也就是说,情节发展的不确定性源于现实存在的不确定性。即主题的摇摆决定了情节的摇摆状态。

(三)请你评故事

评论一:小说中不经意的一处细节描写都暗藏玄机,体现了作家的匠心独运。小说中的细节具有刻画人物形象、推动情节发展、形成摇摆,揭示主旨的作用。

评论二:小说的摇摆,推动了小说的运行,使得小说不是毅然决然地向前奔突,而是在绝大部分时间里呈出犹疑不定的状态。在情节的摇摆中,人物形象、小说主题得以突显,增加读者阅读的兴趣。

评论三:“摇摆”本身就是一种美,是运行之美。读者随着它跌宕起伏,左突右进,获得全新的审美体验。

(四)布置作业

阅读《外国小说读本》中的《夜归人》,分析该文情节的摇摆及其效果。

第二编

语文教学实施

第六章　语文课堂教学行为及活动指导

学习要点：

1.训练讲述技能。

2.训练提问技能。

3.训练活动组织技能。

4.学习微格教学设计。

第一节　讲 述

一、训练讲述技能的意义

讲述作为最常用的教学方法之一，也可以称之为讲解法、讲授法。主要是以教师在课堂上以讲授、解释、说明和叙述等形式来达到教学目标的一种教学方法。

讲述法是非常古老的一种教学方法，从古至今，讲述都是课堂教学当中最常用的方法之一。不过，现如今，许多教育工作者、一线教师对讲述法持有截然不同的态度。一部分人依然坚定地认为教师作为讲授者、学生作为倾听者，直接讲述是最行之有效的方法；而另一部分人却完全否定了讲述法的作用和价值，认为讲述法是导致“满堂灌”“填鸭式教学”的直接原因。尤其是在语文新课程标准改革的大背景下，“以学生为主体”已成为现如今语文课堂教学所倡导的主旋律，因此课堂讲述就演变成了“灌输”的代名词。但无论是哪个专业学科知识的传授，讲述法都是不能完全取消的。虽然讲述法还存在诸多不足，但从不同年龄段的学生课堂教学上，都可以看出讲述法的作用与价值。小学生对于知识的接收处于最初阶段，理解能力、认知能力相对较差，讲述法可以帮助低年级学生更好、更充分地吸收知识；初中生处于学习的一个过渡阶段，在必要的环节，通过教师的讲述才能更好地理解重难点；即使进入到高中阶段，纵然应该充分地发挥学生的主观能动性,也需要在关键时刻通过讲述法点拨一二。由此可见,讲授技能的掌握对于师范类专业的学生是必不可少的。

二、讲述的类型

(一)描述性讲授

描述性讲授主要是教师采用讲述和说明来讲授教学内容。描述性讲授的关键点是教师有条理、有思路、逻辑清晰地向学生阐述知识点。描述性讲授适用于多个教学环节,教师可根据本节课的教学设计进行安排。描述性讲授要求教师以言简意赅的语言帮助学生理解,并力求做到语言生动、形象。请看下面这个案例:

师:同学们,接下来老师会给大家分享一段节选的诗歌,请大家分析一下诗中描述的是哪位大家。“酒入豪肠,七分酿成了月光,余下的三分啸成剑气,绣口一吐,就是半个盛唐。”同学们,请注意,在老师刚才的描述中主要提到了几个关键词:酒、月光、盛唐,大家想想是哪位大家?很好,我听到有同学说是李白,不错,此诗选自余光中先生的《寻李白》,这首诗正是对我们唐代伟大诗人李白的描述。而今天,我们要学习的就是诗人李白的《将进酒》。

这段讲述属于古诗《将进酒》正式授课前的一段作者导入,主要帮助学生通过关键词的分析准确定位接下来将引出的作者及时代背景,材料引用到位,能够有效地帮助学生准确地理解。

(二)解释性讲授

解释性讲授是教师采用说明和阐释的方式来讲述教学内容的一种方式,即讲解性讲授。其关键点在于“解”,主要帮助学生解答疑惑,解说知识点和讲解难点。解释性讲授的运用需要注意以下几点:第一,知识的讲授必须准确无误,不能出现常识性错误;第二,语言简练,直击重点;第三,可采用多种方法灵活转换,如采用举例、说明、PPT展示、板书展示、图示等方式。请看下面的案例:

师:同学们,通过上一节课的学习,我们已经认识了本篇课文的作者杨绛先生以及她笔下的“老王”,现在大家主要讨论一下为什么作者后悔不应该在老王送来心意时还给他钱作为回报?

生:因为作者没有了解老王这么做的真正意图。

生:因为作者了解到老王那个时候已病入膏肓却还惦记作者一家,令作者深感愧疚。

师:(教师微笑点头)同学们都很认真地去分析了当中的真正的原因,并结合文中作者提到的多个生活片段,真正地反映了作者一家对老王那样不幸者的关心、同情和尊重。同时,作者也提出了引人深思的问题:社会应不应该以人道主义精神来关心不幸者。

在这个案例当中,教师先抛出与之相关的问题,请学生自主思考后回答该问题。在方法上,老师通过简单的引导、提问、解释这一系列的辅助后帮助学生深入思考杨绛先生笔下的"老王"这一鲜活的人物角色。

(三)剖析性讲授

剖析性讲授是教师采用解释和分析的方式来讲述教学内容的一种技能,即通常所说的讲析。剖析技能的关键在于通过对问题进行解剖和分析,从而起到帮助学生解答疑惑的作用。在运用的过程中,还可以穿插问答等方法。例如,有位老师讲解《鸿门宴》当中刘邦和项羽的对话时,就引导学生对该对话进行了如下的剖析:

沛公旦日从百余骑来见项王,至鸿门,谢曰:"臣与将军戮力而攻秦,将军战河北,臣战河南,然不自意能先入关破秦,得复见将军于此。今者有小人之言,令将军与臣有郤。"项王曰:"此沛公左司马曹无伤言之;不然,籍何以至此。"……

师:同学们,在这段对话中,刘邦用什么称呼自己、又用什么称呼项羽?

生:刘邦用"臣"称呼自己,用"将军"称呼项羽。

师:很好,那对话中出现了几次"臣"、出现了几次"将军"?

生:总共出现了3次"臣"、4次"将军"。

师:不错,同学们思考一下通过对话中的称呼,大家分析一下刘邦和项羽两个关键角色的人物性格。

生:刘邦能够忍辱负重,而项羽就是那种骄傲自满、胸无城府的人。

师:很好,同学们从字面意思就能简单分析出人物的性格特征,现在老师想请同学根据两人不同的性格,分角色朗读一下。

在这个案例中,教师引导学生分析了对话中刘邦对自己以及对项羽的称呼,从而对人物性格进行了一个判定。在这个教学设计中,教师把学生的解释和深入的剖析结合起来,帮助学生更好地理解和掌握人物性格特征。

（四）评价性讲授

评价性讲授是教师采用点拨或评价的方式来进行授课的一种教学技能，关键点在于教师的“评”，评价应做到准确客观。作为语文教师，点评或评价的范围主要是学生课堂上的发言、课后的作业等。教师的点评还应让学生能准确地理解，不应模棱两可。

三、讲述法的使用要求

使用讲述法应注意以下事项：

1. 在讲述的过程中，要做到语言清晰、流畅，内容简明扼要、生动形象，在表述时还应做到自然得体。同时还需注意肢体语言的配合。

2. 教师在讲述时应根据学生的实际情况，选择难易适中的教学内容，讲解时力求做到通俗易懂。并且，还应确保重难点的强调和关注，在讲解过程中不应偏离主题。

3. 时间的把握也是在讲述过程中需要关注的点，应根据内容的难易程度及学情来把控讲述时间的长短。

4. 讲述法的使用还需配合其他方法及辅助工具共同完成，例如多媒体设备、板书等。

事实上，讲述法不仅仅是教师单方面的讲述，在课堂上，教师也应多听取学生的建议，在交流的过程中尽可能做到信息的互换，使学生在学习过程中处于一种轻松愉悦的状态。

第二节　提　问

一、训练提问技能的意义

提问是教师在课堂上通过提出问题了解学生所学情况，帮助学生及时回忆与思考的一种教学方式。在我国春秋时期，孔子就提出了“启发诱导”的教学思想，认为提问应该贯穿于整个课堂教学当中；古希腊著名思想家、教育家苏格拉底也提出了“产婆术”，主要是指在与学生谈话的过程中，并不直截了当地把所有知识告诉学生，而是通过讨论、提问等方式逐步引导学生自己得到正确的答案。虽然提问这一教学方式早已存在，但教师对于如何正确使用它仍然存在诸多问题。事实上，在课堂教学当中，问题的设计也是需要技巧的，教师在备课的过程当中应事先设计好与教学内容相关的问题，但是不用过于频繁，也不应草草了事。鉴于此，提问应作为一项重要的教学技能让每一位语文教师都加以训练和不断提升。

二、提问的类型

布鲁姆教育目标分类学按照学生思维类型和水平的不同，将教学提问分成由高到低六个阶段，可以分为六种类型的问题：

(一)记忆型问题。这一类型的问题主要考查学生对所学知识的记忆和认知水平，无须花过多时间去思考。例如，“李白是哪个朝代的人？其诗作有什么样的风格？”

(二)理解型问题。这一类型问题主要针对学生理解能力的体现，帮助学生整理对知识的认识与感知。例如，“请用自己的话语简单描述一下《背影》当中的父亲究竟是一个怎样的人”。

(三)应用型问题。这一类型的问题主要是以知识的迁移这一理论基础所提出的，将学生已有的知识水平运用到其他问题的解决当中去，从而把所学知识转化为解决其他问题的技能。例如，“大家在《荷塘月色》中已经学习了博喻这一修辞手法，请大家用这种修辞手法重新造一个句子。”

(四)分析型问题。这一类型的问题主要是要求学生在老师的帮助和引导下，对老师所提问题进行思考和分析，从而得出问题的答案。例如，“同学们，朱自清先生笔下的父亲的攀爬的一系列动作，换一些其他动词可以吗？为什么？”

(五)评价型问题。这一类型的问题主要帮助学生对文章进行评析、欣赏。例如，“同学们，大家对《荷塘月色》中描写景色的这一段是否有美的体会，请大家讨论一下并进行分享。”

(六)创造型问题。这一类型的问题主要培养学生的创新性、创造性思维。例如，如果请大家续写《皇帝的新装》，应该如何着手来写？”

从形式上来说，提问可以分为以下几类：

1. 直问。所谓直问就是开门见山、直截了当地提问，目的在于让学生直接回答老师所提的问题。例如，“徐志摩的《再别康桥》描写的是哪个地方？”这就是直接提问。

2. 反问。与直问正好相反，反问是从反面提出假设性的问题，激发学生的思考意识和兴趣，通过对比得出结论。例如，“《斑羚飞渡》中没有老斑羚，小斑羚还能顺利地活下去吗？或者说，老斑羚可以选择自己活下去吗？”

3. 环问。环问即根据文章内容提出环环相扣的一系列的问题，问题难度应逐层递进，由浅入深，由表及里。例如，有老师讲授《中国石拱桥》一课，连续向学生提出三个问题：“到底什么样的桥才是石拱桥？”“石拱桥最大的特点是什么？”“同学们在生活经历中是否见过石拱桥？”三个问题的提出，每一个问题的难度都在前一个问题的基础上逐步加深，这样才能帮助学生进一步加强其解答问题的能力。

三、提问的要求

1. 提问应该有明确的目的性，不应过于随意、漫无目的。

2. 问题应尽可能做到难易适中，符合学生的最近发展区。

3. 一般情况下，提问应把握全班学生整体水平，同时还应关注班上个别学生的情况。

4. 提问还应把握好时机。孔子曾提出：“不愤不启，不悱不发。”言下之意就是应根据学生听课的情况在合适的时机提出相应的问题，才能对学生起到启发性的作用。

5. 应正确对待学生所回答的问题，如回答错误应给学生耐心解答并进行正确的引导。

第三节　活动组织

一、训练课堂教学活动组织技能的意义

教学活动组织的构成要素主要有受教者（学生）、施教者（教师）、教学目的、教学内容、教学方法、教学环境，各要素之间都存在着相互的关联。而课堂教学活动组织技能主要是指教师在课堂教学当中组织开展的一系列活动，为顺利完成这些教学活动还运用了多种行之有效的教学方法，从而能够起到营造教学氛围、激发学生的学习兴趣、增强教学效果等作用。课堂教学的活动组织技能是语文课堂教学技能的重要组成部分。有经验的教师可以通过自己丰富的活动组织能力让整堂课活跃起来，并能有效地应对和处理课

堂当中许多无法预设的突发情况。一般来说,课堂的活动组织可以起到以下重要作用:(1)维持课堂的正常秩序。(2)吸引学生上课时的注意力。(3)营造良好的课堂氛围。(4)激发学生的学习兴趣。简而言之,教师的课堂活动组织能力对于提高整个课堂教学的质量有着重要作用和意义。

二、课堂活动组织的内容

(一)准确把握教学目标

教学目标是教师在备课环节就已确定好的,因此,教师在上课过程中应严格准确地把握既定的教学目标,纵然在教学过程当中出现无法预设的突发性情况,教师也要在坚持自己教学目标的同时作出临时性的新的调整。

(二)严格维持课堂纪律

课堂教学活动是一种班级性的集体活动,教师应在课堂教学活动当中严格维持课堂纪律,对于违反课堂教学的情况应加以制止,否则就会扰乱课堂秩序,分散学生学习的注意力。

(三)激发学生的学习兴趣

提高学生的学习兴趣能够帮助教师打造高效的语文课堂。传统的语文课堂教学当中,大部分教师采用的都是满堂灌、填鸭式的教学模式,导致整个课堂枯燥、烦闷,学生注意力不集中,提不起学习兴趣。因此,教师应改变传统的授课模式,根据课程内容以全新的教学理念、丰富多样的教学方法来激发学生的学习兴趣,从而从真正意义上建构新型的语文课堂。

(四)营造良好的课堂氛围

良好的课堂氛围是保证教学质量的重要因素之一。营造良好的课堂氛围除了需要激发学生的学习兴趣外,还应关注多个有效条件。例如,教室环境的营造,教师可以根据自身的教学要求在教室内准备小黑板,题写扩充课外知识的诗词或精彩语句,方便学生在课后阅览等等。

三、课堂教学活动组织的手段和方法

(一)课堂教学活动组织的手段

教师组织课堂活动的手段常见的有:

1.用眼神组织课堂教学活动

一位有着丰富经验的教师除了用言语组织课堂教学以外,还能用眼神与学生进行沟通和交流。在以往的课堂教学中,有部分教师在学生注意力不集中时并不会使用眼神给学生以提醒,更多的是使用尖锐的语言。事实上,温和的眼神更能体现一个教师的情感、睿智、学识、教养。通过眼神与学生进行心与心的交流更有助于学生和教师之间的情感联系。

2.用言语组织课堂教学活动

言语组织教学是课堂教学活动当中非常常见的。课堂上的口头提示友善地告知学生在课堂教学中应注意什么,不应该违反什么,并且在适当的时候对学生进行点评,让学生清楚地认识到自己的优势和不足,能够及时地引起学生的注意等等。

3.用情感组织课堂教学活动

情感教学是最能拉近教师与学生关系的途径之一。在课堂教学中,师生之间除了知识的交流外,还有情感方面的交流。语文教师应结合中学语文教材当中的某些篇目,将情感这条重要线索植入到学生的世界当中。例如,学习朱自清的《背影》,教师就可以将文中作者与父亲之间那份真挚的情感进行渲染,帮助学生理解。既然要做到用情感组织课堂教学活动,教师首先就需要用自己的情感来感染学生,把握好文章的情感基调,利用丰富的肢体语言进行情感表达。

(二)课堂教学活动组织的方法

1.临场应变的常用方法

在课堂教学中,不免会出现一些无法预设的情况,教师应具备临场应变的能力。如何巧妙应对,化解尴尬并能及时解决当时的难题,对一位专业的语文教师来说十分重要。

在此，分别从教师和学生两个角度进行举例说明。有一位老师曾经在通过PPT讲解生字词的时候，出现了拼音错误的情况。当时在课堂上，老师和学生同时发现了这个问题，老师非常淡定地告知学生："这是老师故意输错的，就看班上哪位同学能够及时发现并改正，看来大家都预习得非常好。"事实上，这个拼音是这位老师在备课时不小心输错的，但是，这位老师的临场应变能力却很好，既化解了自身犯错的尴尬，又检测了学生课前拼音的预习情况。还有一位老师在上课过程中根据课文内容提出问题，两个学生因为问题答案存在分歧发生了争执，这位老师先分别站在两名学生的角度对各自的答案进行了分析，然后请两位学生各自指出对方答案的可取之处，再针对当中存在的差异进行了总结，最后两位学生都欣然接受了彼此的答案。

2.课堂组织的常用方法

在上课前，教师常用眼神、表情等肢体语言提醒学生即将上课，必须集中注意力了。接着，根据上一节课安排的预习作业，教师应在正式上课前检查学生的预习情况，可根据文章内容展开。在合适的时候，教师还可以通过语言上的停顿，引起学生的注意，提示学生已进入新课讲授环节，等等。

3.情感交流的常用方法

情感交流在语文教学当中是极具感染力的。在课堂教学中教师除了言语交流外，情感交流也是非常重要的。教师的亲和力更能拉近与学生之间的距离，不管是端庄大方的教姿教态还是生动活泼的谈吐都更能吸引学生的注意力。

第四节　微格教学

一、微格教学的相关概念

美国教学博士德瓦埃·特·爱伦认为微格教学是"一个缩小的，可控的教学环境，是准备成为或已经是教师的人群掌握的某一特定的教学技能和教学内容"。麦克里斯和恩文说它是"缩减了的教学实践，它在班级大小、课程长度和教学复杂程度上被缩减了"。由此可以将微格教学定义为:在人为划定的空间内,把问题集中起来解决和反馈的教学组织形式。它是在现代教育思想的指导下,利用现代教育技术手段培训师范生及在职教师课堂教学技能的一种系统方法,是一个可控制的实践系统。它提供学生自我观看、自我反思、自我矫正的机会,使学生发现自己教学中的闪光点和不足,提高教学实施过程中的技能和调控能力。微格教学采用现代教育技术(录像带、高清视频等)对受训者进行教学技能培训,将复杂的教学活动细分为易于掌握的单项技能,在有控制的教学环境中逐步观摩—训练—评价—再训练,以提升受训者的教学能力。

二、微格教学的教学设计

语文学科的微格教学主要是根据每节课的教学内容、教学主题来设定的。首先,教师需在课前将全班同学进行分组,每个小组推选出组长负责本组同学的教学安排;其次,在整个教学计划开始前,学生必须在中学语文教材当中选择教学篇目进行备课,为微格教学展示做准备,在备课中学生需要拟写详案并制作PPT;最后,各组组长将本组同学的教学展示进行排序,做好后续微格教学展示的工作安排。

(一)明确教学目的、教学内容

无论是哪个学科的教学设计都必须要有明确的教学目的,微格教学的课堂展示也同样如此。明确教学目的有利于突出教学重点,有利于培养学生能力。

教师在安排学生准备微格教学展示的时候,一定要在课前明确其教学目的,并且教学目的要突出其鲜明性。PPT展示是微格教学当中重要的教学板块,因此,教师应要求学生:演示装置需操作简便,适宜美观,演示现象时应鲜明直观,便于观察。其次教师需提示学生其教学内容应紧跟篇目的主题背景,教学内容的设计应关注教学时长,根据时间来安排教学内容,并且还需关注所选教学内容所针对的学生的年龄段以及学生的最近发展区。

(二)制订教学计划

如需开展微格教学,教师应在学期开始前做好统筹安排。首先,应根据班级学生情况制定整个学期的授课计划,主要包含讲授内容、实验内容、实习/社会调查内容、习作/习题课/课堂讨论内容等。

（三）选择教学方法

微格教学主要采用以下方法：

1.PPT教学展示法

师范类专业的学生在微格教学当中主要以讲授法和PPT教学展示法相结合来共同完成任务。因此，学生应根据教学内容制作课件，如按教学活动方式分，课件有操练和联系型、指导型、对话型、模拟型、问答求解型、发现学习型等。在制作课件时，也需注意以下几点：首先，课件背景图片应与课文主题相符合。如讲授朱自清的《荷塘月色》，背景图片可选择高洁典雅的荷花；再如，讲授《奥斯维辛没有什么新闻》时可选择奥斯维辛前后期的图片进行对比，以此突出战争时期与和平时期奥斯维辛不一样的风貌。其次，字体大小的选择及颜色的搭配。字体大小应根据当页PPT内容的多少来设定，如果内容较多，字体应相应缩小，如内容较少，字体可相应调大。再者，字体颜色不应过于花哨，需根据整体色调选择字体颜色，如有需要强调的重点，可将强调部分换成别的颜色以此展示其重要性。例如，讲授朱自清先生的《背影》中父亲给作者买橘攀爬月台那一段时，可将那一系列的动词用其他颜色进行标注。第三，由于PPT页面大小有限，当页内容不应过多，学生应学会用关键词进行总结，这样做还避免了照搬教科书上内容，培养了学生自行解读文本的能力。

2.小组讨论法

微格教学主要以小班制教学为主，人数少是其特点之一，教师在实施整个教学计划之前就已经根据微格教室的数量对全班同学进行分组，每一次教学展示后各个小组都要针对本组同学的展示进行讨论和评课，对进行展示的同学提出建议和意见。

3.讲授法

讲授法是教师通过简明、生动的口头语言向学生传授知识、发展学生智力的方法。它是通过叙述、描绘、解释、推论来传递信息、传授知识，引导学生分析和认识问题。在微格教学中，进行教学展示的学生必须采用讲授法对所要讲授的语文篇目进行口头阐述并引导听众理解和学习。

三、角色实录扮演

角色实录扮演主要是各组组员通过一名学生进行教学展示和其他学生听课的方式来共同完成任务。角色的扮演必须有明确的分工和任务的划分以及统筹的安排。

(一)确定小组成员

小组成员的确定是在学期开始前教师必须做好的准备,每个小组的成员和组长应根据教师的要求做好充分的准备。例如,抽签决定教学展示出场的顺序、教学展示选择的篇目,班上同学尽可能选择不同的语文篇目,这样做的目的是让大家能够对尽可能多的语文篇目进行相互的学习和观摩。

(二)细化任务分工

在微格教学展示中,任务的分工必须细化和明确,这样才能保证整个微格教学计划的顺利完成。

(1)教师扮演者。在每一次的教学展示中,小组必须有一位教师扮演者,既然扮演教师,就需要在微课录制前做好充分的准备。首先是教案的拟写,对于还处于初级阶段的师范生,建议最好写详案而不是简案,因为对于刚走上讲台的、经验还不是很丰富的老师来说,写详案是非常有必要的,详案可以帮助他们更加顺畅、更加完整地展示整一节课。

(2)学生扮演者。在每一次的教学展示中,有教师的扮演者就要有学生的扮演者,学生的扮演者就是各组除开教师扮演者以外的其他组员,本组学生应在本组“教师”进行教学展示的过程中做好以下几点:首先是认真听课,做好笔记,记录上课过程中“老师”的优缺点;其次是扮演好学生这个角色,扮演学生这个角色时除了应积极配合“老师”举手回答问题,还应根据“老师”所选篇目准确定位自己的年龄段。例如,“老师”选择了《大自然的语言》这篇课文,那学生就应该将自己的年龄定位在初中阶段。如“老师”选择的是《说木叶》,那学生就应该将自己的年龄定位在高中阶段。在回答“老师”问题的时候,尽可能避免“超水平”发挥的这种情况,因为这样会影响“老师”上课时的正常发挥。最后,在整堂课结束后,作为听课者的“学生”应根据整堂课的听课记录对本组“老师”进行集体评课,及时指出其上课过程当中的优点及存在的问题,这样才能帮助授课者更好地进步和学习。

(3)课程录制者在微课教学展示的过程中,应指定一到两位学生给授课者进行全程录课和拍照,在这个过程中,需要注意以下几点:首先是在上课前调试好录课设备,确保在整个教学展示中能够顺利录制上课过程,并且不影响调试设备的同学听课学习。其次,可以请一位同学在听课过程中为授课者在某些教学环节拍摄几张照片,让授课者在课后可以看到自己的教姿教态,帮助其进行自我调整。这些视频和照片除了作为珍贵的教学实践材料外,还能帮助学生在课后认真总结和反思自己整堂课上的表现,为下一次教学的进步做更加完善的准备。

(三)课后教学反思

课后的教学反思是微课教学当中的一个重要环节。教学的反思是指老师们在进行教学的实践过程中,认真地对自己的行为进行一定的反思,用一定的观察、回顾以及一些自我监控的手段对自己的行为进行肯定与支持或者否定与改正。这里的教学反思主要包含了作为策划者、指导者的教师的课后反思以及作为执行者、实操者的学生的课后反思。

1.教师课后反思

教师的课后反思主要包含了以下几点:

(1)从学生角度进行反思。学生在进行模拟展示的时候,教师应关注学生如下几个方面:教案、PPT、教姿教态、课堂氛围、临场应变能力等等。通过学生以上几个方面的表现,教师应该反思在自己引导的过程中是否存在一些问题或者需要改进的地方,这样才能够帮助学生在今后的课堂教学中更好地扮演好教师这个角色。

(2)从教师角度进行反思。我国著名心理学家林崇德提出“优秀教师=教学过程+反思”的教师成长公式,教学反思能力是教师发展所具备的重要能力之一,教学反思是提高教学质量,促进教师专业化发展的有效途径,并具备完善教学设计、改进教学行为、提升教学能力的功能。在微格教学的实操演练中,教师作为引导者、策划者,从一开始制定授课计划,到后面的逐步实施,除了在班上所有学生模拟演练结束后需要作出总结和反思,每一个阶段实施完成后也应该进行反思,整理和分析每个步骤存在的问题。例如,教学安排是否合理化、学生在哪个环节存在疑惑、导致问题存在的原因等等。这些都是需要教师去思考并改进的。

2.学生课后反思

学生的课后反思主要包含了以下几点：

(1)教案的拟写。对于师范类专业的学生，在微格教学演练正式开始前，教案的拟写是非常关键的一个环节。通过教师的评改和同学间的相互交流以及实操演练后的直观感受，反思教案的拟写是否存在问题，是否与上课的流程、内容相衔接，然后进行修改并完善。

(2)录课的表现。在微格教室进行录课对于学生来说是非常宝贵的一次讲课经历，将自己上课时候的表现和风采通过设备仪器录制下来，在课后作为自己教学过程中的一个参考，对照视频当中自身存在的问题进行调整。很多学生在教学演练后都提出一个共同的问题，那就是上课的实际情况与备课时所预设的情况存在很大的出入，因此，实操结束后应该结合录制的视频进行反思并不断改进，尽可能在多次训练后达到一个更好的状态。

(3)评课的内容。教师在授课计划中要求每一位学生结束演练后，小组成员都需进行集体评课，学生应结合小组同学给出的意见和建议进行修改。从教姿教态到上课的专业话语再到与学生的互动都是实操者需要进行反思并不断完善的。

第七章 语文课堂教学现场控制及活动指导

学习要点：

1.训练及时反馈能力。

2.训练即兴应变能力。

第一节 及时反馈

一、在课堂教学中及时反馈的基本概况

在课堂教学中，及时反馈旨在了解不同层次学生的学习情况，从而给予学生针对性的学习鼓励，最终有效激发学生的学习兴趣。具体来说是指在教学过程中选择反馈评价时机对学生进行教学指导，将更多正面、积极性的教学信息传递给学生，让学生了解和领悟教学的指导意图，从而更加有效地加强师生之间的互动交流。另一方面，及时反馈还可以使教师及时把握不同层次学生的信息，了解学生的基本学习情况，继而可以有针对性地根据学生的学习状况对教学方案进行及时的调整，从而有效地提高教学效率。

二、及时反馈的两大板块

在语文教学中，教师主要从课堂教学中获得反馈以及从安排的课后作业、课外任务中获得反馈。

（一）课堂教学中及时反馈的主要内容

1.从认知信息的角度进行反馈

教师应在课堂教学中有意识地运用一切机会和手段获取学生认知过程中的全部信息，做到及时分析，准确判断，迅速采取有针对性的补救措施，最大限度地提高课堂教学质量。反馈越及时，就越能在最短时间内了解和掌握学生学习的情况，有针对性地采取最有效地补救措施。课堂教学是有目的、有计划地进行信息传递、反馈和调控，逐步达到预期教学目标的过程。课堂教学的优化，关键在于认知信息的传递，教与学的双方能否自觉地感受并利用反馈信息，及时调整教学活动，从而达到最佳的控制状态。

例如，在讲授“阅读教学的层次与角度”当中的第七部分——“转换读者的社会地位（立场）、形成多个角度”中，可以通过实际案例在课堂当中对学生进行检测，如：请在《水浒传》108位好汉中选择自己钟爱的角色并阐述理由。（请学生起来回答，要站在语文教师的角度分析学生的想法）通过学生的回答，教师可以准确把握学生所站的角度和立场是否与本章节内容相契合。

2.从情感领域的角度进行反馈

情感领域是与人们的意向活动密切相关的，触及人们的思维、兴趣品质、个性等心理活动的一个领域。情感产生于一定的情境之中，是带有意向的心理活动。从学生学习的心理过程分析来看，学习是感觉——思维——认知——智慧的认知过程；从另一个方面看，是感受——情绪——意志性格的形成过程。因此在课堂教学中要注意情感信息的输出回收。从学生的情感领域出发搜集学生所反馈的信息能够及时把握学生的情感态度价值观。对此，结合语文教材当中的篇目有助于获取学生的情感信息，教师作为引导者应准确引导学生树立正确的人生观、价值观、世界观。如讲授马丁·路德·金的《我有一个梦想》这篇课文时，请学生站在自己的角度，以自己内心深处的情感为一个关键点，结合课文，以“梦想”为主题，谈谈作者的梦想再谈谈自己的梦想，通过询问学生内心深处的想法从而获得对学生最直观的反馈。再如，学习《祝福》中祥林嫂这一人物角色时，教师可以通过提问的方式或者组织学生小组讨论的方式，要求学生从自身情感的角度出发来分析这一人物，评述对于祥林嫂的遭遇、经历以及对这个人物的情感。

通过学生在课堂教学中的反馈，教师可以及时获取有关学生的第一手的学习信息、情感信息，由此可以帮助教师更好地开展教学并能对学生有更多的了解。

（二）通过课后任务及时反馈的主要内容

教师在课堂教学中从学生处获取的反馈信息是直接的，除此之外，教师还应该通过课后所安排的作业和任务掌握学生的学习情况以及在课堂当中所吸收知识的情况。教师在布置课后的任务和作业时，必须注意以下几点：首先，应紧扣当天课堂教学的内容。如当日所学习的是毛泽东的《沁园春·长沙》，教师可以请学生根据课堂中对本词的学习对其进行理解性背诵，在下一节课教师进行抽查，根据抽查的情况，教师可以询问学生是否存在什么困难，以便做好记录，帮助下一次教学的开展。其次，应紧扣当天课堂教学的主题。如当日所学习的是白居易的《长恨歌》，教师可以根据本单元“以意逆志 知人论世”的教学主题，请学生课后自主赏析《湘夫人》（屈原）、《拟行路难（其四）》（鲍照）、《蜀相》（杜甫）、《书愤》（陆游）等作品，在下一次的课堂教学当中，教师可以通过学生的反馈对学生的表现及时做出评价，帮助学生获得更加准确的理解。

三、做到及时反馈需要注意的事项

无论是在课堂教学中还是课后任务的安排上，教师想要真正做到及时反馈都需要注意以下几点：

（1）及时性。及时性是及时反馈最突出的特性之一。教师应能够在第一时间对学生的实际情况进行反馈，这样学生才能够及时地发现并总结自己存在的问题从而做到及时反思、及时改正。

（2）准确性。教师在反馈的过程中一定要准确把握所反馈的信息，确保其准确性，不能给学生造成困惑，否则学生无法对自己有一个准确的评估。

（3）客观性。教师对于学生的情况进行反馈，必须持客观公正的态度，必须从教学本身的客观要求出发、从学生自身的现实表现出发、从课堂教学内容的实际情况出发，从而对学生的情况和表现作出客观公正的反馈和评价，激发学生的兴趣，帮助学生更好地总结经验和教训。

第二节　即兴应变

一、即兴应变的基本概况

即兴应变主要是指在课堂教学中教师的临场应变能力，是教师在课堂当中、在非预设的教学情况下，解决突发性问题的一种能力。这种能力主要能够体现教师的专业素质、心理素质以及教师的职业技能素质，教师具备即兴应变的能力能够帮助教师有效地处理好教学当中出现的突发性事件以及课堂当中无法预估的、可避免的教学事故。教师如能够及时应对所发生的突发情况，则可维持课堂秩序，使课堂教学得以顺利进行。

二、对即兴应变的认识

即兴应变能力需要良好的心理素质和活跃的思维能力、灵敏的反应能力，语文教师的即兴应变能力主要从课堂教学中得以体现，主要从对文本的掌握、对学生的了解、对课堂的把控中得以体现。

1.对文本的掌握

对于语文篇目的熟识及掌握对一名语文教师来说是最基本的，课堂教学中时常出现在备课当中无法预设的教学情况，因此教师必须对所授课的语文篇目有自己独特的见解和清晰的认识，这样才能避免出现“被学生牵着走”的情况。有一位老师在讲授徐志摩的《再别康桥》时，还未开始对该诗进行情感分析，班上一位学生就在课堂上说道：“《再别康桥》就是一首爱情诗，就是徐志摩对林徽因的爱的表白……”学生的这一回答打乱了这位老师原有的教学计划，但老师非常淡定地就学生提出的这个问题，从情感、时代背景、人物内心的感受等多个方面，将自己对文本的理解和解读进行了全面的阐述，让全班学生对这位老师刮目相看。教师的专业基础知识能够帮助教师在课堂教学中更好地应对知识技能方面的突发问题，这些问题有可能是学生无意中提出的，也有可能是在教学过程中就其他问题衍生出来的。因此，教师应该不断地夯实自己的专业基础，不断地提高自身的教学水平，才能应对时代不断发展的今天给教师教学能力带来的挑战。

2. 对学生的了解

在以教师为主导、以学生为主体的教与学中，教师应该对学生有准确的了解，掌握班级学生的实际情况。教师要把“假如我是学生”作为座右铭，了解学生的认知水平，了解学生的身心特点，了解学生的兴趣爱好。只有对学生有足够的了解，在课堂教学中才能更好地掌控课堂，才能在出现突发情况时以不变应万变。语文教师必须尊重学生的身心发展规律，考虑不同年龄学生的学习需要和学习特征，有的放矢地进行教学。只有充分地了解了学生的个性以及心理特征，才能避免不必要的尴尬与麻烦。曾经有过这样一个教学案例：有一位语文老师安排班上同学写了一篇以亲情为主题的作文，班上写得最好的那位同学在作文中阐述了自己与逝去的爷爷的故事，感情真挚、语言流畅。于是这位老师想在课堂上将这篇作文作为范文请该同学朗读给大家听，可能是因为这位同学非常怀念自己的爷爷，站起来后情绪非常失落，告诉老师不想朗读、也不想在课堂上分享这篇作文，这位老师却坚持要分享，并声称既然这篇作文得了最高分，就应该让其他同学知道好在哪里，于是这位老师在没有考虑该同学情绪的情况下，坚持读了这篇作文，导致这位同学课后放声大哭，在以后的语文课上再也提不起精神。通过这个案例不难看出，这位老师存在几个问题，首先，没有清楚地了解这个学生的性格特点以及学生的实际情况；其次，教师的临场应变能力较弱，学生已经表达出自己的主观意愿，教师就应该及时作出相应的调整，而不是不顾及学生的感受依旧坚持自我；再者，教师应该学会换位思考，站在学生的角度了解学生的情感、了解学生的想法、了解学生的主观意愿，而不是盲目地跟从教案、跟从自己的主观想法。

3. 对课堂的把控

语文教师是语文课堂教学的组织者和引导者，要想使课堂教学有序、有效，必须注重教学过程的建构以及课堂教学的把控。良好的心理素质更有助于教师对课堂教学的把控，教师应该善于调动热情和激情，拉近与学生的距离，要善于借助幽默生动的语言，使课堂轻松愉悦，要善于通过多样化的教学手段，创设情趣化的学习场景。随着时代的不断发展，多媒体辅助教学技术随之而生，越来越多的教师开始过分依赖多媒体，PPT授课已经普及到越来越多的中小学语文课堂，许多教师脱离PPT就无法再正常授课。之前出现过这样的一个教学案例，一位老师要给外来专家和考察组进行公开课的授课，于是准备了内容相当丰富的PPT，意料之外的是开始上课时PPT无法正常播放，导致这位老师紧张过度没有很好地呈现自己的教学。该教师平常过分依赖多媒体且心理素质较弱所导致的结果。因此，教师应该及时调整自己的心态，将上课的思路在头脑中进行整理，尽可能地展现出更好的一面。

三、做到及时应变的要求

（一）少些预设，多些生成

在传统语文教学中，“教案”是教师的指挥棒，整个教学过程就是将教案完整演示的过程，这样的教学模式忽视了教师的实际需要和教学过程当中的变化，不利于学生创造性的培养，因此教师应该更加全面地去思考问题，允许与预设不一致的情况发生，而这样做就需要教师具备更多的教育资源，将自己打造得更加优秀和全面。

（二）少些专制，多些尊重

很多教师在备课中已经形成了完整的计划和思路，不允许在教学过程中被打乱，不允许改变原有的教学计划，因此成为讲台上的“独裁者”。然而这样的情况会导致学生这一主体的感受被教师所忽视。出现与教学设计不相符的环节时，教师应该及时作出调整。教师除了在日常生活中应该学会尊重学生，在课堂教学中更应该尊重学生的想法、尊重学生的个性、尊重学生的见解，这样才有利于教学中与学生产生心灵的对接、意见的沟通、思维的碰撞。

（三）少些套路，多些技巧

教师在课堂教学中应更多地掌握教学技巧，而不是用一贯的套路去应对所有的突发情况，只有不断地积累、不断地学习才能有效应对课堂中的突发情况。

第八章　语文教学中的工具

学习要点：

1.学习板书设计。

2.学习多媒体课件制作。

第一节　板书

从17世纪夸美纽斯倡导班级授课制以来，板书逐渐成了课堂教学中的重要工具。在我国，随着清朝末年班级授课制的普遍施行，板书逐步在我国发展开来，至二十世纪八九十年代，板书的教学与研究形成了高潮，并以王松泉为首形成了“板书学”这一学科。二十一世纪随着PowerPoint、flash等多媒体软件的普及与运用，板书在课堂教学中的地位出现了下降的趋势。但综合来看，至今为止，板书仍是课堂教学中不可或缺的手段。

一、板书的作用

板书是教师在教学过程中通过凝练的文字、简单的线条、图表传递教学信息的一种教学行为方式。王松泉指出：“板书是反映课文内容的‘镜子’，是展示作品场面的‘屏幕’；是教师教学时引人入胜的‘导游图’，是学生学习中掌握真谛的‘显微镜’；是开启学生思路的‘钥匙’，是进入知识宝库的‘大门’；是一堂课的‘眼睛’，是学以致用的‘津梁’。”具体来看，板书的作用主要体现在以下几个方面：

（一）提示教材思路，便于整体感知

板书往往能提纲挈领地概括文本内容，直观反映教学内容之间的逻辑关系，呈现教

师的课堂教学思路。具体来看，结合教学内容，板书或侧重于文本的写作手法，或侧重于理清文本线索，或侧重于凸显文本主题，能够更好地帮助学生理清文本思路，深入理解文本。如2011年10月《语文学习》刊登的李军老师设计的《定风波》的板书（见图8–1），以直观的图示和精炼的词语概括了词的内容，通过一件小事来表达一种坦然旷达的态度与境界。

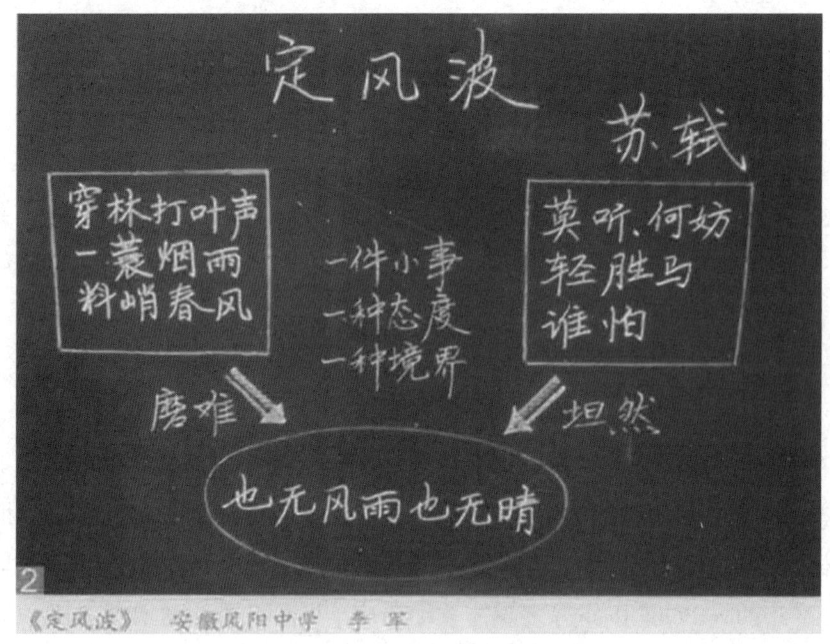

图8–1 《定风波》板书

（二）突出教学重点，利于巩固记忆

教师在备课时的板书是根据课文的教学目标、教学重难点来设计的，在教学中又根据教学环节的展开来完成板书，将本课的教学重点、教学难点板书在黑板上。好的板书有利于引导学生将课文要点记到书本上或存入脑海中，帮助学生解决重点、突破难点，提高学习效率。如2011年第4期《语文学习》刊登的孙旺老师设计的《邹忌讽齐王纳谏》的板书（见图8–2），围绕“谏”，从“三比”“三赏”“三变”层层递进，最终达到“战胜于朝廷”的结果。其中，重点是提炼“三比”内容后，通过“思”由家事推及国事，从“私”“畏”“求”三个方面进行类比，内容完整，条理清楚，重点突出。

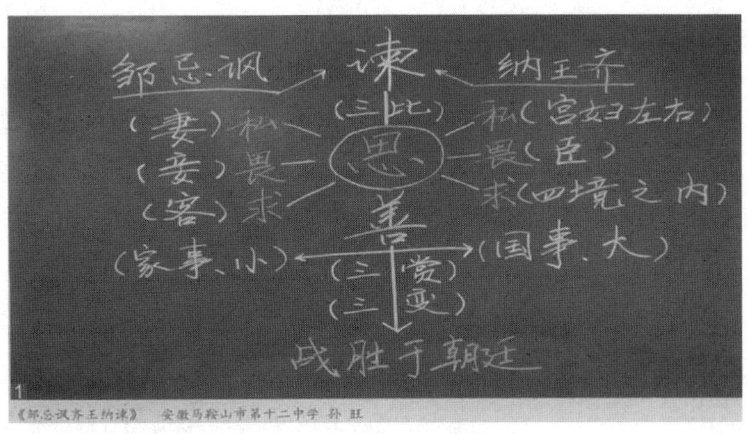

图8-2 《邹忌讽齐王纳谏》板书

(三)形式直观形象,便于集中注意力

板书主要由不同色彩的文字、线条、简图等组成,将这些形式组合在一起有助于更加直观形象地展示教学内容。通过巧妙的设计将教材中的文字用线条、简图等的形式有条理、有重点地板书出来,便于帮助学生沟通文本、理解文本。通过板书建立起学生与文本之间的桥梁,便于引发学生的兴趣,使其集中注意力。如2011年第11期《语文学习》刊登的朱建炜老师设计的《老人与海》的板书,通过冰山的简画来体现海明威的创作主张——冰山原则,通过红色、黄色、蓝色等不同颜色的粉笔区分不同内容,引起学习兴趣,吸引学生的注意力。

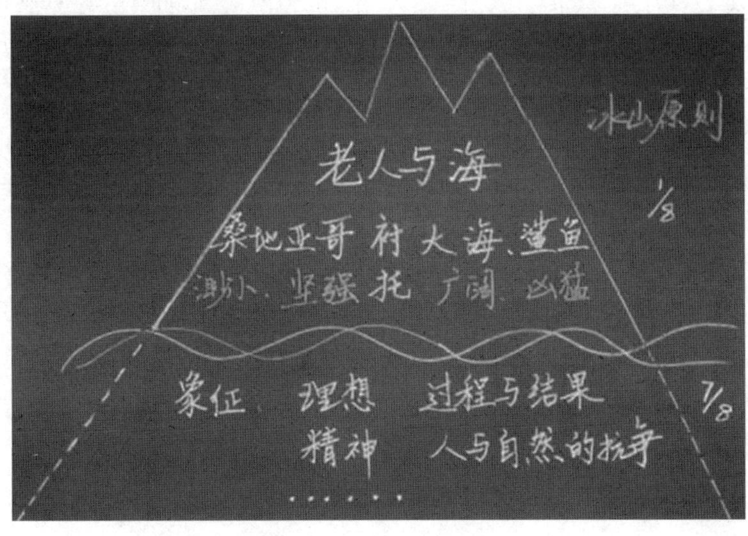

图8-3 《老人与海》板书

二、板书的分类

根据不同的标准，板书有不同的分法，如从板书内容的地位来看，可分为主板书和副板书；从板书的表现形式来看，可分为文字式、表格式、图示式；从板书的结构来看，可分为总分式、对比式、分列式等。本部分主要是从表现形式的角度来划分板书的类型，具体如下：

（一）文字式

文字式板书是从课文中提炼词语、短语等内容，以文字为主来呈现课文要点的一种板书形式，可细分为以下三种：

1.提要式

提要式的板书是通过精练的语言呈现课文要点的一种板书形式。其突出特点是“以纲带目”，让学生通过板书即可了解课文主要内容，具有很强的概括性和整体性，是语文教学实践中运用最多的一种板书形式。如《谈骨气》一文的板书设计（见图8-4）：

《谈骨气》

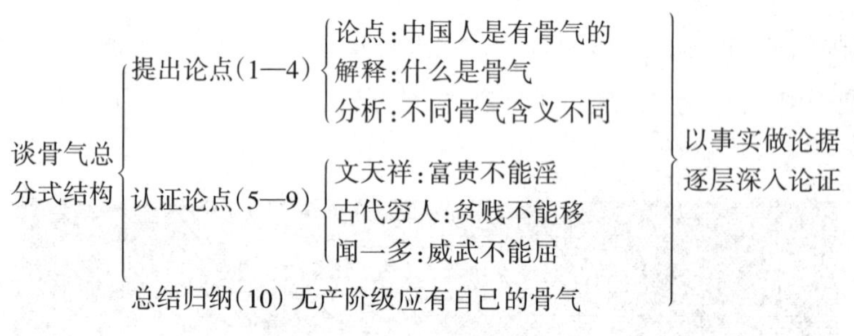

图8-4 《谈骨气》板书设计

《谈骨气》开头提出中心论点，并解释骨气的含义；接着以文天祥、古代穷人、闻一多等人的事实论据来证明论点，最后总结归纳无产阶级应有自己的骨气。文章通过提出论点、论证论点、总结归纳的总分式结构来论证中国人是有骨气的，并指出无产阶级应有自己的骨气。学生通过这一板书设计，即可对全文的结构和要点有全面的了解。

2.线索式

线索式板书是通过抓住贯穿全文的线索来设计的板书形式，这类板书或以时间为线索，或以某一事物为线索，或以作者认识的发展为线索，或以地点变换为线索，适用于线索鲜明的文章。在板书时，抓住文章的主要线索，然后在这条线索的基础上，精炼地辅以其他内容。这样，一方面可以清晰地展示作者行文的匠心，另一方面，便于学生通过线索了解文章的思路，进而更好地整体感知文章内容。如《故乡》一文的板书设计（见图8-5）：

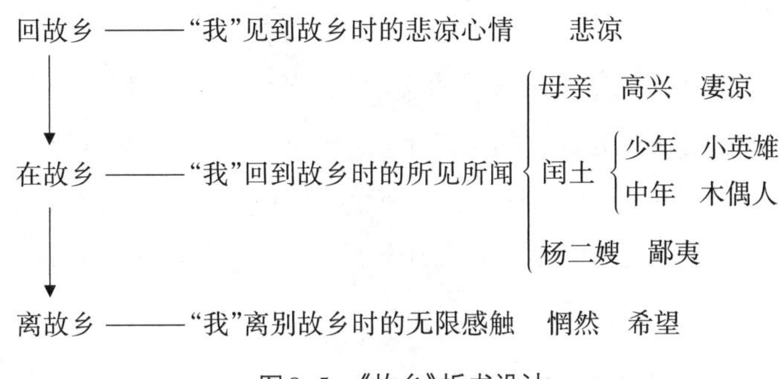

图8-5 《故乡》板书设计

鲁迅的《故乡》一文主要是围绕“回故乡——在故乡——离故乡”的线索展开，这一板书设计很好地抓住了这一线索，并在此基础上把“我”回故乡时的悲凉心情，在故乡时的所见所闻以及离故乡时的“惘然”“希望”体现出来了。学生通过这一板书能了解《故乡》一文的写作思路，以及作者借此想表达的小说主题。

3.对比式

对比式板书一般通过一左一右或一上一下的排列，来展现文章中的对比双方，使学生更直观地了解作者所要表达的内容。如《故乡》一文通过回忆中的故乡、现实中的故乡和理想中的故乡的对比，少年闰土和中年闰土的对比，“豆腐西施”二十年前后的对比等多方面的对比来体现文章的主题思想。如《故乡》一文的板书设计（见图8-6）：

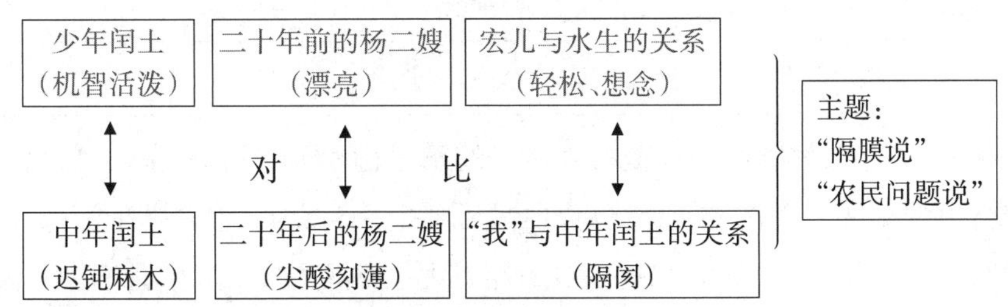

图8-6 《故乡》板书设计

再如《变色龙》全篇随着对狗身份的不同猜想，奥楚蔑洛夫的态度不停地变化。在设计板书时，要将这些变化体现在板书中，让学生通过板书直观地对比这些反复变化的态度，以此来体会小说所辛辣讽刺的奥楚蔑洛夫欺下媚上、见风使舵的丑恶嘴脸。又如《范进中举》一文，在板书设计时，要将范进中举前后范进、胡屠户、张乡绅语言、动作、神态各方面变化的对比体现出来，以便学生更直观地理解“将世人趋炎附势、庸俗虚伪的丑态、科举毒害人心的罪恶淋漓尽致地表现出来”的主题。

（二）表格式

表格式板书是以表格的形式来筛选课文信息、归纳课文要点的一种板书形式。这种板书形式能够帮助学生在浏览课文的基础上，筛选所需信息，并对其进行分类梳理，最终归纳出信息要点，以此来提升学生筛选信息、归纳信息的能力，并在此过程中更好地理解课文。如《故乡》中少年闰土和中年闰土的对比的表格式板书（见表8-1）：

表8-1 《故乡》板书

闰土	少年	中年
外貌	紫色圆脸，头戴小毡帽，颈套银项圈，红活圆实的手 （小英雄）	脸色灰黄，很深的皱纹，眼睛肿得通红，头戴破毡帽，身穿极薄的棉衣，浑身瑟缩，手又粗又笨，像松树皮 （木偶人）
语言	滔滔不绝地说新鲜事 （口齿伶俐）	说话吞吞吐吐，断断续续 （语无伦次）
动作	活泼刚健、干脆利落	谦恭，迟钝
对“我”的态度	“只不怕我”，送贝壳和鸟毛告诉许多新奇的事 （友好、纯真）	恭恭敬敬，称呼“我”“老爷” （隔膜很深）
对生活的态度	热爱、乐观	寄希望在神灵上
性格特点	聪明、机灵	淳朴、善良、迟钝、麻木

在写这一板书时，教师可先只板书表格中的第一行和第一列，其余信息，可由学生自己根据表格边浏览课文边筛选信息填写，填写后师生一起交流；也可学生筛选一处信息，教师便填写一处信息，师生共同合作完成表格填写。填写完后，学生对于少年闰土和中年闰土前后的变化有了更直观的了解，进一步为了解文章主题做铺垫。

（三）图示式

图示式板书是通过组合线条和关键词，来勾勒与课文相关图形的一种板书形式，趣味性、直观性、个性化色彩较强。这一板书形式对教师的要求较高，需要教师在深入了解文本的基础上，结合学生思维发展的阶段性特点，充分发挥想象力和创造力来精心设计。

如下图刘男老师设计的《孔乙己》一课的板书（见图8-7），从“看与被看”的关系出发，将板书设计成眼睛滴落泪的形状。又如陆宁昌老师将《双桅船》的板书（图8-8）设计成双桅船的形状。这类板书直观形象，易于吸引学生的注意力，给他们留下深刻的印象。

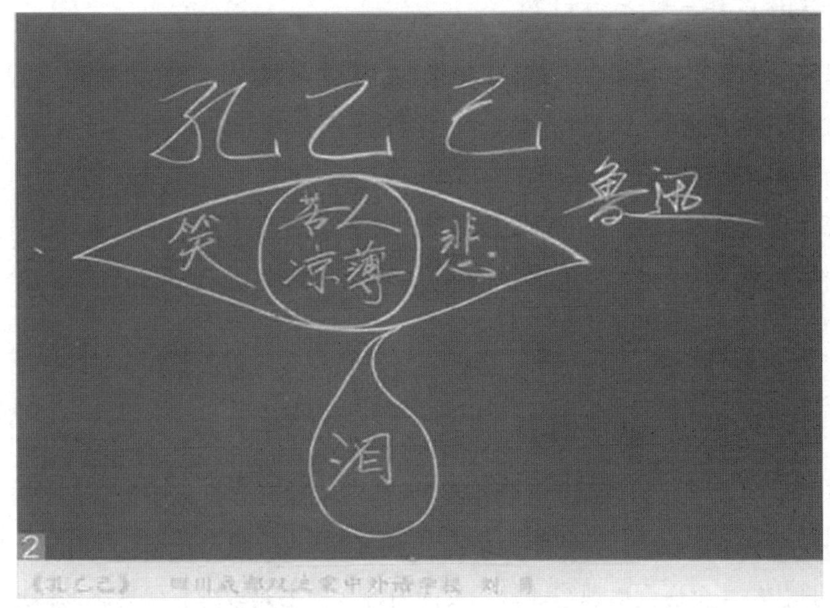

图8-7 《孔乙己》板书

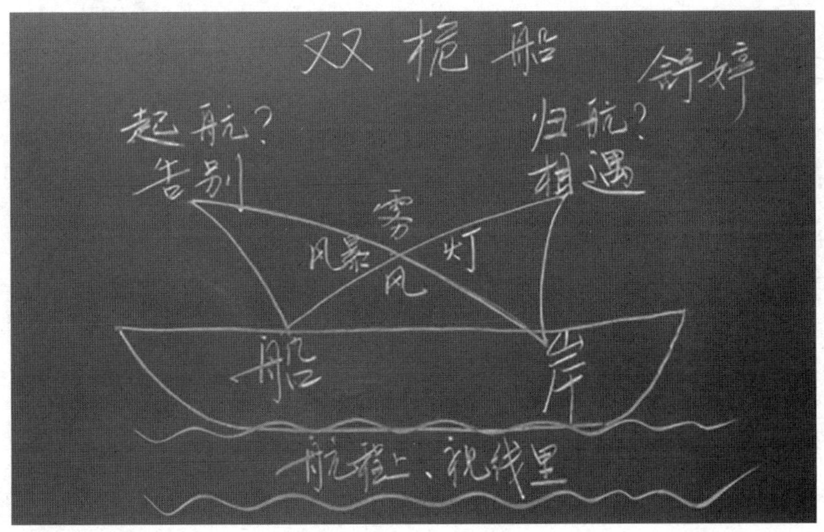

图8-8 《双桅船》板书

三、板书设计、使用存在的问题

板书设计虽然从清末以来便随着班级授课制而普遍实行，在课堂教学中发挥着重要作用，但在具体的教学实践中也存在着一些问题：

（一）形式单一，无设计性

在目前的教学实践中，板书设计存在的最突出的问题便是形式相对单一，设计性、创新性相对不足。从形式上来看，提要式板书因其便于操作、易于设计的特点，成了现行用得最多的一种板书形式，这容易使学生产生疲劳感，禁锢学生的思维。从设计性上来看，图示式等富有创新性、个性化色彩的板书形式在教学过程中使用频率相对较低，不利于教师的教学创新。板书的形式有多种，各有各的特点。教师应该根据课文和教学的实际需要，交叉使用文字式、表格式和图示式板书。

（二）条理不清，随性而书

一份完整的教学设计必须包括板书设计，但在实际教学过程中板书常常被忽略，以致因课前没有准备和设计，课上随性而写，讲到哪写到哪，想到什么就写什么，或用词不当，或语句啰唆，甚至还会出现与课堂无关的内容。板书是教师教学思路的体现，如若板书条理不清，随性而书，那必然会影响教学环节的展开，降低课堂教学的有效性。

（三）色彩单调，书写不规范

中学语文教学的课堂上，老师们一般都用白色粉笔进行板书，区分度有限。如果能够配合使用彩色粉笔，不仅能突出板书的重点，还能通过不同的颜色来区分教学内容，增强板书的条理性。另外，由于某些教师基本功不扎实，在进行板书时，存在板书速度慢、不工整、不美观，甚至写倒笔字等情况，限制了板书功能的发挥，尤其使得板书的示范性大打折扣。

（四）未能处理好板书与多媒体的关系

随着教育信息技术的发展，多媒体在教学实践中使用得越来越广泛，对传统的教学工具——板书造成了极大的冲击。其中，最突出的表现是部分教师用多媒体课件取代了板书。在课堂上，教师仅通过课件来呈现教学内容，却不再在黑板上进行板书。一节课下来，黑板上只有课题，甚至“一尘不染”。多媒体课件的优点不少，但“不管现代教育手段如何发展，板书设计仍然是课堂教学的重要组成部分，也是完成教学目标的一种重要的教学手段”。

四、板书设计、使用的策略

板书是教学设计的重要组成部分，是课堂教学中必不可少的内容，为了能使板书更好地配合教学，板书设计、使用时应注意以下策略：

（一）灵活运用板书形式

前文介绍了文字式中的提要式、线索式、对比式和表格式、图示式这五种板书形式。无论是在教学设计时还是在课堂教学中，一方面，不能每篇课文都固定地只运用某一种板书形式，这样学生易产生审美疲劳，降低上课兴趣，也不利于老师备课时的深入思考与创新。即使是同一篇课文，也可采用不同的板书形式来设计，如上文所提到的《故乡》一课，便用了线索式、对比式、表格式三种。另一方面，在进行板书设计时，要根据课文和课堂的需要，综合运用多种形式。如《故乡》一课，在整体感知课文时，可采取线索式理清文章的思路，在用对比手法分析人物形象时，可采用表格的形式让学生从课文中找出相应的描写。综合运用多种形式的板书灵活处理教学内容，才能更有效地达成教学目标。

（二）注意板书的预设与生成

虽然在教学设计中已经预先设计好了板书，但在教学中，课堂是生动的、丰富的，充满活力的，有很多无法提前预设的情况，这就要求我们根据课堂生成，灵活处理板书设计。在课堂互动时，学生的回答与预设板书不完全一致时，有以下三种处理情况：

第一，学生的回答不准确时，可通过板书问题的关键词重复问题或换个表述重新提问，来引导学生继续思考。

第二，学生的回答不完整、与预设有差距时，及时写出学生初次回答内容的关键词，接着追问出更恰当的表述，板书出二次回答内容的关键词，并引导学生比较、思考两次回答内容，后得出最终回答。

第三，学生的回答虽不完美但接近预设时，可用学生的回答替代教师的预设，用以鼓励和肯定学生的思考。

总之，在教学设计中，板书是预设的，是静态的，但在具体的教学活动中，板书应根据课堂的动态生成进行灵活处理。

（三）根据需要选择板书时机

板书是课堂教学的有机组成部分，随着教学环节的展开，其与教师的讲解并行。只有根据具体情况选择合适的时机，才能充分发挥板书的作用，提高课堂教学效率。板书时机具体可以分为以下三种情形：

第一，先讲后板书。这种情形中的板书一般为归纳式板书，是对师生一起学习交流某个问题后的结论进行归纳。如师生共同梳理《醉翁亭记》，一起总结出“四乐”后，教师板书“山水之乐”“四时之乐”“宴游之乐”“太守之乐”，加深学生对课文内容的感知。再如钱梦龙老师在教授《死海不死》时，首先在反复引导学生说出什么是知识小品的过程中，帮助学生归纳并板书出了知识小品的第一个特点——“知识性”。后又让学生仿照第一个特点的形式，概括第二个特点，再交流是“趣味性”好还是“生动性”好之后，确定并板书出“趣味性”。最后钱老师板书出学生归纳的“科学性”这一特点。在这个教学环节中，师生充分交流、讨论，最终归纳并板书出科学小品的三个特点，在这个过程中，发挥了学生的主动性，也加深了学生对知识小品特点的理解。

第二，边讲边板书。这种情形可以较好地吸引学生的注意力，如钱梦龙老师在教授《死还不死》时学生将地理课上所学的知识迁移到语文课上来理解两个“死”字，钱老师对学生的回答及时回应并板书“迁移”二字，一方面肯定了回答问题的学生，提高了他的学习兴趣，另一方面，吸引了学生的注意，加深了大家对“迁移”这一学习方法的印象。此外，边讲边板书还能从大段的信息中概括重点，如学生朗读或遇到需要补充的知识，如难字的音、形，文言知识等，可根据讲解同步补充至副板书。

第三，先板书后讲。这种情形中的板书一般对学生接下来的活动起引导作用。如钱梦龙老师在让学生回忆死海知识前提示引导学生：“为了使回忆有条理，请按照以下几点逐一来说：（板书）1. 地理位置；2. 得名原因；3. 海水趣事。”板书的三点引导学生有条理地回忆死海的知识，也为学生的回答提供了思路。

第二节　多媒体课件PPT的使用

一、多媒体课件的定义

随着教育技术的发展，多媒体课件的使用也越来越普遍。王荣生指出课件是指“为了进行教学活动，采用计算机语言、写作系统或其他工具所产生的计算机软件及有关文档。”从素材来看，多媒体课件通常包括文字、图形、图像、动画、声音、视频等形式。Power Point（下文简称PPT）是常见的多媒体教学课件制作软件之一，是Microsoft公司Office系列的产品之一，能制作集文字、图形、图像、声音、视频等多种媒体元素于一体的演示文稿，图文并茂地辅助演讲、教学。

二、多媒体课件PPT的作用

多媒体技术与课堂教学的整合为语文教学带来了新的改变。PPT课件在语文课堂上的使用，使得语文课堂充满了活力，具体表现在以下几个方面：

1.激发学生兴趣

PPT中文字、图形、图像、动画、声音、视频等多种媒体素材在课堂上的综合使用，使得语文课堂一改传统课堂一支粉笔、一块黑板、一本教材、一本教参、一个老师的局面，通过图文并茂、声形结合的方式，吸引学生的兴趣，提高课堂教学效率。如鲁迅的《从百草园到三味书屋》中雪地捕鸟的片段，在品味文中语言描写后，可结合图片更加直观形象地了解捕鸟的乐趣（见图8-9）。再如《中国石拱桥》一文，通过出示六张不同桥的图片（图8-10），吸引学生的兴趣，让学生在欣赏、观察中尝试总结出桥的共同特点，为课文的学习做铺垫。

图8-9　雪地捕鸟图

8-10　各种类型的桥

2. 创设情境

PPT可以通过图片、视频的形式为语文教学创设适合篇章学习的情境，更加轻松地将学生带入到文章的创作背景和写作情境当中去。如在上《奥斯维辛没有什么新闻》一课时，在导入部分，教师通过播放电影《辛德勒的名单》的片段，让学生直观地感受奥斯维辛集中营和纳粹分子的残暴。通过PPT创设情境比教师的讲解更直观、形象，也更容易让学生产生共情，便于接下来的学习。再如《秋天的怀念》一文，通过在舒缓忧伤的音乐旋律中，有感情地朗读《合欢树》中关于母亲的片段，创设情境，让学生关注母亲的"苦"，为学习课文做心理和情感上的准备。

3. 拓展课堂容量

传统的课堂中，受教科书的内容编排及课堂时间的限制，教师无法自如地进行拓展，即使有拓展也作为课后作业布置，效果可想而知。多媒体课件的使用，可以更加便捷地给学生介绍相关背景知识、作者简介，也可以根据课文需要补充或拓展内容，来加深学生对文本的理解。如九年级语文上册古诗《行路难》(其一)，可以通过课件介绍写作背景并根据课堂需要补充拓展《行路难》(其二)。再如统编初中七年级语文上册《女娲造人》一课，可以通过课件扩展更多关于女娲的材料。又如《纪念白求恩》一课，围绕"国际主义战士""世界英雄""一挺机关枪"三个关键词拓展朱德《纪念白求恩同志》、宋庆龄《我们时代的英雄》、聂荣臻《"要拿我当一挺机关枪使用"——怀念白求恩同志》的三篇文章，让学生对白求恩的形象有更立体、丰富的了解。

三、多媒体课件制作的原则

随着多媒体硬件设施在全国范围内的普及与改善，多媒体课件已经成了当前语文课堂教学中的重要组成部分。在制作多媒体课件时应遵循以下原则：

1. 突出重点

多媒体课件是语文课堂教学的辅助工具，为了达到更好的教学效果，在制作多媒体课件时，要围绕教学目标来进行，突出教学重点。文字、图形、图像、动画、声音、视频等媒体元素的使用都是为了更好地完成教学内容，解决教学重难点，达到教学目标。

2. 简洁

简洁是多媒体课件制作的重要原则。每课课件的内容主要是本堂课的重难点，思考的问题，问题答案的关键词、句等，对于一些过渡性的语句或者问题大段而全面的答案由教师口述即可，不用全部展现在课件中。

3. 美观

课件制作要遵循美观的原则，美观主要体现在课件的排版、颜色、字体、字号、行距、自定义动画等方面。排版上，要考虑课件内容的条理性；颜色搭配上，要考虑到便于清晰观看而使用对比度强的主体色和背景色，背景色要清淡典雅，不喧宾夺主；字体以宋体和楷体为主，其他需要特别标注的也可个别使用，一页PPT内以使用三种字体为宜；字号、行距不宜太小，以教室最后一排能看清楚、舒服为宜；自定义动画以一张PPT内使用2—3次为宜，太多易分散学生注意力，每张PPT的切换为了避免学生产生疲劳感可使用不同的进入方式。

四、当前使用课件需注意的问题

在课堂教学中，使用课件普遍存在一些问题，其中最突出的便是过于依赖课件，使得课件产生了喧宾夺主的反作用。具体表现在以下三个方面：

(1)课件取代板书。整堂课，教师都在翻课件，对照课件来上课，一堂课结束，黑板上却只板书了课题，更有甚者，黑板"一尘不染"。

(2)分散学生注意力。多媒体课件中有不少动画、音乐、图片等，如果使用课件的过程中不把握好度，会分散学生的注意力，让学生沉迷于图片或者动画中而忽略了教师的讲解，不利于学生集中精力学习。如《林教头风雪山神庙》中用《好汉歌》导入的话，能吸引学生的注意力，但学生很容易在耳熟能详的旋律中流连忘返，反而无法专心于接下来的内容的学习。

(3)限制学生的想象力。课件中图画、视频的呈现方式一方面使得教学内容更加直观形象，但另一方面，如果不能恰当地使用这些媒体元素，会在一定程度上限制学生的想象力。文字描写相较而言虽然更加抽象，但同时也给学生的联想和想象预留了空间。如果出示的图片或动画不当，较容易将学生的思维固着在课件出示的内容上。如朱自清的《春》描绘了春回大地后一幅幅生机勃勃的动人景象，其中在让学生体会"春草图"时，应让学生联系生活经验，结合文中关于“小草偷偷地从土里钻出来，嫩嫩的，绿绿的。园子里，田野里，瞧去，一大片一大片满是的”的描写，来联想、想象，感受小草的颜色、质感、情态、生命力，想象在草地上打滚、踢球、赛跑、捉迷藏的欢乐场景。但是如果用多媒体出示春草图，很容易让学生只关注到“外在的言说对象”，即图片所展示的春草图，而忽略了作者笔下的“个人化的言说对象”，即文中作者言语表达出的春草图，图片成了学生与文本相联系的障碍，限制了学生对于文本语言的体味、联想和想象。

总之，多媒体课件的使用给语文课堂注入了新的活力，也带来了语文课堂教学的新变化。教师应把握好课件制作的几个原则，使用好课件，让多媒体课件更好地服务于语文课堂教学。

第三编

语文学业评价

第九章　从考试走向评价

学习要点：

1. 认识语文教学评价及理念。

2. 学习语文课堂教学评价。

3. 学习语文学业评价。

第一节　语文教学评价及理念

一、语文教学评价的概念

语文教学评价，又称语文课堂教学评价。它是语文课程的重要内容，既要关注学生对知识的掌握和对能力的运用，又要关注他们情感与态度的形成和发展。

二、教学评价的原则

教学评价是指按照一定的教育目标和教学原则，运用科学可行的评价方法，对教学过程和教学成果给予价值上的判断，以提供信息改进教学和对被评价对象做出某种资格证明。要发挥教学评价的积极功能，就需要遵循以下原则。

（一）客观性原则

这是指在进行教学评价时，必须以客观事实为基础，严格执行评价标准，坚持客观的，实事求是的态度，不能主观臆断或掺杂个人情绪。

（二）科学性与可行性统一原则

科学性是指教学评价应按照教学评价活动本身的客观规律进行，以科学的教学评价指标体系为尺度，以评价信息为依据，采用科学的评价方法，对评价对象进行实事求是的价值判断。可行性是指评价的指标体系以及方法技术要尽可能简便易行，教学评价程序要便于实施和操作。

（三）主体性原则

主体性原则是指进行教学评价时，承认评价对象在评价中的主体地位，充分发挥他们的主观能动性，使他们自觉积极地参与评价活动。在教学评价过程中，评价对象既是评价的客体，又是评价的主体，他们既要被他人评价，同时又要对自己的工作进行价值判断。

（四）一致性与灵活性相结合原则

评价指标与评价标准的制定，以及评价方法与评价程序的选取，都应考虑这种差异，要灵活对待。在教学评价中，既要贯彻一致性原则，又要贯彻灵活性原则，将两者统一起来。

（五）定期性评价与经常性评价相结合原则

定期性评价是指定期进行的教学评价，如期末评价、年终评价。经常性评价是指不间断地进行的教学评价，如每天进行的教学检查和评定。

（六）定量评价与定性评价相结合的原则

只有定性评价而没有充分的定量评价作基础，定性评价会给人模糊的感觉。所以，需要有定量评价作为补充，即应该有尽可能详尽的原始数据以及对数据的统计处理。同时，因为教学活动中有许多因素是无法用数字表达的，所以，也要注意用定性评价弥补定量评价的不足。

三、语文教学评价的理念

中学语文教学评价的主要目的是为了全面了解中学生的语文学习历程，激励中学生的语文学习和改进教师的语文教学。具体包括以下几个方面：反映中学生语文学习的成就和进步，激励中学生的语文学习；诊断中学生在学习语文中存在的困难，及时调整和改善教学过程；全面了解中学生语文学习的历程，帮助中学生认识到自己在学习策略、思维或习惯上的长处和不足；使中学生形成正确的学习预期，形成对语文学习的积极态度、情感和价值观，帮助中学生认识自我，树立信心。应建立中学语文教学评价目标多元、评价方法多样的评价体系。对中学语文学习的评价要关注中学生学习的结果，更要关注他们学习的过程；要关注中学生语文学习的水平，更要关注他们在语文活动中所表现出来的情感与态度。具体地说，中学语文教学评价应体现为如下几个方面：

表9-1　中学语文教学评价应加强与削弱方面对照表

项目	加强的方面	削弱的方面
1	评价的诊断和促进功能	评价的甄别功能
2	评价是教学过程中的一个有机组成部分	评价简化为单一的终结性评价
3	对学生知道什么以及如何思考的评价	评价学生不知道什么
4	关注学生自身的发展	与他人的比较(分等排序)
5	语文情感与态度的形成和发展	仅关注语文知识和技能的理解和掌握
6	学生在学习过程中的变化和发展	仅关注学生语文学习的结果
7	使用多样化的手段	仅使用纸笔测验
8	评价主体多元化	仅有教师对学生的评价
9	定性评价与定量评价相结合	只有定量评价

四、建立科学的中学语文课堂教学评价指标

中学语文课堂教学是教师依据课程标准的理念与基本要求，在全面驾驭教科书的知识体系、知识结构和编写意图的基础上，根据中学生的具体情况，对教学内容进行再创造的过程。

(一)教学氛围：是否营造了平等、民主、和谐的师生关系、生生关系，教师是否鼓励学生发现问题、提出问题，学生是否敢于质疑、大胆尝试，乐于交流与合作。

（二）学习兴趣：教师能否充分地调动学生的学习积极性，使全体学生都能够主动、有效地投入到语文活动之中；学生是否对语文有好奇心与求知欲。

（三）自信心：教师能否让学生在语文学习中获得成功的体验，学生能否在学习过程中建立自信心。

（四）情感态度：学生能否在语文学习过程中获得情感体验，受到情感熏陶和教育。

五、语文教学评价的策略

1. 自主性与发展性策略：逐步使学生了解教育目标，学会自我评价，如评价自身的学习状态；在进行学习与情绪的自我感知的基础上，进行学习状态的自我调控。

2. 及时反馈策略：评价的目的是改善教学过程，促进学生的学习；评价的结果用适当的方式及时反馈给学生，并及时组织纠正，使学生的学习始终指向教学目标。

3. 访谈评价：访谈评价是师生沟通和评价学生的有效的方法。教师可以从与学生的访谈中了解他们的态度、兴趣或价值观等，还可以发现学生对自己学习情况的感觉和看法。交谈的问题可以根据学生个人的需要和教学要求来定，教师在评价学生回答时尽可能使用简短的激励性语言。

4. 学生自我分析式评价：这是一种形成性自我评价方式，是让学生分析自己是如何获得答案的，自己思考问题的过程是怎样的，并引导学生对自己思考的过程进行评定。

5. 两次测试法：单元检测中，学生如果对初测成绩感到不满意，经过复习后，可要求重测，并以较好的一次成绩为准，重测试卷难易程度原则上与上次初测试卷相当，但对少数水平较低的学生，可用较易的试卷。

6. 评价服务教育策略：通过研究教育评价的目的、功能、策略和方法，使评价在教育教学中发挥更大的作用。

7. 合作性评价的原则：设计愉快的互评方式，创设宽松的互评氛围，营造自由的互评空间。

第二节　语文课堂教学评价概览

一、语文课堂教学评价的功能

（一）导向功能

课堂教学评价具有导向功能，能够促进课堂教学改革。课堂教学评价体系的建立和实施，可以充分发挥评价的导向作用，促进教师尽快转变教育思想，在课堂教学中更好地发挥教师的教育创新意识，达到改进课堂教学的目的。评价体系的建立，意味着对课堂教学中与教和学相关的各种因素的选择和侧重点不一样，这些不一样的地方将促使教师在今后的课堂教学中，更加注重评价所侧重的各种相关因素，并将其作为课堂教学中展示和发挥的重点，发挥评价的导向功能。

（二）激励功能

课堂教学评价能够有效地评析教师课堂教学的状况和优缺点。教师只有了解了自己在课堂教学实践中的优点、亮点、特点和弱点，才能找到今后努力的方向。课堂教学评价正是教师了解自己教学情况的一条关键途径。同时，课堂教学评价还可以使教师在相互之间的听课、评课活动中增进了解，互相学习，在听课、评课的交流中激发内在的动力。

（三）决策和鉴定功能

课堂教学评价具有决策和鉴定功能，是学校管理工作的重要组成部分。课堂教学评价是教师工作评价的重要组成部分，也是学校评价体系的核心内容。开展科学有效的课堂教学评价，能够有效地鉴定教师的教学态度、教学质量、工作能力、业务水平等，使学校的管理工作更系统化，决策更科学化。

二、语文课堂教学评价的类型

从不同的角度可以对教师课堂教学的评价进行不同分类。这里主要介绍以下几种评价：

（一）奖惩性评价和发展性评价

按评价目的可以将教师课堂教学的评价分为奖惩性评价和发展性评价。奖惩性评价的目的是根据评价的结果对教师进行奖惩，它将课堂教学评价的结果与教师的奖惩相结合，并以此作为教师晋级、嘉奖、降级、解聘等的依据。这种评价是目前我国教育领域中运用较多的评价方式，存在一定的弊端，如参评教师过分注重被评课的质量而不是整个教育教学的质量，出现中评不中用的现象，此外还会出现难以调动广大教师积极性等问题。

发展性评价的目的则是期望通过对教师的课堂教学进行点评、讨论、反思，让被评教师的教学技能和水平得到提高，评价结果不与奖惩挂钩，而是为教师之间相互交流、发现各自的优缺点提供机会，为制订教师发展的目标和对策提供依据。

（二）外部评价和内部评价

按评价主体可以将教师课堂教学的评价分为外部评价和内部评价。这种分类方法以评价者是否参与课堂教学活动为依据。外部评价是指由教育行政主管部门的人员，如教研员、评价专家、学校领导、教务人员以及教师同行等不参与课堂教学活动的评价者对教师的课堂教学进行的评价；内部评价则是由直接从事课堂教学活动的教师本人和学生群体所进行的评价。

无论是外部评价者还是内部评价者，在评价的过程中都会遵循一定的评价标准，不过不同评价者的评价标准可能会有所不同，如同行更多地会从学科的角度对课堂教学提出要求，学校领导则会从学校管理角度提出要求，教师本人则会从自我教学风格方面进行评述，而学生则可能从教学内容的多寡和教学中的情绪反应等方面进行评价。

（三）现场观察评价、监视监听评价、量表评价

按评价资料的收集手段可以将教师课堂教学的评价分为现场观察评价、监视监听评

价、录像评价、量表评价等。

现场观察评价是评价者进入课堂，实时实地听教师讲课并及时进行评价，这种评价方法在实际运用过程中往往表现为随堂听课、评课。这种评价资料的收集方法具有很强的时效性，而且能够对各种临时发生的情况进行评价，对教师的教学激情和学生的参与积极性有较深的体会。缺点在于会受到评价者注意力分配和记录速度等的限制，而且由于评价者的出现往往会让被评教师和学生在心理和行为上发生一定变化。

监视监听评价则是利用单向玻璃或摄像设备等进行的实时课堂评价。评价者不直接进入课堂，这样可以在很大程度上避免给师生带来压力，使获取的信息更加真实。缺点在于可能会受到观察角度等的影响，无法全面了解整个课堂的情况。

录像评价则是利用录像将教师的教学过程和学生的活动记录下来，进行课后的评价和分析。其优点在于可以多人反复观看和讨论，在评价的过程中也可以让被评教师参与讨论，从而使得整个评价资料更为全面、客观、准确。而且还可以将不同教师的教学录像进行对比，或者将同一个教师的教学录像进行对比，分析教师教学的进步情况。在录像评价中，录像往往只是一种评价资料的收集手段，对录像进行数据的编码、分析和评价会派生出不同的录像评价分析技术。

量表评价则是采用事先编制好的评价量表，由教师和学生根据他们对教学过程和效果的主观印象进行回答。这种评价方法的关键是评价量表的编制，它有时也被称为问卷评价法。问卷评价是目前进行课堂教学评价最主要的方式，也是实践中应用最广泛的一种方式。

课堂教学评价是对一个教师的肯定，是对学生的责任所在。

三、语文课堂教学评价的用语要求

一句良言三冬暖，一句恶语六月寒。教师在进行课堂评价时，评价用语是否科学、得体，都影响着评价的效果，甚至还会对学生的身心健康产生重要影响。下面是课堂评价中用语方面应该注意的地方。

（一）准确得体

对学生的评价语言准确而又得体。要因人而异、具有针对性地作不同的评价，而这些评价又恰恰能给学生以提醒或纠正。如，在进行课文诵读时，教师可以这样评价：“你读得很正确，若声音再响一点点就更好了。”“老师、同学又没追你，你干吗读得那么快？要注意呀！”“读得真好听，不过要是加上表情就更加能传情达意了，不信，你试一试！”“读课文应大大方方，别缩头缩脑呀！”“这个字念得不够好，跟老师再念一遍。”贴切的评价语客观地指出了学生的长处及存在的缺点，让学生一步步做到朗读的基本要求：快慢适度、富有节奏、态度大方、语言流畅。

（二）生动丰富

在课堂教学中，还要有多样、灵活、生动、丰富的评价语，使学生如沐春风，课堂内总是生机勃勃。如学生在朗读课文时，教师鼓励到："读得真不错！大家听了都在佩服你念得好！”“这个句子你读得多好呀！请你再读一遍，大家仔细听听！”“老师都被你读得感动了。你念得比老师还要棒！”“到目前为止，你是念得最出色的一个！老师觉得，你长大肯定能当一个播音员！”…… 如此生动、亲切、明朗的语言，学生听后怎么会不被深深感染？怎么会不大受激励呢？学生们跃跃欲试，课堂教学的高潮正是如此形成的。可以说，生动丰富的评价语言最大限度地调动了学生学习的主动性、积极性，活跃了课堂的气氛。

（三）机智巧妙

作为学生，他们在课堂上的回答不可能每次都完全正确，这时，大多数老师便以“错了！请坐。”“不对！谁再来？”这些语言来否定学生的回答，并期盼其他学生的正确回答。而有的教师在教学中则运用巧妙、机智的语言来纠正、鼓励学生的回答，注意情绪导向，做到引而不发。学生说错了，老师会说：“说错是正常的，没关系，思考一下再说！”以鼓励学生；有的教师学生重复了前几个同学的回答，也不要指责学生没认真听课，而应笑着说：“噢！你认为这很重要，再强调了一下，对吗？”这一系列充满爱心、智慧的话能一一化解学生在课堂中的尴尬，有效保护学生的心灵。

（四）诙谐幽默

幽默是现代课堂教学中不可多得的品质。它打破了课堂内死水般的枯燥局面，使整个教学过程达到师生和谐、充满情趣的美好境界。它不仅提高了教学语言的品位，而且优化了课堂教学效果。幽默是思维的火花、智慧的结晶，是教师知识、才能长期积累的结果。诙谐幽默的评语能恰到好处地推动教学过程，使教学信息的传导风趣而高效。

（五）独特创新

教师的口语表达形式多种多样。教师应将有声语和体态语有机结合，将预设语和随机语有机结合，根据学生的反馈信息或突发情况，临时调整原先预设的口语流程，巧妙应对，独特创新地进行评价。课上，一会儿竖起大拇指，一会儿鼓掌，一会儿与学生握手，祝贺学生的精彩回答。其实，评价语言的确不应拘于一种形式，它应因人而异，因时而异，因课而异，因发生的情况而异，教师应全身心投入，创造性地对学生进行评价。

第三节　语文学业评价通论

一、学生学业评价

1978年舒尔曼曾指出：在通常情况下，学业成就测验主要用于测查学生在知识和技能方面的学习成绩。R. Wood在2002年也曾提出：学生学业成就评价是对学习成果进行的量化测定，通过对测验结果的分析和解释，结合运用其他方法，如观察法、谈话法、学生成长记录袋等收集的信息，对学生的学业成就进行评价，做出结论。而艾伦•韦伯在《有效的学生评价》一书中，认为学生学业成就评价指的是观察学生的学习过程，共同合作解释学习资料，制定标准、描述发展、收集结果、记录反思和表现、发现学生的优点以帮助他们改正缺点的过程。我们可以看出，艾伦•韦伯的观点更加突出了学生学业成就评价的过程性、情感性以及评价客观实际效果的发展性。

学业评价是对学生在具体语言情境中理解语言与运用语言的言语实践能力所作的价值判断，并不仅仅表现为单一的纸笔试卷测试结果。它是按照语文课程目标，利用测量和非测量的种种方法，系统地收集资料信息，对学生在语文学习过程中所产生的发展变化及其影响学生发展变化的各种要素进行价值分析和价值判断，并为语文教育决策提供依据的过程。学业评价的目的在于促进学生全面发展，具体说来就是要通过评价确认学生在学习实践中的进步和所达到的学业水平，诊断学生在学习中存在的问题，促进学生的反思和发展。

二、语文学业评价的方法

(一)过程性评价方法

过程性评价方法是相对于形成性评价方法而言的。它不是对微观意义上的学习过程的评价,也不是只注重过程而不注重结果的评价,它要求评价主体和评价客体相融合,学习评价的主体不仅是教师、校长、家长,也包括作为评价的客体的学生。评价的方式不仅包括学校外部评价和教师的评价,还包括学生相互之间和学生自己对自己的评价。

(二)项目评价方法

该方法考查学生综合运用所学知识和技能完成一项具体任务的能力,这实际上也是考查学生的实践能力的一种方式。这种评价方式旨在设置真实的任务情景,在学生完成具体任务的过程中或任务结束时实施评价。比如要求进行一项社会调查、完成一个小制作(展板)、小发明,或是自行收集资料,完成对某个人物的述评等。

(三)档案袋评价方法

档案袋评价旨在通过收集材料,记录与展示学生的成长进步,激发学生的学习热情。此种方式能很好地发挥评价促进学生发展的功能,有助于在以后让学生进行自我对比,显示其成长的轨迹。档案袋里可以放进作文草稿、笔记、读后感、各种成功或失败的记录。总的来说,它是一种收集、记录原始资料的手段,档案袋中究竟选择那些内容,并没有硬性的标准。

(四)测验考试与日常考查相结合

测验考试可以检查学生语文知识的深度、广度和语文学习能力掌握的程度;日常考查则是对测验考试的一种补充。我们应在语文教学和有关语文学科的课外活动中,有目的、有计划地对学生学习语文的表现进行细心观察,了解学生的实际情况,并对观察结果及时记录,作出评价。教师应善于利用课堂提问,以此来检查学生掌握知识的情况,了解他们分析问题、解决问题的能力和口头表达能力。如,教学口语交际内容后,让学生在掌握要点的基础上,说一段话录在磁带上,交给老师检查。要多与学生进行个别谈话,在交谈中有意识地注意学生说话时语言是否流畅、内容是否丰富、条理是否清楚、词句是否确切,以此作为衡量学生语文能力的参考。

(五)课内与课外相结合的评价方法

人们常说:“语文学习得法于课内,得益于课外。”即语文课内进行听、说、读、写的训练,是语文教学的重要内容。但仅靠这些是远远不够的,要培养学生认识事物的能力,必须广泛开展课外阅读,积极参加实践活动,认真观察生活,经常练习写作。召开朗诵会、新闻发布会,学习剪报和摘录好文章,写读书笔记、读书心得,指导学生采访编报,参加各类作文竞赛等。丰富多彩的课外活动,使学生有比较多的机会把在课堂教学中获得的知识、技能和技巧运用于实践。

(六)学生自评和互评相结合

1. 自评。①学习情况的自我描述,包括书面描述和口头描述;②高中语文模块评价表;③评价的内容,主要考查学生的自我表现,修习情况以及情感态度、价值观念的变化。④评价的方式,如演讲、辩论、报告、书面作品展示等,学生可以选择自己喜爱的擅长的方式参与评价。

2. 互评。①以学习小组为单位的评价;②以同宿舍为单位的评价;③以班委会与团委会为单位的评价。

第十章　语文学业评价

学习要点：

1.了解阅读学业评价及其方法。

2.学习写作学业评价及其方法。

3.学习选修课学习过程评价及其方法。

第一节　阅读学业评价及方法

一、阅读学业评价

（一）语文阅读学业成就评价模型的构建

在阅读评价研究方面，美国学者注重建立评价模型，认为评价模型才能够指导评价的方向，帮助教师引导阅读评价过程并为教学提供指导。现存的评价模式主要有四种：

第一，缺陷诊断模式——诊断具有阅读障碍的学生在阅读中出现的心理或生理问题。

第二，前后关联模式——找出教学与学生在态度、动机和认知等方面的需要和差距，展现了从改进教学的角度运用阅读学业成就评价的全新视角。

第三，阶段发展模式——用自然发生的识字、解码、确认和流利、学习新观点、多角度评价和世界视角等五个阶段标记学生自出生到大学毕业期间各阶段的阅读评价模式。

第四，认知模式——认为阅读理解取决于三个方面：教师教育专业硕士研究生学位论文；高中生文学名著阅读学业成就评价研究词的自动识别、文本中语言的理解和在文本阅读中运用策略达到目标的能力。前两种评价模式用于评价影响学生阅读能力的内外部因素，缺陷诊断模式研究造成学生阅读障碍的个体生理或心理原因；前后关联模式面向外部因素，即教学方法，旨在改进教学，促进学习。阶段发展模式重在评价不同年龄段的目标是否达成。认知模式针对学生阅读能力进行评价。

（二）阅读语文阅读学业成就评价内容的维度

阅读能力较早纳入学科心理学研究分支，英国早就有学者探讨阅读能力的构成要素。目前，西方国家一般认为阅读能力包括字面理解、解释、评价和创造等能力。在我国阅读能力研究中，莫雷运用“活动因素分析法”对高中三年级学生语文阅读能力结构的因素进行分析，认为高中三年级学生语文阅读能力包括十个因素：组织连贯能力、语言译码能力、语义情境推断能力、模式辨别能力、词义理解能力、筛选贮存能力、阅读概括能力、语感能力、评价能力、阅读迁移能力。且组织连贯能力、概括能力、评价能力及语义情境推断能力等比较复杂的、层次较高的对文章整体把握的能力因素，在能力结构中越来越重要。祝新华梳理了我国语文阅读能力结构研究，认为发展性阅读能力包括：认读能力、理解能力、吸收能力、速读能力、语感、鉴赏能力等六个方面。曾祥芹根据系统科学的观点，把阅读能力看作一个多维的、立体的、开放的动态结构，包括三个子系统：以阅读理解力（思考力）为核心的阅读智慧，以阅读学为主导的阅读知识，以良好阅读习惯为高标的阅读情志。其中，阅读智能包括纵向的阅读感知力、阅读理解力、阅读鉴赏力、阅读迁移力、阅读创造力，和横向的阅读选择力、阅读思考力、阅读想象力、阅读记忆力、阅读时效力。在基础教育阶段，最基本的阅读能力包括认读能力、解读能力、赏读能力、评读能力和应用能力。阅读能力研究成果为制度课程目标指明了方向。课标中的课程目标陈述了高中毕业生所应当达到的“能力目标”，这与“直接涵盖乃至规范着课程与教学内容”的“内容目标”还存在差异，需要进行更为科学和合理的转化。

二、语文阅读素养评价的指标体系

表10-1　中学生语文阅读素养评价的指标体系

评价对象	一级指标	二级指标
中学生语文阅读素养	阅读积累	词汇方面
		语法方面
	阅读能力	朗读方面
		理解方面
		应用方面

续表

评价对象	一级指标	二级指标
中学生语文阅读素养	阅读情感	审美方面
		情趣方面
	阅读效果	考试成绩
		阅读展示

表10-2　中学生语文阅读素养评价的指标体系调查问卷

评价对象	一级指标	二级指标	征询意见				
			很重要	重要	一般	可要可不要	不要
中学生语文阅读素养	阅读积累	词汇方面					
		语法方面					
	阅读能力	朗读方面					
		理解方面					
		应用方面					
	阅读情感	审美方面					
		情趣方面					
	阅读效果	考试成绩					
		阅读展示					

三、语文阅读学业评价的方法

（一）表现性评价

表现性评价方式是质性评价的一种，要求学生创造出答案或产品以展示其知识或技能的测验，强调对内在能力或倾向的行为表现进行直接评价。表现性评价的方式是多种多样的。在名著阅读学业成就评价中，我们按照学生完成评价任务的结果分类，包括书面报告、口头表述和实物作品。

1.书面报告

书面报告的形式比较灵活，读后感、读书笔记、小论文等形式，语文阅读学业成就评价方式中的书面报告应该指让学生或学生全体完成一份书面报告，从而评价其综合运用知识的能力,其中既包括阅读鉴赏文本的能力,也包括完成报告的能力。

2. 口头表述

口头表述是指让学生以会谈、辩论、演讲等口头形式说出他们在名著阅读方面所取得的成果。在阅读学业成就评价中,口头表述既可以用于评价阅读作品本身的知识,如背诵作品片段,也可以用于评价作品引发的智慧,即以口头表述的形式,如讨论、辩论等阐述见解。戏剧表演是口头表述的特殊形式,它把言语化、口头与演讲技能及肢体语言表达能力结合起来。运用这类评价方式时需要明确评价标准,否则难以达到较好的效果。有了明确的评分标准,评价才能和教学有效地结合起来。阅读学业成就评价的口头表述主要表现为个人演讲和小组发言两种形式。在口头表述中,学生的自主性更容易得到发挥,演讲场合能够有效地促使他们研习文本,做好准备。

3. 实物作品

教师应允许学生采用书面报告和口头表述以外的表达方式展示自己的学习成果,如进行作品展示等。作品形式非常广泛,如摄影、美术、音乐作品等等。实物作品比较适合评价由作品引发的智慧,具有很大的表现空间,且有时不限定实物作品的形式,因而能很好地激发学生的创作热情。实物作品评价方式有利于让学生选择擅长的方式,给学生提供了广阔的表现空间。因此,可以把实物作品评价作为激发学生阅读兴趣,培养学生积极的阅读鉴赏态度的方式。

(二)诊断性评价:学期初测验和阅读兴趣问卷

在每学期初或阶段学习完成时,教师可以给学生发放测验题,采用选择题和简答题的形式检测学生的阅读基础。检测内容可涉及初中阶段名著阅读的有关内容。可附上问卷,用简短的推荐语介绍高中阶段必读名著的篇目,调查学生阅读情况和阅读兴趣。

表10-3　中学生阅读兴趣调查问卷

阅读兴趣问卷 姓名:　　　　　　　　　班级:
亲爱的同学: 欢迎你开启高中阶段名著阅读。为了让你的阅读之旅收获更大,请你先花些时间梳理你的阅读积累情况。 目前,我已经读过的名著有: 其中,我最喜欢的作品及其原因是:

（三）形成性评价：阅读进度表

阅读进度表旨在督促学生分阶段完成阅读任务，并记录阅读过程。必修部分的学生阅读进度可以细化到周。在选修阶段，允许学生按照阅读能力和兴趣制订阅读计划，但应确定学期或年度阅读目标。设计阅读进度表的形式时，教师可以提供成表，也可以规定进度表中必须包含的内容，让学生自主设计。在内容方面，进度表包含的项目包括阅读时间、进度、笔记、内容概要、随感以及思考题等。教师需要精心设计思考题来促进学生思考。如果教师统一规定了阅读篇目，可以提供几道有关名著内容的思考题。如果是学生自由选读名著篇目，教师可以从文学欣赏技能的角度提供思考题。使用阅读进度表进行评价时，可以在名著阅读学业成就评价中引入多元评价主体。首先，阅读进度表可以让学生实现自我约束和督促，其次，如果让家长、同学以及其他关心并愿意参与语文教育的社会人士阅读并反馈学生的进度表，将会拓展学生阅读交流的管道，增加学生的阅读动力。阅读进度表能够帮助教师协助和指导学生规范阅读过程。发挥这一功能的前提是，教师在布置阅读进度表时明确检查的频率，帮助学生确定阶段目标。那么，随着学习时间的推进，学生学习目标将分步骤完成。

表10-4　《林黛玉进贾府》“阅读进度表”评分量表

评分	进度标准	内容标准
5分	读完全篇，进度表各项内容完整	完整、简洁地概括故事情节 说出主要人物形象特征 多角度阐述小说主题 分析小说的语言特色 结合内容、人物等，阐述独到的见解
4分	读完全篇，进度表各项内容完整	完整地概括故事情节 说出主要人物形象特征 多角度理解小说主题 分析小说的语言特色
3分	读完全篇，有读书笔记	能说出一些故事情节 说出主要人物形象特征 理解小说主题 分析小说的语言特色

续表

评分	进度标准	内容标准
2分	读完全篇	能说出一些故事情节 说出主要人物形象特征 知道小说主题 知道小说语言特色
1分	未能读完,无笔记	能说出一些故事情节 说出主要人物形象特征 知道小说主题

(四)总结性评价:档案袋评定

档案袋是表现评定中最著名也最常用的方法。制作档案袋的过程也是一项任务从起始阶段到完成阶段的过程记录。学生提交的作品,是阅读学习结果的集中体现。在非毕业年级,教师可以运用名著阅读档案袋帮助学生整理和展示学习成果。名著阅读档案袋是学习过程的记录,也为总结性评价打下基础。档案袋中有哪些内容?作品提交的规格是什么?评价作品的标准是什么?如何确定规格与标准?这些都需要结合评价目的加以明确。预计在高二结束时,学生的名著档案袋中应当包括:

表10-5　非毕业年级名著档案袋内容清单

非毕业年级名著档案袋内容清单
单部作品(共计×部作品) 1. 阅读进度表 2. 作品一份(如研究论文、实物作品讨论、辩论记录,依据课堂学习方式确定) 3. 名著常识测验 其他自选作品 1. 阅读进度表 2. 作品一份

第二节　写作学业评价及方法

一、语文写作

二十世纪九十年代以来，有以下几种比较流行的写作定义：

(1)写作是以读者为对象、以交际和传播为目的，以记事、说理、表情、达意为题材，在生活中时时需用的一种综合性的精神生产劳动，活动的成果是写出成品。(2)写作，就是通常所说的写文章、搞创作、撰文。写作的本质是什么呢？是一种思维活动。我们从写作行为的过程看：感知阶段，是思维的起点。构思阶段，是思维的序化和深化。行文阶段，是思维的物化。(3)写作，是运用语言文学表达思想感情的一种创造性的脑力劳动。它是作者的智能、知识、意志以及思想感情等多种因素、条件的综合体现。

《全日制义务教育语文课程标准(实验稿)》规定：写作是运用语言文字进行表达和交流的重要方式，是认识世界、认识自我、进行创造性表述的过程。

二、语文写作评价

课程标准是写作评价进行的依据和基础，基于课程标准的写作评价是以改进写作评价教学方式，提高每个学生的写作能力为目的的新的课程评价体系。它不仅要关注作品本身，更要关注学生写作的探索过程，关注他们从审题、构思、选材、布局到最后成文这一系列的经历和体验。写作评价不是最后一站，而是改进教师写作教学和完善学生写作能力的重要一环。

语文写作评价就是评价者按照语文写作课程目标和相应的写作评价原则、标准，对学生的作品进行价值判断，以期达到写作教学价值增值的教育活动。它是一个直接指向写作评价教学、调控写作评价教学发展趋势与进程的活动。写作评价不是对习作结果的最终鉴定，不是写作教学的最后一道工序，而是改进教师的教与学生的学并最终使学生掌握写作技能的过程，是写作指导的延伸、扩展与补充。

语文写作评价的基本内容：

语文写作学业评价首先要有评价的内容，也就是评什么。那么究竟什么才是语文写作学业评价的基本内容呢？关于写作评价的内容这里介绍以下几种观点：

魏书生曾列出批改写作的十个基本要求

包括：(1)文章格式是否正确；(2)卷面是否整洁；(3)错别字几个；(4)有几处病句；(5)标点符号有几处明显失误；(6)看文章所体现的中心思想是否鲜明且集中；(7)看文章的选材；(8)看文章的结构；(9)看表达方式；(10)看语言表达是否简单、通顺、准确。他让学生以此为评价的维度逐步学会评改作文。

范守纲则指出，写作评价应该包含对学生写作学习潜能的认识和评价，预示学生未来的发展潜力。即不仅要评价学生既有的水平、成果，也要评价学生写作能力蕴含的发展性。对那些有争议的学生写作，要看到其存在的明显的缺失，但更应充分肯定其中强烈的创新意识。牛桂芹也曾说过，教师应善于理解学生在写作中的思想和行为，懂得欣赏他们的个性。对个性中的闪光之处要满腔热情地鼓励。同时，也要恰如其分地指出其写作中的毛病和偏差，使学生既感到是朋友的交谈，又感到是“行家”的教诲。

三、语文写作学业评价的基本方法

从评价的基本类型来看，可以分为以分数或者等级为呈现形式的量化评价和以评语为主要表达形式的质性评价。科学、有效的评价方法对评价的客观性和准确性具有极其重要的意义。那么，关于语文写作学业评价的方法有哪些呢？下面介绍主要介绍以下几种写作评价的方法。

在“评分法”的研究方面，李玉胜提出了四个观点：慎重打出不及格分，敢于打出高分，因人而异评分，分项进行评分。

肖中老师的观点与李玉胜老师的观点相似，他曾在《用发展性评价理念指导作文评分》一文中详细阐述道，作文评价要做到评分标准的层次化和项目化：首先是针对不同写作水平层次的学生，按组内同质、组间异质的原则分组。对高水平的组别，在肯定他们成绩的同时，需更多地关注他们存在的不足；对低水平的组别则应多发掘他们的闪光点，通过评分让每一位取得进步的学生都有成功的体验。同时要把总分细化成若干项目，如仿照高考写作评分标准的基础分、发展分、进步分和卷面分等几项，赋予分数不同的内涵，学生在看到分数的同时，也得到了具体的评价信息，看到了自己的进步以及存在的不足。而王必辉认为评定写作主观性很强，评分求精确实不科学。写作是综合表述，很难谋求一个统一的标准，最多只能是一种估价评定。刘志鸿与王必辉观点一致，提出用模糊评分法取代精确评分法。他认为，对于生活中大量无法用精确数字表示的复杂事物，可以根据事物的基本特征，用模糊的数字或概念表示，更能显示事物的真实性。因此，他主张，根据评分对象的基本特征，从内容、篇章、语言等方面入手，使用表示档次的模糊数字进行评分。

在“评语法”的研究方面，梅再波认为评语要有四点讲究：情感性、准确性、文采性、激励性。张晓梅倡导评语改革的方向为“商量式评语”“追究式评语”“肯定式评语”“对话式评语”和“情感式评语”。崔海峰则提出了评语语气平等真切、书写规范以及赞扬慷慨等三点意见，他认为教师应在评改中做到：言之有据、言之有物，扬有其实、抑有其道，富有情趣、蕴涵哲理，以促进学生的全面发展。

四、语文写作学业评价的具体实施策略

第一，活页稿纸，建立档案。（稿纸上除了作文书写栏，还包括作文修改栏，反思栏等）第二，明确要求，教给方法。第三，分组互改，合作探究。第四，师生共评，全面提高。第五，写作后记，总结升华。这种方法适于操作，优点很多，如能充分调动学生参与写作评价的积极性；写作能力强的学生可以出版属于自己的作文专辑；记录的资料可以为学生以后的写作和教师日后的教学提供参考等。

有学者提出了“引—诊—辨—结”四步写作评价模式。这种模式是由教师首先选出一篇学生习作作为例文，分给其他学生，然后分小组会诊讨论，形成结论，再选代表课堂发言，组间辩论，最后由教师点评、归纳。

从以上内容我们可以提炼出两种写作评价的新思路，即开放式评改法和合作式评改法。开放式评改法采用的是从作者自评到学生互评，最后教师再评的策略；合作式评改法则采用“同学批”，然后“学生改”，再到“教师改”的模式。无论是前者还是后者，都比传统的写作评价程序更充分地调动了学生的主动性，都更强调学生在评价中的主体地位。

五、优化初中语文写作评价的对策与建议

（一）关注学生写作过程及情感

语文写作评价需注意从多方面考查学生的写作情况。从注意写作知识技能的获取和掌握，到重视写作兴趣、态度、习惯的培养，再到重视写作过程中遇到的困难与障碍及

写作后的修改与反思等。通过这些资料的呈现和分析，有助于形成更全面的认识，并在此基础上针对学生写作的优势与进步给予激励和肯定，针对不足提供切实可行的改进建议。但在现实写作评价中，教师往往过分注重写作的知识与技能，一定程度上忽视了学生的写作过程与方法，以及情感、态度与价值观。

那么我们如何更多地关注学生的写作过程及情感呢？可以结合写作视角来进行考虑。写作视角即作文评价人员，通常情况下，多是语文教师，用假想的方式去审视作品，感受作者在写作中面临的诸多问题，从而评价作者的写作过程与情感。一般地，以假象的方式去审视作品有两种形式。一种是作者向评价者阐述写作过程中遇到的困难和感受。评价者只需借力用力，体会假想，最后给出判断和评价。“自注式”作文评改法就是这一形式的典型体现。学生在每次作文后自己附一“小注”，说明自己的写作思路、行文过程、感受经验等，评价者以此作为审阅参考，更多地关注学生写作的过程与体验。这种评价方式在国外应用十分普遍，学生评价的用语自然随意。另一种是作文评价人员自己下水写文章，领会文章写作的实际甘苦。从而适时适度地在学生写作过程中予以指导和评价，这样评语就会更加真实、有效、客观，为同学们的写作思路打开窗口，增加语文写作评价的时效性。用叶圣陶先生曾说过的话更能有力地诠释这种方式，“教师下水”方能深知作文的甘苦，无论取材布局，遣词造句，知其然又知其所以然，而且非常熟练，具有敏感，几乎不假思索，而自然能够左右逢源。这样的时候，随时给学生引导一下，指导几句，全是最有益的启发，最有用的经验。学生只要用心领会，努力实践，作一回文就有一回进步。所道出的意思正如下面例子所示。

牛刀小试

急诊室：请你诊断并医治。

患者：我的同学魏哲他很瘦。

诊断：不具体不形象，过于概括。

医治：将他瘦的表现细化。

神医刘老师：大家调动自己的积累，搜索大脑中储存的形容瘦的最形象的语句。

神医刘老师：医术还不错，不过还没到妙手回春的地步，且看神医刘老师的功力。

豆芽男

他很瘦。通常,人们说别人很瘦时常常想起“豆芽菜”,经常说谁谁长得真像“豆芽菜”。但是他瘦的用“豆芽菜”描述都觉得有点委屈“豆芽菜”,只能说他像那种脱水两三天之后不好了的蔫豆芽。他很瘦。笔挺的西装到了他的身上往往就变成了大风衣,如果可以的话,服装店老板可以用多余的布料再做一件像样的衣服。他瘦得叫人担心,以至于关心他的人总是劝他——风大的时候尽量不要出门,即便没办法必须得出门也要备个降落伞,万一被吹起来了也能安全着陆。他瘦得是那样的彻底。假如医学院的学生要学习人体骨骼的相对位置,看看他这个活标本就一目了然了,视觉效果绝对不亚于医学标本。

通过教师这样的干预、评价与示范,学生们更加清晰地了解了细节描写的应用,激发起学生再次写作的欲望,见识、想法的提升为下一次习作提供了一个新的起点。

(二)教师要对每个孩子、每篇习作负责

责任是教师进行写作评价活动必不可少的要求,是其进行与学生互动交流的动力与支持。教师基于对不同层次、不同个性的学生作文的评价,可以感受到学生的写作态度、进步过程中的成长、写作体现出的生机勃勃的个性与思想。相应地,学生通过作文评价及时地获得反馈信息,认识到自己作文中的优势与不足,了解教师为什么这么评,知道自己下一步如何修改,从细节中、从反反复复的交流中体会教师的尽心尽力、尽职尽责。这样互动有利于师生之间的心灵沟通,有利于更好地发挥评语的激励与教育功能。

首先,可以学校语文组为单位,定期组织和开展以“写作评价如何尽职尽责”为主题的讨论会。教师在讨论会上可以针对实际写作教学过程中遇到的具体相关问题各抒己见,探讨最佳的写作评价内容与方法,互相纠正和补充。通过集体的智慧加深认识与理解,摆脱先前对写作评价不上心的态度,将口头作文评价与书面作文评价标准化、规范化、程序化。其次,教师要多阅读先进语文教师写作评价探索历程的文章和资料。学校的相关管理人员可以定期收集一些相关的有借鉴意义的文章,发放给教师。使教师了解同行教师的写作评价教学经历,逐步培养写作评价的责任心。这样既不会占用老师太多的时间,也有效避免了老师无从下手的局面。第三,要注意保持逐步形成的写作评价责任心。自身的坚持性和毅力,学生的喜爱与满足,对其他教师工作状态的持续学习、借鉴和思考都可以是保持力量的来源。

（三）教师要提高语言素养，提升感染力

提高教师的语言素养、提升语言感染力是实现写作评价有效性的重要条件。语言对语文教师来说，是决定写作评价成效大小的关键因素之一。在一定条件下，良好的语言表达能力（书面评价语言和口头评价语言）甚至比专业知识还要重要。讲求教师语言的艺术，使写作评语灵活多样、别具一格，语言多变、清新自然，注重预设的同时又注重随机生成，内容视情境而定，学生不但易于接受知识，而且易于激发学习兴趣。反之，则会给学生一种不悦感，甚至反感，影响评价效果。

在进行教学反思的同时，教师还要加强学习和研究。首先，了解和学习其他语文教师的写作评语，分析研究自身的现有条件，并加以整理应用，可以帮助教师提高和加深对评语各方面的认识，使其对写作评语的运用逐渐得心应手、应对自如。第二，在条件允许的情况下，教师可以针对写作评价语言进行行动研究。通过阅读相关文献资料，或者与相关专业研究人员进行合作，针对自己教学中的实际问题展开研究。这是更加宝贵的学习和研究的机会，能够有效提高教师自身运用写作评价语言的能力。

（四）加强合作，聘请专家，增加研究力度

要想让初中语文写作评价达到理想的效果，教师还必须重视团队合作和专家指导。在合作和研究中不断提高自己灵活、巧妙和高质量的写作评价本领。首先来看团队合作，它是指校内校外的初中语文教师针对写作评价存在的问题积极开展合作。团队合作鼓励教师之间的沟通，鼓励写作评价技能和经验的分享。使教师，特别是新手教师，更加清楚地认识到评价过程中的优点和不足，互帮互助、及时有效地解决评价过程中遇到的问题。通常情况下，团队合作分为常规合作与非常规合作。常规合作需要构建一支结构合理的语文教师团队，创设一个安全的、信任的、允许犯错的交流氛围，制定一系列正规的、特定的程序。团队中骨干教师要通过作文讲评课预约、写作评价作品系列展示、写作评价师徒带教等形式充分发挥其引领作用。学校领导要给予监督、鼓励和必要的支持。这样形成的合力，将使教师间的关系更加亲密、写作评价更具成效。而非常规合作是针对某个突出的棘手的问题，临时组建应急团队。群策群力，分析问题的成因，理清改进的方向，提出切实有效的应对策略。它是常规合作的必要补充形式。其次，在条件允许的情况下，初中语文教师应积极与评价专业研究人员进行合作。针对写作评价中存在的最具困扰性的问题展开研究，双方在商讨的基础上确立研究项目。该项目就作为双方开展

合作的主要平台与载体。合作双方需要尊重彼此的认知思维方式和实践方式，以专家为主导，教师为主体组成一个富有成效的科研组织。在项目的启动期，双方需明确任务分工并约定合作方式，前期的调研和基于调研所形成的研究方案是最重要的活动。在项目的运行期，评价专家与中学语文教师的活动以独立探究与协商探讨为原则，充分发挥双方的主观能动性、充分展开合作，促使双方文化在交互作用中得以综合。在项目的收尾期，合作双方积极总结项目产生的成果，并组成团队分别从理论和实践两个层面推广和宣传项目。整个项目的运行过程中，双方在互补的基础上实现互惠，尤其对于一线语文教师来说，既解决了写作评价中遇到的困惑和问题，又提高和加深了对写作评价的认识，在以后的教学过程中更加得心应手、游刃有余。

（五）减轻语文写作评价的负担

许多初中语文教师花费了大量的时间与精力，对学生作文精批细改、独批独改、“越俎代庖”，低估甚至忽视了学生及其他评价主体的参与，结果学生写作水平没有提升上来，写作兴趣也不见起色。由此可以想到，减轻语文教师写作评价负担、保证评价质量，可以从增加学生、家长等写作评价主体入手。其实，学生参与到作文的评析过程中，通过自我评价、相互评价，可以及时地发现作文中存在的问题，快速有效地给予纠正。家长参与到作文的评析过程中，积极帮助学生拓宽写作思路、组织优化词句，以认真的态度感染孩子，进而起到与孩子一起提升写作水平的效果。在调动其他写作评价主体积极参与的同时，为了最大限度地减轻评价负担、保证批改质量，教师需熟练运用各种先进的优秀的写作评价方法。如“帖子式”评改法、“符号”评改法、“点改法”“选批法”“自注式”作文评改法等。“帖子式”评改法，它是应用现代教育技术，将学生作文发表到网上，老师、同学们和网友一同跟帖发表意见。“符号”评改法，用师生共识的图示、符号标明需要修改的地方，如小红旗、小红花等不同的图示代表不同的评价含义——逻辑思维、语言表达、书写工整度、字数要求等。“点改法”，点就是教师点拨引导，改是指学生自己寻找修改，点拨的句式如“此句有个错别字。”“本段似乎缺少其他人的表现来衬托二叔的大公无私。”“本段有一个病句。”等。“选批法”，教师按照一定规则将作文分批次、有步骤地进行选择性批改。“自注式”作文评改法，上文涉及过，即学生在每次作文后自己附一“小注”，说明自己写作思路、行文过程、感受经验等，评价者省时省力，又便于满足被评者心理需求。采取以上措施，一方面可以减少语文教师的工作压力，另一方面可以使评价工作更加准确有效，达到迅速提高学生习作水平的效果。

第三节　选修课学习过程评价

一、高中语文选修课“诗歌与散文”学业成就评价

（一）语文选修课“诗歌”阅读知识与能力评价内容框架

高中语文选修课中“诗歌”又有中国诗歌和外国诗歌之分，但在本书所建构的学业评价中是把其融为一个表格的。高中语文选修课“诗歌”阅读知识评价内容框架体现在高中语文选修课教材《中国古代诗歌与散文欣赏》《中国现代诗歌与散文欣赏》《外国诗歌散文欣赏》中，所以，学生在对选修课中诗歌进行学习后，不仅能够广泛并全面地掌握相关文学常识和基础知识，还能够提高语文素养。

表10-6　高中诗歌知识维度评价内容框架

知识维度	评价内容	
	中国诗歌	外国诗歌
事实性知识	作者生平及所处环境和时代/作品的创作时间	外国诗歌的作品及作家，如：作家布莱克、作品《老虎》
概念性知识	意象解读诗歌的方法/以意逆志，知人论世/置身诗境，缘景明情/诗歌鉴赏的三阶段/字义、词义、语词的特定含义/诗歌声律的特点/节拍、用韵等诗律特点/现代诗歌的基本特征/诗歌语言特征/诗歌鉴赏方法	对诗歌的形式特征、形象内涵进行分析/区分不同的抒情技巧/现代诗歌的手法/抒情的内涵/现代诗歌的特点/象征和意象的含义
程序性知识	通过语言文辞的含义理解诗歌思想情感/根据作者所处时代的背景知识把握诗歌内容和旨趣/反复诵读，借助联想和想象感受诗歌的意境/贯通视觉、听觉和触觉，借助电影、电视和绘画等艺术感受诗境/掌握诗歌声律特点，体会作品的情韵美和音乐美/诗歌语言特征解读诗歌	从诗歌的形式特征来鉴赏诗歌/从思想、语言、布局谋篇方面看诗歌的创造性/通过诗歌中的象征、意象和通感等手法感受诗歌的独特语言/根据语言的差异判断诗歌的独特性/正确理解诗歌和抒情的关系/诗歌和思想的关系/品味诗歌语言，拓展审美能力

表10-7　高中语文选修课“诗歌”阅读能力评价内容框架

阅读能力		阅读能力评价内容	
		中国诗歌	外国诗歌
阅读理解能力	阅读记忆能力	文学常识\字义、词义和特定词语的含义\意象	优美诗句\象征和通感的含义\抒情的方式
	阅读概括能力	诗歌的意境\写作特点	诗歌的情感
	阅读评判能力	诗歌所表达的情感\	作品的优缺点
阅读欣赏能力		诗歌的写作技巧\意象对意境的营造	诗歌优美的语言
阅读创造能力		质疑作者或诗歌中所表达的情感\写作手法的运用	诗歌语言的独特性

表10-8　高中“诗歌”阅读方法评价内容框架

阅读表现（认知水平）	阅读方法评价内容	
	中国诗歌的阅读方法	外国诗歌的阅读方法
知道	1. 背诵（字义、词义、常用语词的特定含义，诗歌的含义，诗歌声律的特点，现代诗歌的基本特征） 2. 勾画（诗歌的意象） 3. 描述（诗歌的语言特征，诗歌中的象征意蕴，诗歌鉴赏的三个阶段）	1. 背诵（诗歌分行的形式特征，现代诗歌的特征，意象、象征和通感的含义） 2. 勾画（抒情诗的方式）
理解	1. 推断（利用字义、词义、常用语词获取信息） 2. 概括（通过诗歌中不同的意象来提炼诗歌的主旨，掌握节拍、用韵等诗律特点概括诗歌的情感） 3. 解释（诗歌语言的准确性）	解释（诗歌与抒情的关系，诗歌与思想的关系）
运用	1. 讨论（知人论世，想象和联想） 2. 发现（诗歌的音乐美，诗歌的声律特点，诗歌的意象，诗歌的语言特征）	1. 讨论（用分行的形式特征来鉴赏诗歌，通感手法在诗中的作用） 2. 仿写（写一首咏物短诗寄托自己对生活的思考

续表

阅读表现（认知水平）	阅读方法评价内容	
分析	1.赏析(作者的人生经历和所处时代与诗歌主旨的关系,人称的选择与诗歌情感表达之间的关联,诗歌语言与诗歌情感的联系) 2.联想(意象对诗歌意境的营造,声律特点对作品情韵美的体现)	1.赏析(分行的形式特征与诗歌情绪、意蕴的关系,诗歌在思想、语言、谋篇布局方面的创造性) 2.区别(中国古典诗歌与外国诗歌中类似的对人生的咏叹,意象派的中国古典诗歌与外国诗歌的相似
评价	1.阐释(同一种鉴赏方法对不同诗歌的运用方式) 2.指明(诗歌鉴赏技能的掌握)	1.阐释(不同诗歌的不同抒情方式) 2.指明(诗歌中是否运用通感的手法)
运用	生成(诗歌的内容和主旨,诗歌的情感,诗歌的特征,诗歌语言中所蕴含的作者情感)	生成(诗歌语言的独特性)

表10-9　高中诗歌阅读情感态度评价内容框架

阅读表现	评价内容	
	中国诗歌	外国诗歌
注意	1.朗读(诗中表达作者态度和情感的语言) 2.勾画(诗歌中表达情感的意象)	勾画(诗中作者所流露的思想,语言特征对诗人情感的表达)
认同	1.归纳(通过主观感受、生活体验分析诗歌情感,诗歌的意象中蕴含着作者的情感和态度) 2.赏析(利用诗歌中人称的选择和语言特点分析作者在诗歌中所表达的情感倾向和价值观	1.赏析(通过诗歌语言所蕴含的诗歌的思想) 2.对比(中外诗歌情感表达的相似之处)
生成	评述(根据所学诗歌的鉴赏方法去品味其他诗歌,学会运用意象写诗,培养语言的个性)	培养(写咏物短诗寄托的生活态度,在理性和感情的融合中形成学生健全的人格,从固有语言挑战中培养学生的审美经验)

（二）高中语文选修课“散文”阅读知识与能力评价内容框架

高中语文选修课“散文”模块分为中国古代散文、中国现代散文和外国散文三方面内容，都在于让学生掌握相关基础知识的同时，提高其鉴赏能力和欣赏能力，从而达到会写作的程度。本文在建构“散文”学业评价内容时，分为中国散文和外国散文，但是将其融在一个表格中，根据教材来进行。

表10-10　高中语文选修课“散文”知识维度评价内容框架

知识维度	评价内容	
	中国散文	外国散文
事实性知识	了解作家和作品的写作背景，如：孔子及其作品、林语堂作家/作品的主要内容/苏轼的写作风格/中国古代散文的发展史	外国散文的作家、作品
概念性知识	散文的艺术想象/文言实词、虚词和句式/散文形散神不散的特点/典故的含义及作用/散文的情与理/散文“以小见大”的写作技巧/散文的虚与实/散文的疏与密	各类散文的含义及特征，如：叙事散文、抒情散文、写人散文和哲理散文/散文的写作技巧/散文的语言特点
程序性知识	创造形象，诗文有别的鉴赏方法/根据铺叙、夸张、渲染是赋体的特征分析具体散文/梳理内容，了解作品的思想感情/反复诵读把握散文情意/通过关键语言体会其表达的情感/散文“以小见大”的方式在不同散文中的不同	根据不同类型散文的写作特点品味其意蕴/按照散文的技法仿写同类文章/根据具体类型的散文的文章谈其特点/阅读同类散文体会写作技巧的异同

（三）高中语文选修课“散文”阅读过程与方法评价内容框架

高中语文选修课“散文”阅读过程与方法评价内容框架的建构，我们根据布卢姆的学习目标分类理论将其展现在六个层级水平上，这样就能让学生准确地了解自己的知识掌握情况，能对自己的学习结果做出有效的价值判断。

表10-11　高中散文阅读方法评价内容框架

阅读表现 认知水平	阅读方法评价内容	
	中国散文的阅读方法	外国散文的阅读方法
知道	1.背诵(文言实词、虚词和句式) 2.描述(散文作家及其作品,背诵作品,现代散文的疏与密、虚与实、情与理、以小见大、形与神的特点)	1.描述(散文的分类,如叙事散文、写景散文、写人散文、哲理散文) 2.记忆(散文的基本特点)勾画:(散文中的关键语言)
理解	1.解释(关键语言的表达效果) 2.提炼(字、词在具体语境中的含义) 3.概括(不同散文具有的特点)	1.概括(不同类型散文的具体特点) 2.解释(散文语言的表达方式)
运用	1.仿写(相关短小寓言散文的学习,用创造形象的方法仿写一篇散文,根据散文虚与实的特点仿写散文) 2.改写(用所学的散文写作技巧将诗歌改写成散文)	仿写(用所学的不同类型散文的特点仿写散文)
分析	1.联想(不同作品在内容和抒发情志的异同,不同时代的不同作家在生命观和精神气质的异同,不同作品对同一人物写法的异同,不同散文运用"以小见大"方式的异同) 2.赏析(根据文章细节、语言能描写、分析人物形象,根据散文的特点分析其情感)	联想(不同散文在语言特点上的异同,通过关键语言赏析作者情感)
评价	1.解释(学生通过同一文章的阅读交流对作者的认识) 2.指明(学生交流关于散文形散神不散特点的感受)	指明(学生通过对同一篇散文的阅读谈自己的感受,学生交流写法类似的散文并作具体说明)
创造	生成(学生阅读文章后用自己的语言复数内容,在阅读文章的同时参考其他相关资料)	生成(不同散文所具有的特点,对不同散文进行比较并作出评论,根据不同散文的特点及具体文章归纳自己的体验)

（四）高中语文选修课“散文”阅读情感态度价值观评价内容框架

高中语文选修课“散文”阅读情感态度价值观评价内容框架从注意、认同和生成三方面的阅读表现来建构，让学生能够针对具体的阅读内容，通过自己的阅读表现来判断自己在散文学习过程中情感的变化和体验。

表10-12　中外散文阅读情感态度价值观评价内容框架

阅读表现	评价内容	
	外国散文	中国散文
注意	1.朗读（写人散文的相关文章） 2.勾画（散文中所表达的情感及描绘的人物态度）	勾画（散文的感染力和所蕴含的思想感情，哲理散文中所表达的观点和人生态度）
认同	赏析（写人散文中人物形象的描写和内心感情世界的描写）	归纳（表达作者思想感情的关键语言，归纳作者不同的人生态度）
生成	评述（写人散文中人物的态度，阅读后学生之间交流文中有关情感和人物态度的观念，人生态度和情感的启示）	1.评述（学生阅读后交流对文中作者人生态度的褒贬，同学之间读后感悟的交流） 2.培养（学生善于用关键语言表达思想感情）

二、高中语文选修课“小说”阅读知识与能力评价内容框架

高中语文选修课“小说”阅读知识与能力评价内容框架是从“小说”阅读知识评价内容框架和“小说”阅读能力评价内容框架来建构的。同时高中语文选修课“小说”阅读知识评价内容框架又包含“中国小说”阅读知识评价内容框架 和“外国小说”阅读知识评价内容框架，具体内容如下。

（一）高中语文选修课“小说”阅读知识评价内容框架

1.“中国小说”阅读知识评价内容框架

《中国小说欣赏》根据不同的主题分为九个单元，每个单元有两部作品突出其单元主题，并结合所选课文的具体内容特色来促使学生学习，展出不同类型小说的独特的艺术

魅力，使学生对中国小说有大致的了解，掌握相关知识，提高语文能力。

表10-13　中国小说知识维度评价内容框架

知识维度	知识维度评价内容
事实性知识	文学常识\作家生平\作品写作背景\作品主要内容\小说三要素：人物、情节、环境\中国小说发展脉络\评析中国小说相关作品\作家写作风格作品艺术特点，如语言特色、结构特点
概念性知识	作品题材分类\人物形象特征\情节的设置\重点字词的妙处\小说的社会意义\环境描写的作用\矛盾冲突对情节的作用\语言对小说的作用\白描手法的意义\结构安排的紧凑\象征手法的意义\小说动作和心理描写的设置与作用
程序性知识	鉴赏方法、表现手法、写作方法\从语言、行为等分析人物性格特征\环境描写加深了对文本的了解\细节描写的技巧\讽刺手法的运用\对比手法的技巧\语言、情节把握作品艺术特色\从以小见大、细节等角度鉴赏小说\情节发展过程\人物心理变化\词语在不同环境中运用的表达效果\词语怎样刻画人物形象\同种题材凸显作品的主题\同种题材作品的表达风格特点\风格类似作品的不同之处\不同风格的作品写作技巧的表达\人物性格、命运与社会时代的关系\人物评析\运用其他体裁试写作品中的某物、某事、某人、某景，如将某一片段改编为戏剧，或对某事进行新闻报道\运用所学知识，进行小说创作\想象、联想作品的空白内容，进行合理推理\作品怎样安排情节

2.外国小说阅读知识评价内容框架

《外国小说欣赏》的八个单元各呈现不同的话题，每个单元以“话题”为重心，结合具体作品介绍外国小说知识，并在此基础上给予相关拓展资料，深化对文章作品、知识的理解。

表10-14　“外国小说”知识维度评价内容框架

知识维度	知识维度评价内容
事实性知识	外国小说流派\外国小说发展史\外国小说基本元素，如虚构、场景、叙述、结构、情感等\意识流小说基本特征\叙述角度，全知视角与有限视角的定义\叙述人称\叙述腔调——讲述与显示\速读控制\古典小说的场景观\现代小说的场景观\主题的特性\主题演变过程\圆形人物与扁平人物的特点

续表

知识维度	知识维度评价内容
概念性知识	叙述角度的作用\故事与情节的关系\情节与细节的关系\叙述人称作用\场景的分类\主题分类\场景的地位\场景的功能\风景的意义\推动情节前进的因素\情感的作用\虚构的意义\“延迟”的作用\真实和事实的区别\虚构的艺术表达效果
程序性知识	作品“动静相宜”的体现\主题的提炼方法\主题的实现方法\主题选择与挖掘的方法\贴着写人物的方法\情节发展前进的方式\结构的安排方式\结构“常”和“变”的表现方式\情感处理方法\情感怎样推动情节的发展\确认虚构的技巧

(二)高中语文选修课“小说”阅读能力评价内容框架

高中语文选修课“小说”阅读能力评价内容框架从三个方面来建构,即阅读理解能力、阅读欣赏能力、阅读创造能力。它们在学生具体的学习过程中,以知识为媒介表现出来。

表10-15　高中语文选修课“小说”阅读能力评价内容框架

<table>
<tr><td rowspan="5">阅读能力评价内容</td><td rowspan="3">阅读理解能力</td><td>阅读记忆力(文学常识\作品重点、优美段落\感兴趣的字词句等)</td></tr>
<tr><td>阅读概括力(作品故事梗概\故事情节\人物性格特征\作品艺术特征、风格等)</td></tr>
<tr><td>阅读评判力(作者的写作目的\作品的优缺点等)</td></tr>
<tr><td colspan="2">阅读欣赏能力(写作技巧的妙处\优美词语等)</td></tr>
<tr><td colspan="2">阅读创造能力(质疑作者或作品中的观点、态度\写作方法的运用等)</td></tr>
</table>

(三)高中语文选修课“小说”阅读过程与方法评价内容框架

高中语文选修课“小说”阅读过程与方法评价内容框架包含两部分的内容,即“中国小说”阅读方法评价内容框架和“外国小说”阅读方法评价内容框架。由于教材编排的标准不同,中国小说和外国小说各自呈现出不同写作风格、艺术特质,因此,本研究建立了以下两个表格。

表10-16 “中国小说”阅读方法评价内容框架

阅读表现（认知水平）	阅读方法评价内容
知道	勾画、阅读、朗读、摘录、陈述、搜集 浏览 说明、背诵 （文中重点词句、段落\人物语言、动作、心理描写\环境描写\作品内容\文中优美词句段落\作家背景\背景资料）
理解	解释、概括、提炼、提要、举例、复述、归纳、总结、精读 （作品故事情节\人物形象\字、词在具体语境中的含义\关键语段的作用\人物的性格特征\作品的写作方法\写作技巧\艺术特色）
应用	讨论、运用（作品的不同风格、体裁\不同的写作手法的表达效果\人物性格与时代社会的关系\创作同样的题材、主题、艺术特点、风格的小说\试用类似的结构写作技巧创造小说\不同作品对同一人物刻画的异同）
分析	归纳、赏析、推理、区别、想象 （人物性格特征的异同\语言、行为对不同人物塑造的表达效果\根据文章细节分析人物形象\不同作品对同一人物塑造表达的异同\象征手法怎样体现\人物在不同时代命运的走向\同样的描写手法对不同人物形象的刻画的表达效果\作品的优美段落、作品中场景描写）
评价	评判、评析、鉴别、赏读、推荐（同一主题不同表达的方式的优缺点\阅读喜欢语句的内心感受与体验\不同阅读方法的不同学习获得\与作品中不同的观点和见解）
创造	改写、创作 （文章内容、故事情节\中国式小说）

表10-17 外国小说”阅读方法评价内容框架

阅读表现（认知水平）	阅读方法评价内容
知道	勾画、阅读、朗读、摘录、陈述、搜集 浏览 说明、背诵（用第一人称或第三人称朗读课文\叙述角度的语句\作品结构的重点字词句\虚和实描写语句）
理解	解释、概括、提炼、提要、举例、复述、归纳、总结、精读（单元作品的叙述主题\外国小说中场景的象征意义\外国小说中场景体现人物性格特征\外国小说作品的主题）
运用	讨论、运用（用叙述腔调仿写文中某个片段\叙述腔调在不同作品中的表现\从外国小说主题的中得到启示\外国小说风格流派\外国小说创作方法）

续表

阅读表现(认知水平)	阅读方法评价内容
分析	归纳、赏析、推理、区别、想象(任一两个外国作家的叙事风格\ 单元内作品在凸显主题的异同\场景揭示人物性格特征\小说与论述性作品的主题的异同;外国小说的基本元素\外国小说与中国小说在场景这一元素的描写的异同)
评价	评判、评析、鉴别、赏读、推荐(作品中真实与现实真实的关系\作品情感魅力体现)
运用	改写、创作 (作品的情节\作品结局\外国小说)

表10-18 "中国小说"阅读情感态度评价内容框架

阅读表现	阅读情感态度评价内容
注意	朗读、勾画 (人物心理活动、神态描写\中国小说作品中所直接表达或暗含的情感色彩的词句\描写的人物态度倾向的语句段落\环境描写中情感色彩的词语或含蓄构成具有情感色彩的景物)
认同	归纳、对比、赏析 (人物品质、态度、精神的词句\作者褒贬的明确态度倾向\表达作者思想情感的关键语句\不同作者的人生态度、思想情感\作品蕴藏的深层情感态度)
生成	培养、评述(作者的人生态度的褒贬\中国小说作品中人物思想情感好坏、态度优劣\国小说对你的情感熏陶,人生价值的判断的启示\阅读中国小说的兴趣\经常阅读中国小说的习惯\运用合适的词句正确表达思想情感)

表10-19 "外国小说"阅读情感态度评价内容框架

阅读表现	阅读情感态度评价内容
注意	朗读、勾画 (人物心理活动、神态描写\中国小说作品中所直接表达或暗含的情感色彩的词句\描写的人物态度倾向的语句段落\环境描写中情感色彩的词语或含蓄构成具有情感色彩的景物)
认同	归纳、对比、赏析(人物品质、态度、精神的词句\作者褒贬的明确态度倾向\表达作者思想情感的关键语句\不同作者的人生态度、思想情感\作品蕴藏的深层情感态度)
生成	培养、评述(作者的人生态度的褒贬\中国小说作品中人物思想情感好坏、态度优劣\国小说对你的情感熏陶,人生价值的判断的启示\阅读中国小说的兴趣\经常阅读中国小说的习惯\运用合适的词句正确表达思想情感)

表10-20　“中外戏曲”阅读能力评价内容框架

<table>
<tr><td rowspan="5">阅读能力评价内容</td><td rowspan="3">阅读理解能力</td><td>阅读记忆力 （文学常识\作家生平\戏剧故事梗概等）</td></tr>
<tr><td>阅读概括力课文中戏剧片段的内容\情节发展\戏剧特征\人物性格特征等）</td></tr>
<tr><td>阅读评判力（人物形象的好坏\情节设置是否恰当等）</td></tr>
<tr><td colspan="2">阅读欣赏能力（人物形象的好坏\情节设置是否恰当等）</td></tr>
<tr><td colspan="2">阅读创造能力（改编或续写剧本\设置或创造一个悬念等）</td></tr>
</table>

三、高中语文选修课“中外戏曲”阅读过程与方法评价内容框架

高中语文选修课“中外戏曲”阅读过程与方法评价内容框架的建构将学习戏曲的过程中的、在每一个认知水平里的具体行为表现呈现了出来，这样既可以让学生的学习行为明确化，学习步骤具体化，还可以使教师或者学生在评价的时候迅速地做出判断。

表10-21　中外戏曲”阅读方法评价内容框架

阅读表现（认知水平）	阅读方法评价内容
知道	勾画、阅读、朗读、摘录、陈述、搜集 浏览 说明、背诵（分角色朗诵人物对白或独白\作者写作背景\作品内容展现的时代背景\诗歌般的语言）
理解	解释、概括、提炼、提要、举例、复述、归纳、总结、精读（戏剧情节梗概\戏剧主题\戏剧中人物的性格特征\中国传统戏剧中曲牌名）
运用	讨论、运用 （“悬念”与“突转”在戏剧中的呈现\创作一个小场景，设置“悬念”\悲剧与喜剧的表达艺术效果\揣摩人物心理活动，用肢体语言表演\戏剧中音乐的功能）
分析	归纳、赏析、推理、区别、想象 （戏剧语言表达的艺术效果\戏剧中的情感冲突\中国传统戏剧与西方戏剧对“爱情”题材的表达异同\戏剧中语言文字描述的场景）
评价	评判、评析、鉴别、赏读、推荐 （戏剧人物的形象\在戏剧和小说中对同一个人物形象诠释\作者创作的构思\戏剧与其他文学体裁的不同之处）
运用	创作、改写、（戏剧小情景\剧评）

（一）高中语文选修课“中外戏曲”阅读情感态度价值观评价内容框架

高中语文选修课“中外戏曲”阅读情感态度价值观内容框架的建构涉及了三个阅读表现，在不同的阅读表现中针对具体的戏剧内容，呈现出不同的结果表现，表达出学生在

学习戏曲的过程中内心情感的变化以及人生感悟。

表10-22　中外戏曲"阅读情感态度价值观评价框架

阅读表现	阅读情感态度评价内容
注意	朗读、勾画　(戏剧人物的语言或独白\有关戏剧人物情感的场景描写\具有音乐韵律的词句\表现人物内心世界的音乐旋律)
认同	归纳、对比、赏析（作者在戏剧中所表达的情感主题\作者寄托在人物形象上的情感、意愿\戏剧冲突中人物形象的情感态度升华\戏剧情节发展中人物心理变化、情感态度的变化
生成	培养、评述（戏剧运用肢体语言表现内心情感体验\悲剧中的情感艺术的审美）

四、新闻阅读学业评价内容框架

学习新闻这类文体，最重要的是阅读，掌握基本的阅读知识和阅读能力是其学习的前提和基础。依据语文阅读学业评价框架和布卢姆的认知水平六个层级，结合高中语文选修课教材《新闻阅读与实践》，我们构建下表：

表10-23　新闻课程学业评价内容框架

阅读表现	评价内容(行为对象)
知道(了解、记忆、阅读)	1. 新闻六要素、信息、消息、通讯、新闻评论、特写、新闻价值、导语、倒金字塔结构、第一手资料、第二手资料、解说词、新闻背景； 2. 典范的新闻、通讯(含特写、报告文学)作品；
理解(概括、解释、推断)	1. 新闻传播的载体的特性、报道原则、"用事实说话"、合理想象； 2. 文中人物观点、人物形象、作者的写作意图、作者观点中蕴含的信息量、新闻事件和人物的社会意义和影响
运用（复述）	1. 新闻五要素 ； 2. 情景交融的表达效果
分析(对比、辨析、赏析)	1. 消息和特写的差别、报告文学与通讯的异同； 2. 三种新闻写作结构，合理想象与新闻写作的关系； 3. 文本表达方式和表达效果、新闻评论论证方法
综合(归纳、总结)	1. 第一手资料与第二手资料的特点，作用和使用方法； 2. 三种评论文种的异同、评论的结构
评价(评述)	新闻陈述的观点与所报道的事实二者之间的关系

表10-24　新闻阅读方法评价内容框架

阅读表现	评价内容(行为对象)
知道(了解、记忆、阅读)	1.新闻稿件; 2.新闻六要素、与新闻主题相关的关键词
理解(概括、解释、推断)	1.通过辨别不同种类的新闻背景来提炼新闻主题; 2.利用6要素获取信息量; 3.新闻语言的准确性
运用(复述)	1.新闻层次; 2.新闻主题,引语与人物观点
分析(对比、辨析、赏析)	1.作者态度与写作意图、新闻事件的关系,人物的社会意义和影响; 2.文学手法对报告文学写作作用
综合(归纳、总结)	1.新闻线索(时间、地点、人物行踪); 2.新闻内容; 3.人物语言行为刻画中体现出的人物个性和精神品格
评价(评述)	同一篇消息在不同新闻载体上不同的表现方式

表10-25　新闻阅读情感态度评价内容框架

阅读表现	评价内容
注意(朗读、勾画)	文章语句表达人物情感和态度的语句;
认同(归纳、对比、辨析、赏析)	1.文中人物的情感态度以及作者的情感态度和价值观; 2.文中人物情感态度与作者情感态度的异同; 3.通过细节描写分析文中人物的情感、心态以及作者的情感倾向性和价值观; 4.客观的事实中蕴含着的作者态度和倾向;
生成(培养、评述)	1.就所涉及的事件观点,写作意图作自己评判; 2.关注社会发展的意识,培养时事的敏感,能及时发现相关事件、人物的社会意义

表10-26　新闻采写能力评价内容框架

采写表现	评价内容
知道（了解、阅读）	1.有关新闻素材搜集与处理的基本要求； 2.通讯(人物、事件等)
理解(解释)	不同表达方式对表现主旨的不同作用
运用(使用)	不同的修辞手法的不同表达效果
分析（对比、辨析、赏析）	1.特写、报告文学中基本事实与细节设计的真实性和可靠程度； 2.通讯作品中基本事实和细节的真实性

表10-27　新闻采写方法评价内容框架

采写表现	评价内容
理解（排列、选择、验证）	1.表现主旨程度不同的素材； 2.最具典型性的报道材料； 3.事实和细节的真实性(搜集材料进行通讯写作的过程中)；
运用（拟写、改写、扩写、缩写，创作，采访、发送等）	1.　新闻标题(主题、引题和副题)； 2. 报纸新闻为广播新闻、将通讯分几部分拟小标题、增加新闻背景将消息改为通讯； 3.新闻中某一具有画面感的片段； 4. 三种说理艺术，写新闻评论； 5. 不同角度的相同主题新闻评论； 6. 新闻的基本信息(采访小组的实地调查、个别访谈、座谈会、上网搜索等)； 7. 第一手和第二手资料(包括个案和统计数据)； 8. 电子邮件
综合（撰写、设计、归纳、排列、制作）	1. 人物小传(参考报告文学)； 2. 某一种角度的采访方案； 3. 围绕主题的资料和具有可用性和相关性的材料。 4. 部分新闻要素(打破顺序与删减某些要素)，时间、空间、逻辑顺序报道同一事件； 5. 电视新闻的解说词、网页

表10-28　新闻采写情感态度评价内容框架

采写表现	评价内容
注意（知道）	新闻写作的基本原则
认同（辨析）	情态描写等反映人物情绪
生成（培养、评述）	1. 对社会和周围事件的关注和关心，并以此成为写作素材的敏感度和兴趣； 2. 客观、公平的采访与写作态度（均匀分配不同观点的内容比例）

五、高中"传记"选修课学业评价内容框架

表10-29　传记阅读能力评价内容框架

阅读表现	评价内容
知道（了解、阅读）	1. 传记的基本特性和功用，知道传、自传、评传、小传、评传； 2. 中外典范的传记作品
理解（解释，提炼）	1. 作者对传主及有关事实所作的评价； 2. 各种因素对传主成长历程的影响
分析（赏析、比较）	1. 典范的传记作品的写作特色和语言风格； 2. 传记作家的写作风格； 3. 传记人物的精神品质和社会意义
综合（归纳）	1. 传记独特的语言特色； 2. 传主对人类物质文明和精神文明发展所产生的正面作用或负面影响
评价（评述）	自己对文中的情感倾向的看法和观点

表10-30　传记阅读方法评价内容框架

阅读表现	评价内容
知道（了解、阅读）	1. 传记作者的基本观点、作品中具有典型意义的事件细节； 2. 阅读人物传记（选取体现时代特点，贴近学生生活的传记文本）；
理解（推断、解释）	1. 作品材料的可靠性与真实性； 2. 语言表达方式；

续表

阅读表现	评价内容
运用（应用）	相关的影视作品观赏，读书报告会、讨论会等活动，用所学的方法评价分析人物形象
分析（比较、辨析）	1.不同作家关于同一传主的传记作品的风格异同； 2.同一作家对不同传主的传记作品的异同
综合（归纳、设计、介绍）	1. 学生在阅读传记的同时适当参考阅读有关文化背景的相关作品； 2.播放与传记相关题材的影视片，二者进行比较，对不同作品作出评论； 3. 传主成长经历（通过了解时代和社会背景的基础）
评价	1.学生相互推荐优秀的传记作品并说明自己的理由； 2.学生交流阅读感受和阅读方法

表10-31　传记阅读情感态度评价内容框架

阅读表现	评价内容
注意（阅读、了解）	1.人物传记课外读物； 2.传主的人生轨迹和内心感情世界
认同（列举、归纳）	1.描述人物品质、精神的词语； 2.作者褒贬鲜明的态度
生成（判断、评述、培养）	1.作者写作的倾向性优劣。 2.传记人物的功过得失； 3.阅读后与同学、老师交流的习惯； 4.人生经验的有益启示

六、“走进汉语的世界”评价内容框架

选修课“语言文字应用”将第一课定为“走进汉语的世界”，对汉语进行了历时与共时的介绍分析。旨在让学生理解并掌握汉语的特点，对汉语的现状和历史发展有一个较为清晰的了解，并在此基础上感受汉语的魅力进而更加热爱汉语。

表10–32 "走进汉语的世界"评价内容框架

语文能力任务表现	过程表现	结果表现
语言认知能力	1.通读学习材料； 2.标记课文中的重要内容； 3.查阅词典和资料，搜集信息	1.认识和了解世界语言概况； 2.识记现代汉语、方言、文言的含义
语言理解能力	1.了解汉语语音、词汇、语法方面的特点和发展历史；的特点，举例说明； 2.讨论汉语的特点； 3.陈述汉语古今发展演变	1. 举例说明汉语的特点； 2.解释生活中的语言现象； 3.判断文言词语的格式并解释其意义
语言思辨能力	1.讨论汉语与英语的异同； 2.梳理古今汉语句子结构样式的异同 3.比较普通话与方言的异同 4.讨论普通话在复杂的方言中的地位和作用	1.能结合具体语言现象从理论高度来比较汉英语言的异同 2.能按现代汉语句式翻译古文； 3.阅读某方言材料后解释方言的词汇和语法特点； 4.上交一份关于方言与普通话相互影响的调查报告
语言鉴赏能力	1.鉴赏古诗的朦胧美； 2.体会并评论汉语的美	1.有自己的感受和体会； 2.写评析笔记
语言表达能力	1.从文化角度讨论中外语言异同 2.充分参与讨论并发表自己的观点和看法	1.至少独立发言一次； 2.发言内容正确，主题突出，逻辑清晰，表达自然流畅

（一）"汉字字义字形"评价内容框架

汉字字义字形"教学内容集中在第三课——神奇的汉字。这一课专门介绍了汉字的知识，从汉字的起源到汉字的简化和规范，让学生宏观领略到汉字的发展变化历程，然后着重分析了汉字的结构，解读了汉字的神秘和奇妙，加深了学生对中华民族语言文化的了解。

表10-33 “汉字字义字形”评价内容框架

语文能力任务表现	过程表现	结果表现
语言认知能力	1.通读材料； 2.了解汉字的造字方法； 3.搜集五行偏旁的字； 4.调查公共区域出现的错别字	1.了解文字的产生； 2. 看图识字； 3.了解汉字的四大类结构和汉字的构件； 4.了解错别字的形式
语言理解能力	1.理解汉字的造字方法； 2.理解汉字的基本样貌发展	1.简述象形字、会意字、指事字和形声字的特点 2.分辨甲骨文、金文、小篆、隶书和楷书
语言思辨能力	1.理解汉字由繁到简的演化过程 2.比较拉丁字母和汉字的字形结构； 3.汉字架构的规则 4.拆解汉字的规则 5.分析错别字的类型 6.比较错别字和本字的意思	1.分析汉字由繁到简的原因和利弊； 2.归纳出拉丁字母和汉字字形的结构特点和差异； 3.组合和拆分汉字； 4.依据字的读音、形体、意义等辨别错别字； 5.找出并改正错别字
语言鉴赏能力	1.对比繁体字与简化字； 2.拆解古文字	1.举例评析简化字的妙处； 2.品析古文字形的意蕴
语言表达能力	1.讨论汉字简化的利弊； 2.思考汉字字形的特点	1.以汉字简化利弊为主题，参加一场辩论会，阐述自己观点； 2.论述汉字字形所带来的记忆的联想或表达上的方便
语言艺术修养	鉴赏书法创作风格	1.欣赏书法作品，有自己的见解和感受； 2.能够分辨并鉴赏“甲、金、篆、隶、楷”的书法风格

（二）汉语词汇”评价内容框架

分别从词义、词语的发展变化以及词语的文化内涵的角度来呈现现代汉语词汇千变万化的特点，旨在让学生了解词语的多义性，能够通过具体的语境区分同义词并推测词义，同时也使学生领略我国的成语、熟语、歇后语等语言形式的魅力。

表10-34 “汉语词汇”评价内容框架

语文能力任务表现	过程表现	结果表现
语言认知能力	1.通读学习材料； 2.勾画重要概念、定义和知识点； 3.使用工具书，查词典； 4.搜集生活中出现的新词新语和熟语	1.记住词义、义项、本义、引申义的含义； 2. 陈述词义演变的现象； 3. 陈述新词语的来源和词语新义的引申过程； 4. 了解熟语的特点和类型
语言理解能力	1.查阅工具书，查找某一多义词的各个义项； 2. 讨论同义词产生的原因； 3.理解同义词的类型； 4.认识新词语的意义	1.理解记忆多义词的本义； 2.解释多义词各义项之间的内在联系； 3.解释同义词与社会生活发展的联系； 4.根据提供的几组同义词判断其类型； 5.解释新词语的功能和意义
语言思辨能力	1.理解并讨论同义词的“同中有异”； 2.理解多义词的多义性	1. 辨析一组同义词的差别，从词汇意义、语法意义和色彩意义三方面辨析； 2.根据具体语境判断多义词的语境义； 3.根据本义和新义来分析新义的引申过程
语言鉴赏能力	无	1.做语段中词语替换练习，说出词语的区别并评价哪个词好； 2.找出一些外国品牌的中文翻译，从意义、使用范围等方面进行评价
语言表达能力	思考话题并积极参与讨论	1.结合新词语，谈谈它们体现了我国哪一方面的发展变化； 2.在表达中恰当运用熟语使语言生动
语言艺术修养	1.积累成语，掌握其意思和用法； 2.积累日常生活中使用的俗语并理解其意义	1.修改报纸杂志中使用的不恰当的成语； 2.根据俗语写成语或根据成语写俗语